JN257556

松本武祝 編著

東北地方「開発」の系譜

近代の産業振興政策から東日本大震災まで

明石書店

はしがき

二〇一三年六月二九日、東京大学において二〇一三年度政治経済学・経済史学会春季総合研究会（テーマ：東北地方「開発」の系譜――国際的契機に着目して）が開催された。小島彰・安藤光義両氏の司会により、松本武祝の問題提起につづいて左記の四名が報告を行った。そしてそれらの報告に対して、中村尚史・白木沢旭児両氏がコメントを行った。

大瀧真俊：軍馬資源開発と東北馬産――国家資本依存型産業構造の形成
川内淳史：人口問題と東北――戦時期から戦後における東北「開発」との関連で
山川充夫：高度成長期における東北地方の電源・製造業立地政策
坂田一郎：グローバル製造業資本の東北地方への展開と企業間分業

本書は、この研究会での成果がもととなって出版されたものである。

本書序章および第一―四章は、問題提起者および四名の報告者が、当日の報告をもとにしてそれぞれ原稿を執筆した。序章（松本武祝）では、東北地方「開発」政策を概観しつつ、その国際的契機に着目することの重要性を論点として提起している。第一章（大瀧真俊）では、戦前東北（特に北東北）の主要畜産物の一つであった馬産に注目する。東北農民の馬産経営・役畜利用と国家による軍事的要請を前提とした馬匹改良政策との対抗関係を論じている。第二章（川内淳史）では、一九三〇年代から高度成長期に至る時期における東北の「人口問題」を論じている。日本資本主義の蓄積構造と国策

（戦時動員）により、人口問題の位相が過剰／過少、滞留／流出というように、大きく振れてきたさまが描かれている。第三章（山川充夫）は、高度成長期における東北地方への電源・製造業立地を論じている。高度成長前期における地域資源・基礎素材型立地から後期における低賃金労働力を目的とする加工組立型立地へと転換する過程が分析されている。第四章（坂田一郎）は、東北地方に立地した製造業企業間のネットワークに着目している。〈外から〉の企業立地にもかかわらず、東北において不十分ながらも工業基盤がネットワークとともに形成されている現状を析出し、その分析にもとづいて今後の東北における産業集積の方策を提示している。

第五・六章は、コメンテーター二名が、研究会当日のコメントの内容をふまえつつ執筆した。第五章（中村尚史）は、釜石地域を分析対象とする。東北地方において、釜石は、産業革命以前から重工業の発展を見た例外的な地域であると同時に、一九八〇年代以降の製鉄業衰退により、新たに「開発」という課題に直面した地域でもある。「開発」をめぐるこうした位相のズレに着目しつつ、釜石地域の特質を析出している。第六章（白木沢旭児）は、四つの報告に対して、資料を補完しながら論点を提示している。そして、北海道との比較という独自の視点を加えたうえで、〝「植民地」としての東北〟という言説を批判的に検討している。

第七・八章は、当日に司会を務めた二名が執筆した。第七章（小島彰）は、震災・原発事故後のいわき市小名浜地区を事例として取り上げている。地元事業体の取り組みや中央商業資本の進出計画など、地域復興の実態と問題点を論じている。第八章（安藤光義）は、高度成長期から今日に至る製造業立地の実態を農村経済の側から分析している。低廉な労働力・用地に動機付けられた製造業立地は、東北地方に安定的な兼業農家の成立を促したものの、それは「発展なき成長」でもあったという。第九章（岩本由輝）は、福島県浜通り地方に原発が立地する過程を論じている。岩本氏は春季総合研究会に参加してはいなかったが、東北地方に関する経済史研究の第一人者であることから、特別に寄稿していただいた。原発立地に関する「合意」形成にかかわる国家や知識人および立地対象地域社会内部の動向が分析されている。そこには、東北地方「開発」が抱えてきた問題点が集約的に表出しているといえる。最後に補章（植田展大・棚井仁）として研究会当日の討論要旨を掲載した。

東日本大震災と福島第一原発事故から四年の歳月が過ぎようとしている。時間の流れに抗して記憶にとどめ続けることが、この自然災害と人災を直接的に経験し、あるいは間接的に目撃した者にとっての務めであると考える。本書が、その記憶を喚起するための一助となれば幸いである。記憶を思い起こすに際しては、なにをいかなる文脈で想起すべきなのかが問われることになる。本書が、時宜と内容においてそれにかなったものとなっているのか、読者のみなさまからご批判をいただきたい。

二〇一三年春季総合研究会でのご尽力につづいて本書のために原稿を執筆してくださった方々に、この場を借りてお礼を申し上げたい。突然の執筆依頼に快諾をいただき短い期間に書き下ろしていただいた岩本由輝先生には、特にお礼を申し上げる。なお、本書の刊行にあたっては、政治経済学・経済史学会より刊行助成をいただいた。

二〇一四年一二月

執筆者を代表して　　松本武祝

目次

序　章　東北地方「開発」の系譜──国際的契機に着目して

松本武祝

はじめに

自然災害は、その被害の態様を通じて被災地域の経済的・社会的特質を映し出す。被災からの復旧過程においてもまた、それは露出される。東日本大震災は、被災地が、第一に、被災地以外の地域、特に首都圏に対する電力・食料など資源供給基地としての役割を果たしていること、第二に、過疎化・高齢化が極度に進行した地域であること、そして第三に伝統的な社会的紐帯の関係性が維持されている地域であることを、改めて印象付けた（岡田 二〇一二）。

東日本大震災では、東北地方と関東地方の太平洋岸がひろく被災地となった。太平洋岸以外の東北地方は大きな被災を免れている。しかし、震災をきっかけとして、「東北」という地理的な範疇が注目をされている。おそらくは、上記の特質が、東北地方全般に共通なそれとして認識されているためであろう。しかし、上に挙げた三点は、東北地方のみに固有な特質とは言いがたい。それは、「東北型」

（山田盛太郎）という農業地帯類型の地理的分布が、実際には、東北地方に限定されていたわけではなかったのと同様である。実際に、第一の特質における「首都圏」を「京阪神地帯」などに置き換えれば、現代日本においては、大都市圏以外のいずれの地域においても、大なり小なりこれら三つの特質を見出すことは可能である。

あるいは、これら三つの特質を備えた地域として、「裏日本」と呼ばれる地域を想定することも可能であろう。ところで、「裏日本」の場合には「あくまでも表に対する裏であって、『表日本』の別世界ではない」のに対して「東北は固有の歴史と文化体系を有する別世界性を持った地域であった」（古厩一九九七、一四頁）として、東北地方という地理的な範疇の歴史的な実体性を強調する指摘がある。しかし、そうした立論に対しては、「震災までは、東北の多様性ということがいろいろな形でみえてきて、むしろ福島は関東に近いという感覚が強くなってきていた。ところがこの大震災はもう一度、白河以北・以南に太い線引きをしてしまって、東北がまたみちのく＝道の奥として再発見されたのかもしれない」（赤坂ほか二〇一一、六八頁。赤坂憲雄の発言）という論点を対置することもできる。「裏日本」／「表日本」が両者の関係性において成立した概念であるように、「東北」もまた、歴史的な実体としてよりは、「首都圏」との関係性――「東北」という文字どおりの地理的関係性も含めて――において成立する概念としてとらえることが可能であると考える。

河西英通によると、赤坂憲雄が前掲引用文中で言及している「白河以北一山百文」という言葉は、もともとは戊辰戦争の際に官軍側将校が発したものであったのが、やがて、「歴史の発展におくれたわが東北人」（鈴木安蔵）という記述が示すように、東北＝後進地域という東北の人々の自己認識へと転換し、定着していったという（河西 二〇一三、六三—六五頁）。日本資本主義の原始的蓄積期を通じて、東北地方は農業地域へと再編され、都市部・工業地域に対する食料や労働力の供給源という国民経済における位置づけが与えられた。そして、農業の交易条件が不利化するにともなって、東北地方の地域経済は相対的に停滞する。その後、こうした原蓄期の歴史過程は忘却されて、東北地方＝後進地域という表象のみが定着する。その表象は、東北の人々の意識をも規定していったのである。

東北地方＝後進地域という表象が定着することによって、東北地方は経済開発政策の対象地域として設定されていく。すなわち、のちに改めて論じるように、一九世紀末から二〇世紀初頭にかけては、経済の構造的な停滞に加えて津波や凶作などの自然災害が相次いだのを契機として、「東北振興」が中央の政府や財界にとっての政策課題として浮上した。水力などの地域資源の開発と工業化を課題とした「東北振興」というスローガンは、戦後には「東北開発」という政策課題として引き継がれていった。後進地域を自認する東北の人々にとっても、「東北振興」「東北開発」という政策課題は共有すべきものであった。しかし、それは、これものちに改めて論じるように、「『開発』という美名のもと犠牲地域であることを強い」（河西 二〇一三、九六頁）る過程でもあった。

中央（首都圏）と東北地方との関係性に着目する場合、中央も、東北地方の人々自身も、東北地方を一旦は日本における「後進地域」として位置づけたうえで、その「振興」「開発」を試みてきたことになる。このように、「振興」「開発」こそが、中央（首都圏）と東北地方との関係性を際立たせる最も特徴的な契機となってきたと考えられる。

ところで、東日本大震災は、製造業において世界規模での生産縮小をもたらした。多国籍製造業企業の工場が数多く東北地方および北関東に立地しており、それら工場が震災被害によって生産中断を余儀なくされた結果、グローバルな企業間・企業内分業関係に深刻な影響を与えたからである。震災は、結果として、被災地域の製造業がグローバルなサプライ・チェーンにおいて果たしていた不可欠の役割を広く認知させる契機となったといえる。多国籍製造業企業は、自分たちが国際的に保有する資源を総動員して被災工場の復旧に注力し、瞬く間にそれを完遂していった。日本政府と地方自治体もそれを強力に支援した。震災から三年を経てもなお復旧の見通しを得られずにいる農業、水産業及び水産加工業など地場の産業の状況とは、鮮やかな対照を示している。

冒頭では、東日本大震災という災害とその復旧過程において露出された東北地方の経済的・社会的特質を三点提示した。グローバルなサプライ・チェーンの拠点という国際的な役割は、それらに付け加えるべき重要な特質であるということができよう。この特質は、東北地方「開発」を日本国内の問題として限定的にとらえる分析枠組みの限界性を示唆している。東北地方「開発」を、その国際的契機に着目して分析することが必要となる。その際、グローバル化という現局面に対象時期を限定するのではなく、二〇世紀初頭以来の東北地方「開発」の歴史的過程にさかのぼって国際的契機を分析することが要請されているといえる。

一．東北地方開発政策史

東北地方は、一九〇二年と〇五年に続いて、一九一三年にも冷害に襲われる。産業革命期を経て、一九一〇年代には、東北地方は、「一方では米を中心とした第一次産品と資本主義的労働力市場および北海道拓殖の労働力移動、他方では外米や肥料・軽工業製品の移入地として『国内植民地』的役割」（岡田 一九八九、六五頁）を割り振られていた[1]。稲作中心の農業地域に改編されつつあった東北地方経済にとって、この冷害は深刻な打撃を及ぼすものとなった。

一九一三年、岩手県出身の原敬（当時内相）は、渋沢栄一や益田孝などの中央財界の要人を集めて、東北振興問題についての協議の場を設けた。そして、中央財界人を会員として東北振興会を設立した。同会は、地価修正（税負担軽減）、養蚕業奨励、国有林野開発（開墾・牧畜）などの政策を提案している（岡田 一九八九、七三頁）。同会の提案は、農業地域という東北地方の特性をふまえた提案になっているといえるが、視点を変えれば、農業地域という役割を強化することが目指されていたということもできる。

東北振興会の目玉企画であった農地開墾事業会社（東北拓殖会社）の構想が挫折し、中央財界人の関心は離れていった。その後、同会は、東北の実業家中心の団体へと性格を変える。一九三〇年代初の昭和恐慌期には、同会は、農業振興よりも商工業の振興に重点を置いた政策要求を提出している（岡田 一九八九、一四二頁）。

一九三一年、三四年と大凶作が続き、恐慌の影響と相まって東北経済は再び深刻な不況に陥った。政府は、一九三四年に首相諮問機関として東北振興調査会を設置し、三五年には内閣東北振興事務局を置いている（三六年に内閣東北局に改称）。同調査会の諮問を受けて、一九三六年には、ＴＶＡの河川総合開発を参照しつつ、東北興業および東北振興電力という二つの特殊会社が設立された。また、同年、「東北振興第一期総合計画」が策定された。これらの施策を通じて東北地方には、重化学工業部門の工場立地が推進された。これは、東北振興会を通じて政策要求を行った東北の実業者たちにとっての優先順位とも一致していた。同時に、それは、準戦時体制下での軍事資源開発政策という性格を有していた（岡田 一九八九、一七四頁）。

その後、一九三八年には東北振興調査会が廃されている。一九四一年には臨時東北地方振興計画調査会が発足するが、一九四三年には同調査会および内閣東北局が廃止された。また、一九四一年には東北振興電力は日本発送電株式会社に併合されている（以上、岩本 二〇〇九、一一七—一一九頁）。戦時下において、東北振興という政策課題の独自性が希薄化し、国家総動員体制のもとでの全国レベルでの資源動員政策の中に吸収されていったということができる。

敗戦後、帝国圏解体と人口急増に対処するために、国土開発が重要な課題として浮上する。「未開発地域」である東北地方への関心が高まった。東北地方内部では、一九四六年に東北六県が東北産業開発調査会を組織したり、四七年に東北六県自治協議会（翌年には新潟県も加わって東北七県自治協議会となった）[2]を設置したりして、東北地方を対象とする産業開発政策を中央政府に要請する動きが強まった。「おくれた東北を発展させるために、他地域と区分された特殊な権益を保障せよ」（真木 一九七六、二九頁）というのが、この動きの背後にある発想であった。[3]

一九五〇年に国土総合開発法が施行され、政府は、全国総合開発計画・地方総合開発計画・特定地域総合開発計画・都道府県総合開発計画という四つのレベルの開発計画を策定するものとされた。東北七県自治協議会は、東北七県総合開発研究会を設けて「東北地方総合開発計画」案を策定し、翌五一年に政府に提出したものの、（東北地方に限らず）地方総合開発計画は策定されなかった。同法にもとづく開発計画のなかでは、唯一、特定地域総合開発計画だけが策定された。一九五一年に第一次指定の特定地域一九か所が発表され、東北地方で指定されたのはそのうち四か所（阿仁田沢・最上・北上・只見）であった（五七年に十和田若木・北奥羽・仙塩の三か所が追加指定）。いずれの地域においても、電源・農林産・鉱産などの資源開発と資源立地型の産業開発とを結びつける方式が取られている。外貨不足という制約条件のもとで国内資源の利用を通じた経済開発が目指されていたといえる。

なお、電源開発に関連して、同じ一九五一年には、日本発送電の東北地区設備と東北配電の全設備を継承して東北電力が発足している。電力供給地区は、東北配電のそれを継承して新潟県を含む東北七県とされた。

一九五五年、鳩山首相が施政方針演説の中で東北開発の推進に言及し、その後、各党共同提案による「東北開発に関する決議」が可決されたことで、東北開発政策は、法制度のうえでは、新たな局面を迎えることになる。すなわち、いわゆる「東北開発三法」の制定（一九五七年）がそれである[4]。具体的には、まず、一九五六年制定の北海道開発公庫法を改定して北海道東北開発公庫法が制定された。次に、東北開発促進法が制定されている。この法律により、内閣総理大臣は東北開発審議会の審議を経て「東北開発促進計画」を作成することとされた。五八年には一〇か年計画からなる「東北開発促進計画」が閣議決定されている。最後に、戦前以来の東北興業株式会社法が改定されて東北開発株式会社法が制定された。

「東北開発三法」制定にもかかわらず、東北開発は二つの側面でそれに逆行する開発政策に晒される。

一つには、五〇年代後半におけるエネルギー革命により石油エネルギーの使用量が急増し、国内資源開発＋資源立地型産業開発という方針から輸入資源利用型の開発へと方針が転換する[5]。その結果、太平洋ベルト地帯において重点的に重化学工業化が推進され、東北地方における産業立地政策の重要性は相対的に低下した。

もう一つには、太平洋ベルト地帯以外の地域のなかにあっても、東北地方は、全国レベルでの開発ブームのなかに埋没することになる。まず、一九五九―六〇年には、九州・四国・中国・北陸地方をそれぞれ対象として東北開発促進法とほぼ同内容の開発促進法が制定され、「特殊権益の獲得」という色彩が薄らいだ。次に、一九六〇年に所得倍増計画が開始され、それに先んじて開始された「東北開発促進計画」を大幅に上回る投資額が計上されたために、後者は存在価値を低下させた（以上、真木 一九七六、三九頁）。さらに、一九六二年には、全国総合開発計画（全総）が閣議決定され、それに関連して新産業都市が指定されることになった。東北七県は、新産業都市の誘致合戦にのりだしたために、それまで一体で進めてきた開発運動に亀裂が入った（真木 一九七六、三九頁、岩本 二〇〇九、一五四頁）。なお、東北七県からは、仙台湾・八戸・常磐郡山・新潟および秋田湾の五か所が新産業都市の指定を受けている[6]。

一九六四年に「第二次東北開発促進計画」が閣議決定されたが、これに対して、東北七県知事会は、一九六六年に東北開発に関する提言[7]を発表し、以後の東北地方の基本的役割として食料（稲作＋畜産・果樹）供給基地ならびに工業分散の受け皿という二点を提示している。さらに、同年には、東北七県知事会の提言を受けて、東北地方財界を結集した組織として東北経済連合会が結成される。同連合会は、一九六九年に、「その後の東北開発の事実上の憲法」となる東北開発構想を提示している[8]。それは、「〝おくれの不利益〟を〝後発の利益〟に」という基本方向を設定して、太平洋ベルト地帯の過密問題をバネにして、資本の外延的拡大の場として東北地方を位置づける構想であった。そして、「特殊な権益」確保を目指した陳情型の開発方式から、民間資本主導型の開発を提起している点が特徴となっている（以上、真木 一九七六、四三頁）。

東北経済連合会の上記構想は、新全国総合開発計画（新全総）の策定をにらんだものであった。新全総は一九六九年に閣議決定されたが、そこには、東北経済連合会の構想が取り入れられていた。すなわち、太平洋ベルト地帯への立地の集中が進んだ重化学工業をその外延部に配置し、また都市部から地方への工業移転を促し、さらに大量高速輸送網（高速道路・鉄道）を整備するという施策が計画されている。ところが、一九七一年のドル・ショックおよび七三年の石油ショックによって、新全総が前提としていた高度経済成長が終焉し、また公害問題が各地で顕在化したことにより、政府の開発政策自体の正否が問われる時代へと移っていった。東北地方に関しては、むつ小川原地区と秋田湾地区の大規模工業基地開発が計画の俎上に上ったものの、両地区の重化学コンビナート計画は頓挫する。

一九七六年には、第三次全国総合開発計画（三全総）が閣議決定され、大都市への人口と産業の集中を抑制することを目指した定住圏構想が打ち出された。これに対応して、一九七九年には「第三次東北開発促進計画」が閣議決定されている。同じ七九年には、定住圏構想に関連してモデル定住圏が決定され、全国四〇圏域のうち東北七県からは七圏域が指定を受けている。さらに、八〇年にテクノポリス構想が打ち出され、八七年までに東北七県すべてでテクノポリス地域が選定されている。一九八七年には、第四次全国総合開発計画（四全総）が閣議決定された。その際、東北七県は、北東北・南東北間での経済格差の拡大をふまえて二つの政策領域に分けられた。一九八九年には「第四次東北開発促進計画」が発表され、四全総での区分をふまえて両者の地域をそれぞれ圏域とする開発計画が立てられた。

一九八〇年代後半以降には、「東北開発三法」自体がその機能を縮小していく。まず、一九八六年には、東北開発株式会社法が廃止され、同社は民営化された。一九九九年には、むつ小川原開発株式会社の経営破綻処理の一環として北海道東北開発公庫法が廃止された（同公庫は日本政策投資銀行に吸収合併）。さらに、二〇〇五年には国土総合開発法とともに東北開発促進法が廃止されている[9]。一九三四年の東北振興調査会設立から七〇年余を経て、これ以後、「東北開発無法時代」（岩本 二〇〇九、二〇九頁）となる。皮肉にも、「無法時代」となってわずか数年後に今次の震災が起こり、東北地方「開発」政策の歴史的過程が改めて問い直されることとなる。

ところで、東北開発の実態に着目すると、一九七〇年代後半以降、電気機械や精密機械そして輸送機械を中心として加工組立型製造業分野の工場立地が急速に進展し、その流れは現在に至っている。東北地方の工業化の歴史にとって、画期をなす時期であるといえる。この画期は、高速交通体系（新幹線・高速道路）の整備[10]にともなう首都圏製造業立地の外延的拡大によってもたらされたという点では、東北開発政策の賜物ということができる。ただし、交通などのインフラ整備はあくまで前提条件であり、基本的には個別民間資本による戦略的な製造業投資に依るところが大きかったといえる。その点では、民間主導による東北開発を訴えた一九六九年の東北経済連合会による東北開発構想が実現されたということができる。この動向の背後には、日本の製造業企業が、ドル・ショック以後、そしてプラザ合意以後の円高昂進に対応する過程で採った生産過程のグローバル化＝工場の再配置戦略があったといえる。

以上述べたように、戦後の東北開発政策においては、「東北開発三法」とそれにもとづく「東北開発促進計画」の策定にもかかわらず、結局は、東北という領域を対象に「特殊権益」が制度的に分配されることはなかった。東北以外の地域と競合しながら、拠点開発方式による地域開発が遂行されるに留まっている。この点では、戦前の東北振興計画が、国家総動員体制のもとでの資源動員政策に吸収されていったのと類似している。戦前―戦後を通じて、全国レベルの開発政策との関連において、中央政府および東北政財界は、東北という領域とその「後進性」の内実を、その都度、繰り返し措定しつつ、開発計画を策定してきたといえる。東北地方という空間は、歴史的実体というよりも、「開発」という政策課題上の要請を契機として認識された表象としてとらえるのが相応しいであろう。

二．東北開発の国際的契機

高橋哲哉は、原子力発電と日米安保条約は「犠牲のシステム」であるとしたうえで、福島などの原発立地地域は中央や都市部にとっての「植民地」であり、米軍基地が集中的に立地する沖縄は、ヤマトの「植民地」であるとする。そして、前者は手続き上地方自治体の「誘致」によるのに対して、後者は軍事占領と強制にもとづいているという違いを確認しつつも、構造的な差別、経済的な利益誘導、

「植民地主義」を隠蔽するための「神話」という共通点を見出している（高橋二〇一二、一九四―二〇六頁）。

原発立地に関する中央・都市部と立地地域と間の「一種の植民地支配関係」においては、「法的・制度的な意味での植民地は存在しない」という指摘（高橋二〇一二、一九五―一九六頁）のとおり、高橋は、日本帝国主義による台湾・朝鮮の植民地支配との違いも確認している。しかし、この「植民地」という用語法に対しては、「日本にとっての「加害」の歴史であり、他者の記憶を表す「植民地支配」や「植民地主義」という言葉を用いることで、他者に犠牲を強いてきた歴史と、ある意味その帰結としての核爆発に目を向けるというよりも、自己に及ぶ範囲内の犠牲をなくすために他者の記憶を援用することになりかねないのではないかと感じます」（李杏理二〇一三、一九九頁）という批判がなされている。

原発立地問題を植民地主義の枠組みでとらえようとする試みは、高橋に限らない。福島に原発が立地するにいたる歴史過程を中央―地方間の関係の変化に即して分析した開沼博は、「統治システムの高度化」という視点から日本の近代を三つに時期区分している。すなわち、①資源や経済的格差の利用を目的として対外的植民地化を進めた「外へのコロナイゼーション」の時代（一八九五―一九四五年）、②対外的植民地化の失敗を受けて「外地」が担った機能を「地方」に求めながら植民地化をすすめた「内へのコロナイゼーション」の時代（一九四五―九五年）、③新自由主義・グローバリゼーションの影響のもとでの「自動化・自発化されたコロナイゼーション」の時代（一九九五―）である（開沼二〇一一、三七四―三七五頁）。開沼は、福島における原発立地は、「内へのコロナイゼーション」の一環としてとらえている（この視点は、福島以外の「地方」における原発立地にも適用可能であろう）。

高橋や開沼の議論は、原発立地地域としての福島に着目するものであり、必ずしも東北地方という地理的範疇が念頭に置かれているわけではない。他方で、東北地方を、中央（首都圏）との関係において「植民地」としてとらえようとする議論もなされている。前節で言及したように、岡田知弘は、一九一〇年代に東北地方と中央（首都圏）との間に垂直的分業関係が成立したことを以って、東北地方を日本資本主義にとっての「国内植民地」として位置づけている。

「最初に僕の中に浮かんだのは「なんだ東北って植民地だったのか、まだ植民地だったんだ」ということです。かつて東北は、東京にコメと兵隊と女郎(ママ)をさしだしてきました。そしていまは、東京に食料と部品と電力を貢物としてさしだし、迷惑施設を補助金とひきかえに引き受けている。そういう土地だったのだと」（赤坂ほか 二〇一一、一五頁）。これは、震災直後の赤坂憲雄の発言であるが、岡田の「国内植民地」というとらえ方が今日の東北地方にも適応可能であるという認識を率直な言葉で語っている。[11]

ところで、東北地方が「国内植民地」としての役割を担わされ始めたのは、日露戦争を契機として日本帝国主義が朝鮮半島・中国大陸への侵略政策を強化させていった時期でもあった。この時期、東北の言論界においては、海外膨張政策が優先されるあまりに東北開発が置き去りにされてしまうという危惧が広がった。その危惧は、国家の関心が海外に向かい、さらに新たな領土を獲得した結果、東北開発への関心を失って東北地方は後進のままに放置されてきたという歴史認識にもつながっている（以上、河西 二〇一三、七四―七六頁）。東北地方が「国内植民地」に再編されていった時期、東北言論人は、日本帝国主義の植民地「開発」との対比で東北地方の「開発」問題を認識する視点を有していた。

二〇世紀初頭には「東北稲作不適地論」が主張されるほど、寒冷地東北における稲作には技術的困難がともなっていた。にもかかわらず、米の商品化に利益を見出す地主層が主導するかたちで東北地方での稲作が普及していった。そしてそれは、凶作の頻発を招くことになる。山内明美の指摘するように、「稲作に適さない気候条件の中で東北地方が穀倉地帯化することは、すなわち、低開発化を意味していた」といえる。山内は、「モノカルチャーとしての田んぼ」に、「東北地方の植民地的性格」を見出している（以上、山内 二〇〇八、三九八―三九九頁）。米騒動と三・一独立運動を契機として朝鮮及び台湾においては一九二〇年から「産米増殖計画」が実施される。その際、朝鮮では、東北地方の試験場で開発された陸羽一三二号など寒冷地用の水稲品種の普及が図られ、一定の増産効果を上げていく。一九三〇年代には、植民地からのコメ移入量の増大によって米価が低迷し、米穀モノカルチャーの東北農村に打撃をもたらした。東北の言論人による認識のレベルに留まらず、実態のレベルにおいても、東北地方と植民地とは、主要産業である農業（稲作）の開発過程において競合的な関係に置かれていたということができる。

ところで、二〇世紀初頭の東北における言論界のなかでは、前述した開発政策をめぐる植民地との競合的関係に対する憂慮ばかりではなく、ぎゃくに、日本の海外膨張のためには東北開発が必須であるという主張もなされた（河西 二〇一三、七五頁）。言論のレベルに留まらずに実態面にまで着目すれば、東北農業の特産畜産物でありかつ農民経営の生産手段としても重要な役割を果たしていた馬は、軍馬としても需要されており、一九世紀末以降、軍事的要請によって馬匹改良政策の対象とされていった。さらには、一九三〇年代以降の東北振興政策は、植民地支配と軍事的侵略という帝国主義国としての課題遂行のための資源（満洲農業移民や兵士の供給源としての人口を含む）の調達という目的と不可分であった。

以上より、戦前期における東北地方を「国内植民地」としてだけとらえるのは一面的であるということができる。東北地方の「開発」過程に関する分析においては、国内問題という視点だけでなく、日本帝国主義の対東アジア侵略・植民地支配という国際的な視点が同時に要請されている。その際、東北地方が、第一に、国内的には中心（首都圏）との垂直的分業関係を強いられたために、国際的には同じく垂直的分業関係を強いられた植民地の産業（農業）との競合的関係が激化した、第二に、国際的には、さらに、日本帝国主義の東アジア地域に対する侵略と支配のための兵站基地としての役割を課されていた、という二重の視点でもって戦前期の東北地方をとらえることが必要であると考える。

日本の敗戦を経て、帝国圏は解体される。復興期から高度経済成長期にかけて東北地方は、首都圏に対するエネルギー（電力・石炭）・食料・労働力の供給地という役割を担わされた。加えて、資源立地型の製造業立地が目指された。しかし、高度経済成長期のエネルギー革命は、石炭需要の減少や工業立地の太平洋ベルト地帯への集中を促したという点で、東北地方「開発」という課題にとってはネガティブな国際的契機となった。

前項で言及したように、高度経済成長期の末期には、新全総の一環として東北地方のむつ小川原地区と秋田湾地区での大規模工業基地開発が計画されている。前者の地区では石油化学コンビナートが、後者では製鉄業が中核的な製造業部門として想定されていた。しかし、二つの計画はいずれも挫折している。[12]一九七〇年代、ドル・ショックと二度の石油ショックを経て、石油製品と鉄鋼の国内需要が停滞したことがその直接的な要因であった。構造不況のもとで、両業界においては過剰設備処理と「消費地立地」への集約化が進展した（後藤 一九七八、九九―一〇三頁、富樫 一九八六、一一―一六頁）。消費地からの遠隔地に巨額の投資をともなう新規立地がなされる余地はなくなった。[13]

一方で、一九七〇年代は韓国・台湾など新興工業国（地域）において重化学工業化が進展した時代でもあった。韓国・台湾は、一九六〇年代に労働集約的な軽工業部門を中心とする工業化を達成した。重化学工業化は、鉄鋼や石油化学製品などの中間財を輸入代替し、さらに一部を輸出産業化することによって産業構造を高度化することを課題とするものであった。韓国・台湾の重化学工業部門には日本の資本と技術が導入された。[14]新興工業国（地域）による鉄鋼・石油化学製品の供給能力の獲得は、日本において両製品の供給能力抑制と集約化を促す国際的な環境ともなった。

一九七〇年代以降、数次にわたる円高の進展に対応するために、電気機械や輸送機械などの加工組立型製造業企業は、下請企業との分業関係をも含めて生産過程のグローバル化を進めた。特に、韓国や中国（台湾）といった東アジア地域に、日系企業の工場立地が展開した。他方では、前項で述べたように、東北地方においても、首都圏からの外延的な拡大というかたちで加工組立型製造業企業による工場立地が進んだ。交通網の整備と低賃金労働力（農家兼業労働力）の賦存がそれを促す条件となった。日本の製造業企業のグローバル化の過程においては、東北地方と近隣東アジア地域は、工場立地をめぐって競合的な関係に入ることになったのである。[補注]

台湾・韓国の製造業部門に着目すれば、労働集約的軽工業→装置型重化学工業→加工組立（ハイテク）型重化学工業という産業構造の高度化の過程を観察することができる。それと同時に、「雁行型経済発展論」が説くように、日本と両地域との分業関係に着目すれば、その間、製造業部門における垂直分業関係が維持された。他方で、日本国内にあっては、「後進地域」である東北地方には、円高の進行、地価高騰、労働力不足・賃金上昇あるいは公害問題などの原因によって首都圏での立地が困難になった製造業が、一定のタイムラグをともなって立地していった[15]。この結果、一九六〇年代以降、製造業部門の立地をめぐって、台湾・韓国と東北地方との間には、同質的であるがゆえに競合的な関係が生じることとなったのである。

製造業部門における東北地方と旧植民地である台湾・韓国との同質性＝競合性は、東北地方を「植民地」としてとらえる認識を喚起する契機ともなりうる。しかし、国民国家（国民経済）相互の関係性に着目すれば、日本と韓国・台湾との間には、産業構造上、位階的な垂直分業関係が継続的に成立していたことに留意しなければならない。東アジア圏において新たな分業関係を展開させた日本の製造業企業さらには日本経済にとっては、「雁行型」の経済発展を見せる東アジアは、剰余価値を吸収する場としての「鵜飼経済圏」（金泳鎬 一九八八）に外ならなかった。国民経済のレベルでいえば、東北地方もまた、資本蓄積における優位性を享受してきたのである。

おわりに

東北地方は、戦前・戦後を通じて、日本資本主義の中心（首都圏）との間に位階的な垂直的分業関係を強いられてきた。その関係性を評価するに当たっては、国内的な契機とともに国際——特に、戦前であれば日本帝国主義圏、戦後であれば東アジア経済圏——的契機にも着目する必要がある。

すなわち、第一には、東北地方は、日本資本主義の中心との位階的な垂直的分業関係という共通性ゆえに、戦前であれば農産物（特に米穀）の供給をめぐって植民地朝鮮・台湾と競合的な関係が激化し、戦後には工業（労働集約的加工組立型工業・装置型重化学工業）製品の供給をめぐって、韓国・台湾との競争関係に直面した。そして、第二に、東北地方は、日本資本主義が近隣アジア地域との垂直的分業関係を成立・維持させていくうえで不可欠な役割を課されていた。戦前においては、兵站基地（軍馬・兵力・移民）として、日本帝国主義の対東アジア侵略を支えることとなった。戦後においては、中心部への資源（電力）や労働力の供給地として、また低賃金を求めて中心部から進出する企業の受入地として、日本資本主義の資本蓄積に貢献し、その結果として、東アジアにおける「鵜飼経済圏」構造の再生産を促す役割を果たしたといえる。

一九九〇年代以降、韓国・台湾の製造業企業が、加工組立（ハイテク）型重化学工業部門において日本企業にキャッチアップし、さらには凌駕する状況が生じている。そして、それら企業もまた生産工程におけるグローバル化戦略を推し進めている。それは、東北地方の製造業にとっては、より深くより複雑なかたちでグローバルなサプライ・チェーンに組み込まれていく要因の一つになっている。こうして、「雁行型経済発展論」が想定した国際的分業関係は変質し、日本の製造業企業は、これまでのような国際市場における優位性を失いつつある。東北地方の製造業の眼には、日本資本主義の中心（首都圏）以外に、東アジア地域に「中心」が出現したかのように映っているであろう。

現段階の「東アジア経済圏」における状況のこうした変化が、歴史的経験に関する日本人の認識にも影響を及ぼしているのではないか。結果として、日本資本主義が日本帝国主義――「東アジア経済圏」における位階的な垂直分業関係を構築・深化することによって資本蓄積を遂げてきたという歴史的事実が軽視されつつあるのではないだろうか。

日本資本主義の中心部との関係においては、東北地方と朝鮮（韓国）・台湾はいずれも周辺部として位置づけられる。ただし、「植民地」という用語法に依拠して両者の同質性を強調するよりは、両者が置かれている政治的・経済的そして歴史的地位の差異に着目しつつ、東北地方「開発」の国際的契機を、従属／支配をめぐる複合的な視点からとらえることがむしろ重要であろう。

【注】

（1）ここでの「国内植民地」とは、入植地という意味ではなく植民地的経済構造に編成された地域という意味であるといえる。引用文中にもあるように、東北地方は北海道や都市部への労働力供給地として位置づけられ、入植地であった北海道とは性格を異にしている。なお、「国内」という接頭辞は、法的・制度的な差別は存在していないという点で、台湾・朝鮮などの植民地とは異なることを示唆していると考えられる。

（2）占領軍の軍区が、東北六県に新潟県を含めた地域を一つの管轄区域にしていたことによるといわれる（岩本 二〇〇九、一二七頁）。
（3）一九五〇年に北海道開発法が制定された。東北地方では、開発政策に関して「北海道なみの条件」が獲得目標となった（真木 一九七六、二九頁）。
（4）「北海道並みの条件」という観点からすると、東北開発庁および東北開発公庫の設置が認められないなどの点で、東北側からすれば妥協的な措置となっている（真木 一九七六、三八頁）。
（5）傾斜生産方式のもとで急増した常磐炭田の採炭量は、一九五一年をピークとして以後減少に転じていく。
（6）一九六五年には、東北開発株式会社傘下のむつ製鉄（一九六三年設立）の砂鉄製鉄事業から連携企業であった三菱グループが撤退をしている。この出来事は、資源立地型産業開発政策の後退および東北開発に対する中央資本の関心低下という、一九五〇年代後半以降における東北開発政策に逆行する二つの流れを象徴しているといえる。むつ製鉄については、岩本 二〇〇九、一六五―一七六頁を参照。
（7）東北七県知事会「東北開発の新たな方向と当面する施策――東北開発三法改正にあたっての具体的問題事項の提言」一九六六年
（8）東北経済連合会「東北開発の基本構想――二〇年後の豊かな東北」一九六九年
（9）「東北開発促進計画」は、一九九九年の第五次計画を以って最後となった。
（10）一九七五年には東北高速道（岩槻始点）が、一九八二年には東北・上越新幹線（大宮始点）がそれぞれ開通している。
（11）「貢物」「迷惑施設」「補助金」という用語法は、福島原発事故を念頭に置いたものであると思われる。経済的な支配／従属の関係という岡田の視点に加えて「構造的な差別の存在」（高橋哲哉）が示唆されている。

(12) 秋田湾地区（「秋田湾」は造語であり、同名の湾は実在しない）の場合は、工業基地は海岸埋立によって確保する計画であったので、用地買収問題は発生しなかった（後藤 一九七八、一六―一八頁）。これに対してむつ小川原地区の場合は、計画の挫折にもかかわらず用地買収だけは進行した。その結果、その用地の転用のために石油備蓄基地計画を経て核燃料リサイクル施設が立地するに至る（舩橋ほか 二〇一二、三〇―三八頁）。

(13) この二事例とは対照的に、新日鉄釜石（釜鉄）は、「新全総」以前からの歴史を有する重化学工業部門製造業である。釜鉄は、日本国内にあっては例外的に資源（鉄鉱石）立地型の製鉄所であった。戦後、釜石鉱の占める割合は、一九五〇年に七九％であったのが、六〇年三五％、一九七〇年二〇％へと急減して輸入鉱への依存度を急伸させている（北村 一九八二、八八頁）。釜鉄は、資源立地のメリットを消失させるとともに、消費地からの遠隔性というデメリットに直面する。釜鉄では、「合理化」が繰り返し実施されていく。

(14) 公害問題のために日本国内での立地が困難になった装置型重化学工業部門の立地に対しては、「公害輸出」という批判が高まった。

(15) 公害問題を抱える装置型重化学工業の立地に対する反対運動は、全国的な現象であり、東北地方もその例外ではなかった。沼尻晃伸が指摘するように、「戦後住民運動の原点」と呼ばれた三島市・清水町の石油化学コンビナート反対運動においては、在来商工業の発展や戦前・戦時期の工場誘致という歴史的条件によって「工場誘致という選択肢以外の既存の商工業を中心とする発展が地元商工業者や自治体に意識された」（沼尻 二〇一〇、九八頁）。東北地方の場合、原蓄期以来の商工業集積の低位さが、高度経済成長期以降においても装置型重化学工業の立地を可能にした（許した）側面があったといえる。

（補注）第二次世界大戦後に旧植民地から多数の移民労働者を受け入れたイギリスやフランスとは異なり、日本の場合は、基本的には日本国内における農村部から都市部への労働力移動によって高度経済成長期の労働力需要増大を賄った。東北地方は、主要な労働力供給地であった。敗戦によって植民地を失ったという日本帝国主義の事情が、英・仏との違いをもたらしたといえる。日本の場合は、むしろ、資本の側が旧植民地である韓国・台湾に進出することで、当地の低賃金労働力を基盤として資本蓄積を遂げていった。冷戦構造の下で韓国・台湾に成立した「開発独裁」政権がそれを支えた。資本の進出先として、日本国内の東北地方と韓国・台湾あるいはその他のアジア地域とが競合関係に入るまで、戦後における東北地方「開発」という文脈において国際的契機が顕在化しなかった所以である。

【参考文献】

赤坂憲雄・小熊英二・山内明美『「東北」再生』イースト・プレス、二〇一一年
岩本由輝『東北開発一二〇年（増補版）』刀水書房、二〇〇九年
岡田知弘『日本資本主義と農村開発』法律文化社、一九八九年
岡田知弘「東北の地域開発の歴史と新たな地域づくり」『社会システム研究』二四、二〇一二年
開沼博『「フクシマ」論 原子力ムラはなぜ生まれたのか』青土社、二〇一一年
河西英通「近代日本と東北・東北人」大門正克・岡田知弘・川内淳史・河西英通・高岡裕之『「生存」の東北史 歴史から問う三・一一』大月書店、二〇一三年
北村洋基「新日鉄釜石合理化の歴史的位置——生産構造の展開を軸として」『東北経済』七二、一九八二年
金泳鎬『東アジア工業化と世界資本主義——第四世代工業化論』東洋経済新報社、一九八八年
後藤美千男『秋田湾開発とは何か ある自治体の運命』秋田書房、一九七八年
高橋哲哉『犠牲のシステム 福島・沖縄』集英社新書、二〇一二年

富樫幸一「石油化学工業における構造不況後の再編とコンビナートの立地変動」『経済地理学年報』三三―三、一九八六年
沼尻晃伸「地域からみた開発の論理と実態」大門正克ほか編『高度成長の時代1　復興と離陸』大月書店、二〇一〇年
船橋晴俊・長谷川公一・飯島伸子『核燃料サイクル施設の社会学　青森県六ヶ所村』有斐閣、二〇一二年
古厩忠夫『裏日本――近代日本を問いなおす』岩波新書、一九九七年
真木実彦「東北開発政策の展開と昭和四〇年代――東北政・財界の東北開発ビジョンと政府の東北開発政策」『東北経済』六〇、一九七六年
山内明美「自己なるコメと他者なるコメ　近代日本の〈稲作ナショナリズム〉試論」『言語社会』二、二〇〇八年
李杏理「在日朝鮮人の『被災』経験と植民地主義について」東京経済大学学術センター学術フォーラム「『フクシマ』の問いにどう応えるか――東アジア現代史のなかで」『東京経済大学学術研究センター年報』一三、二〇一三年

第一章　軍馬資源開発と東北馬産
――軍需主導の東北「開発」と一九三〇年代の構造強化

大瀧真俊

はじめに

(1)軍馬資源開発と東北地方

本章では、戦前の東北「開発」の中から、対外軍事侵略と直接的に結びつき、それゆえに国家の主導性が強く発揮された事例として、軍馬資源開発（戦時に必要とされる軍馬の造成）をとりあげる。以下にその背景を述べる。

戦前日本の農林資源開発の中で、「馬」はそのあり方に国家が最も強く介入した事例であった。わが国の在来馬は欧米馬と比べて矮小であり、近代軍隊における軍馬としての適性を欠いていた。この理由から国内馬全体の軍馬資源化を目標とした馬匹改良（洋種血統導入による大型化）が国策として実行され、国内馬のほぼすべてが洋雑種化されるに至ったのである。この驚異的な馬匹改良を可能としたのは、陸軍省及び農商務（農林）省の施策を通じた馬産地に対する国家資本の大規模投下であり、またその主要舞台となったのが当時、国内最大の馬産地であった東北地方であった。

この戦前東北地方における軍馬資源開発と本書のテーマ「国際的契機」とのかかわりについて。本書の序章では、「東北地方の『開発』過程に関する分析においては、国内問題という視点だけでなく、日本帝国主義の対東アジア侵略・植民地支配という国際的な視点が同時に要請されている」という問題提起がなされている。この視点にそくして戦前の軍馬資源開発史を整理すると、①東アジア侵略に必要な軍馬資源が造成された時期（満洲事変以前）、②実際に大量の軍馬が動員された時期（同以降）の二期に大きく分けられる。前者は資源開発、後者は資源動員の時期と表現することもできよう。その中で東北地方は国内最大の馬産地であったために、①期において最も早期より開発の対象地とされ、またその早期開発の経験ゆえに、②期において最も熾烈な資源動員が行われた地方であった。

⑵先行研究

右記の軍馬資源開発は、従来の東北開発史研究の中でまったく扱われてこなかった。農業部門に関して専ら焦点が当てられてきたのは、米と養蚕である。まず米に関しては、岡田知弘の「一九一〇年代東北経済は、東京への飢餓的米供給地として日本資本主義のなかに組み込まれていった」という見解が代表的であろう（岡田　一九八九、六四―六五頁）。また養蚕に関しては、岩本由輝が山形県では県内資本の弱さから「長野県など先進県の製糸工場の原料供給地化」が進み、そうした状況は他の東北各県でも同様であったと述べている（岩本　二〇〇九、七一―七二頁）。どちらも、戦前の東北農業と日本資本主義との関係を象徴する事例としてとりあげられてきたものといえる。

表1　米・繭・馬の産額（1925年）

品目	青森	岩手	宮城	秋田	山形	福島	東北計	全国
米	3,795	3,997	6,158	7,341	7,650	5,499	34,442	213,376
繭	139	1,087	1,565	420	2,530	3,422	9,164	82,426
馬	158	219	35	113	9	153	688	1,963

注：単位は万円。馬は家畜市場外での売買（庭先取引）を含まない。
出典：『農林省統計表』第2次。

この二つと比べて、馬の産額（市場取引額）は少なかった（表1）。ただし馬の場合には、家畜商を介した市場外の取引（庭先取引）も多く、またそうした現金収入以外の経済効果も考慮すると、東北農業における重要性は決して小さかったとはいえない。第一に、馬は畜力と厩肥を供給するという点で、東北農業の柱である米作に不可欠の存在であった。第二に、その自給経済部門を合わせると、馬は養蚕に匹敵する経済効果を有していた。例えば一九二六（昭和元）年の試算によると、馬一頭から得られる自家収入は約二五〇円（馬労働一一三円・厩肥一三七円）であったとされる（栗山 一九二四、一四頁）。これに一九二五年の東北地方成馬（五歳以上）頭数二九・六万頭を掛け合わせると約七、四〇〇万円、表1の馬の産額との合計は約八、〇八八万円に達し、繭の産額九、一六四万円に大きく接近するのである。繭価格が暴落した昭和恐慌以降には逆転していたであろう。こうした商品経済的・自給経済的という違いに加え、養蚕が南東北（宮城・山形・福島）[1]中心、他地方の民間資本による開発（日本資本主義との連関）であったのに対し、馬産は北東北（青森・岩手・秋田）中心[2]、軍主導の国家資本による開発（日本帝国主義との連関）であったことなど、両者は多くの点で対照的な性格にあった。こうしたことから、「馬」を対象とすることによって米・養蚕とは異なる東北農業開発の様相が描かれると考えられる。

　またこれまでの東北開発史研究では、一九三七年に開始された東北振興事業への関心が高かった。同事業で馬産は対象とされなかったが、それはすでに国による開発・振興が進んでいたためとされる[3]。本章で注目したいのは、同事業が「東北救済のためというよりも、むしろ国家総動員資源政策の一環」として行われたという指摘である（岡田 二〇一三、一三二頁）。近代初期から軍需を主眼として開発が進められた馬産は、「総動員資源政策」が早期より実施された事例としてとらえられるのではなかろうか。

　以上の他、近年の地域史研究では、近代につくられた「東北」という行政的枠組みにとらわれない「開かれた東北」論が盛んとなっている（河西・脇野 二〇〇八、安達・河西 二〇一二など）。また植民地研究では、北海道（国内植民地）と外地・「満洲[4]」を一体としてとらえる必要性が指摘されている（今西 二〇〇八、一三二頁）。こうした研究潮流をふまえると、馬の場合にも帝国の拡大（東北地方から北海道、外地、満洲へ）にともなって、東北地方の位置づけがどのように変化したのかという視点が必要といえる（帝国の中の東北）。

(3) 課題

　以上の点をふまえ、本章では次の二つを課題として設定する。

　第一の課題は、帝国日本の軍馬資源開発史を概観するとともに、その中における東北地方の役割と位置づけを明らかにすることである。その作業を通じて、東北地方を中心として終始、東アジア侵略と深く結びついた国家主導型開発のあり様を示したい。

第二の課題は、右の全体史の中から恐慌・冷害下の一九三〇年代に焦点を絞り、同時期の東北馬産が国家資本への依存度を高めていった様相を明らかにすることである。軍馬資源開発を通じて形成された産業構造の脆さが恐慌・冷害によって表面化し、それゆえに一層、国家や軍部の救済が必要とされた様子を描き出したい。同時に後発馬産地・北海道との比較から、この時期にも東北地方が帝国軍馬資源開発の中心地であったことを明らかにする。

以上の点について、第一節では第一の課題、戦前日本の軍馬資源開発の概要とその中における東北地方の役割について検討する。第二節では第二の課題、一九三〇年代の東北馬産について、農林省の時局匡救事業を通じて国家資本が大規模に投下された様子を明らかにする。第三節では同じく第二の課題について、陸軍省の軍馬購買事業が東北馬産農家にとって重要な経済更生手段となったことを論じる。最後に以上の内容を総括し、東アジアへの軍事的侵略という「国際的契機」と絶えず結びついた戦前東北「開発」の姿を提示するとともに、その契機が喪失した戦後との関わりについて言及する。

本章の限定性について、あらかじめお断りしておきたい。本章では「東北地方」という枠組みで議論を進め、その中の地域差にほとんど言及しない。それには紙面の都合もあるが、戦前の東北馬産は地域による程度の差こそあれ、必ず軍馬需要と結びついていたためである。また馬産とそれをとり巻く農業条件について、東北地方は民有林野の少なさや米作中心といった点で北海道、外地、満洲と大きく異なっていた。このことから本章は、中央との支配・従属関係に着目した「開発論」よりも、東北地方の歴史的・政治的特性を重視した「東北論」の視点に立つこととする。

一．帝国日本の軍馬資源開発史

(1)帝国の拡大と軍馬資源

　ここでは帝国日本における軍馬資源開発の歴史を概観するとともに、その中における東北地方の役割について検討する。

　第一に、戦前から戦後初期にかけての日本の馬資源量を確認する（表２）。まず全国の飼養頭数をみると、軍需主導の馬匹改良が急激に進展した第一次馬政計画期（一九〇六―三五〈明治三九―昭和一〇〉年）を通じて約一五〇万頭が維持されていた。戦時には初期一九三七―三八年に約二〇万頭が徴発された後も断続的に徴発が行われ、敗戦時一九四五年には一〇五万頭まで減少している。戦後は農耕馬・運搬馬需要を主体として再び増加したものの、ピーク時一九五二年でも一一一万頭に留まった。このことは戦前に産業上必要であった頭数以上の馬が軍馬資源と

表２　地方別馬飼養頭数・生産頭数

年次	飼養頭数				生産頭数			
	1906年	1935年	1945年	1952年	1906年	1935年	1945年	1951年
北海道	107,936	295,396	253,984	287,598	12,299	47,781	49,193	46,092
東北	358,535	359,730	276,321	291,268	39,233	31,353	29,916	20,240
全国	1,465,466	1,448,481	1,049,393	1,111,973	99,349	119,672	118,386	87,824
東北地方内訳								
青森	61,285	54,438	40,862	45,467	7,514	5,451	4,954	2,120
岩手	84,733	83,897	66,720	65,728	9,089	9,582	8,429	6,023
宮城	52,147	55,024	37,901	41,180	2,593	2,234	1,718	1,229
秋田	59,014	58,822	50,155	56,900	7,183	3,956	3,310	3,031
山形	28,292	29,718	21,593	23,027	487	414	599	400
福島	73,064	77,831	59,090	58,966	12,367	9,716	10,906	7,437

注：飼養頭数の1906、35年は12月、45、52年は２月時点。
出典：『農商務統計表』『農林省統計表』『畜産提要』各年。

して維持されていたことを示唆している。地方別にみると、東北地方は全期を通じて最大の飼養頭数にあったことがわかる。一方、生産頭数は戦時以前（正確には一九二六年）に後発馬産地の北海道に追い抜かれ、戦後一九五一年にはその差がさらに拡大している。この変化は東北地方が軍馬需要、北海道が産業馬需要とそれぞれ深く関係していたことを想起させる。

こうした内地と比べて、植民地地域の馬資源量は極めて少なかった。一九三〇年時点でも朝鮮五万五八二六頭、台湾三〇五頭、樺太一万二四九〇頭の計六万八六二二頭であり、内地の一／二〇程度に過ぎなかったのである。しかし一九三二年に馬資源約二八〇万頭（農林省畜産局一九三五a、三五〇頁）を有した満洲が加わったことで、帝国日本の馬資源量は一挙に約四三〇万頭まで急増した。一九三〇年代には帝国の拡大にともない、軍馬資源開発の対象となる馬資源量が大きく増加したのである。

第二に、戦前日本の各戦争における軍馬動員数についてみる。日清戦争時には五・八万頭、日露戦争時には一七・二万頭の軍馬がそれぞれ動員された。第一次世界大戦時については不明であるが、右の二つの戦争よりも少なかったと思われる。これに対し、日中戦争からアジア・太平洋戦争にかけては全期を通じて五〇―六〇万頭が動員された

写真１　日中戦争時の軍馬

中国澤州沁水間富店鎮附近における野砲兵の行軍、1938年7月撮影。中国の山岳地帯にはこうした難路が多く、自動車による移動や輸送が困難であった。
出典：『山西作戦写真資料（野砲第108連隊）昭和13.2～13.10』（国書刊行会作成、防衛研究所戦史研究センター所蔵）

と推定されている。一般に第一次世界大戦以降には移動と輸送の機械化が進んだことで軍馬需要が減少したと思われているが、実際はそれ以前よりも多くの軍馬が動員されたのである。この理由として、第一に総力戦化にともなって兵員の移動や物資（弾薬や食糧）の輸送が増加したことがあった。第二に、その移動と輸送の機械化を妨げた要因として、自動車工業の未発達、中国大陸における悪路の多さ（写真1）、石油資源の不足などがあった。これらの事情が重なったことで、日本の軍隊では敗戦に至るまで大量の軍馬が必要とされたのである。より広い視野でみると、後発帝国主義国が総力戦への対応と軍備の近代化を急いだ結果、移動・輸送手段が旧式（軍馬）のまま取り残されたともいえよう。

(2)軍馬資源政策の展開

次に、帝国各地で展開された軍馬資源開発の様子を以下に整理する。

第一に、軍馬資源確保を主眼とした馬政計画について。まず内地では日露戦争後、第一次馬政計画（第一期一九〇六―二三〈明治三九―大正一二〉年、第二期一九二四―三五〈大正一三―昭和一〇〉年）が開始された。第一期には国内馬の約三分の一に対して血統更新（洋種血統の導入）することが図られ、第二期にはその改良馬を「国防上及産業上ノ基礎ニ立脚」した形で定着させることが目標とされた。それらを実現するための主な施策として、①軍用向けの馬匹改良に適した国有種牡馬の供給とそれに適さない民有種牡馬の淘汰、②軍馬購買事業（平時軍馬の高価買い上げ、後述）を通じた馬匹改良への利益誘導の二つがあった。両者によって国内馬の洋雑種率は一九〇六年一二・二パーセントから一九三五年九六・六パーセントへと急激に上昇し[5]、日本は東アジアで最も優れた軍馬資源を保有することとなった（大瀧 二〇一三）。

一九三〇年代には、外地・満洲でも内地と同様の馬政計画が開始された。対中・対ソ戦争に向けて必要な軍馬資源量が増加し、内地の供給量のみでは不足することが予想されたためである。まず満洲では、一九三三年に馬改良計画（第一期一九三三―五七年、第二期五八―七七年）が開始され、軍馬資源となる改良馬二〇〇万頭の増殖が目標とされた。満洲は帝国内最大の馬資源地であったが、同地の在来馬は改良日本馬よりも小型であり、軍用乗馬・輓馬として利用困難であったためである。[6] 一九三六年には、内地の第二次馬政計画（第一期一九三六―四五年、第二期四六―六五年）開始に合わせ、外地において朝鮮馬政第一期計画（一九三六―五三年）、台湾馬政計画（第一期一九三六―四五年、第二期四六―六五年）、樺太馬政計画（一九三六―五〇年）がそれぞれ開始された（農林省 一九三六、二九―五〇頁）。これらの計画では朝鮮四万頭、台湾一一万頭、樺太三万頭の改良馬を増殖することが目標とされている。以上に挙げた外地・満洲における馬政計画の成果は不明であるが、内地より約三〇年遅れて開始されたこと、特に満洲では開発対象となる資源量が膨大であったことから、日本馬に匹敵する軍馬を供給するには至らなかったと考えられる。

また日中戦争が長期化すると、右の長期的な軍馬資源開発と並行して、帝国内の軍馬資源量を短期的に調整することが必要となった。このため一九三八年一〇月に「日満ニ亘ル馬政国策」が策定されて、翌年より外地・満洲に対して軍馬資源となる日本馬が移植されることとなり、満洲には一九三九―四四年で約三・九万頭、外地には一九四〇―四四年で約一・三万頭がそれぞれ移植されている。また一九三九年の内地では、「軍所要ノ有能馬」の供給を主眼とした内地馬政計画、民間の軍用適格馬

表３　東北地方の馬に関する国の施設（1910年時点）

①馬匹改良に関する施設

名称	位置	設置年	用地（町歩）
奥羽種馬牧場	青森県上北郡七戸町	1896年	2,240
東北種馬育成所	岩手県岩手郡滝沢村	1903年	2,500
岩手種馬所	岩手県岩手郡厨川村	1896年	347
宮城種馬所	宮城県玉造郡西大崎村	1896年	121
秋田種馬所	秋田県仙北郡神宮寺町	1897年	226
福島種馬所	福島県西白川郡西郷村	1899年	126
青森種馬所	青森県上北郡野辺地町	1908年	340

②軍馬補充に関する施設

名称	位置	設置年	用地（町歩）
軍馬補充部三本木支部	青森県上北郡三本木町	1885年	11,017
同支部中山派出部	岩手県二戸郡小鳥谷村	1891年	5,059
軍馬補充部七戸支部	青森県上北郡天間林村	1907年	12,429
軍馬補充部六原支部	岩手県胆沢郡相去村	1898年	10,348
同支部鍛冶谷沢派出部	宮城県玉造郡川渡村	1883年	4,063
軍馬補充部萩野支部	山形県最上郡萩野村	1910年	6,284
軍馬補充部白河支部	福島県西白川郡西郷村	1897年	8,718
同支部那須派出部	栃木県那須郡那須村	1903年	6,825

注：②の設置年は、前身の施設（軍馬局出張所、軍馬育成所など）を含む。
出典：帝国競馬協会編 1928、pp.335-336、神翁顕彰会編 1963a、pp.247-270、pp.688-693 ほか。

に軍用調教を施すことを定めた軍馬資源保護法、国内種牡馬の原則国有化を定めた種馬統制法の三つが制定され、ここに内地を中心とした馬政・馬産の戦時体制が確立されることとなった。

第二に、前記馬政計画を実行するための国の施設設置について。それを大別すると、①馬匹改良に関する施設と、②軍馬補充に関する施設の二つとなる。一九一〇（大正九）年時点の東北地方における施設一覧を表３に示した。近世に国内で最も著名な馬産地であった南部藩領（青森県東部と岩手県北部）への集中が確認される。このことは、近代の軍馬資源開発が前時代の基礎を受け継いで開始されたことを示している。

①馬匹改良に関する施設として、種馬牧場と種馬所の二つがあった。種馬牧場とは馬匹改良に必要な国有種牡馬を生産した施設、種馬所とはその国有種牡馬を民間の繁殖牝馬に対して供給した施設である。両者の設置数と位置の変遷をみると、創設時一八九六年の種馬牧場二（東北一・九州一）、種馬所三（東北二・九州一）から、日露戦争後の軍拡を経た一九二二年には種馬牧場三（北海道二・東北一）、種馬所一五（北海道一・東北五・九州三・その他六）に増加している。東北地方に多いのは、当時最大の馬産地であったことに加え、国有林野の多さから用地確保が容易であったためと考えられる。その後は北海道への設置が目立ち、一九三七年には種馬牧場二（北海道一・東北一）、種馬所一七（北海道五・東北五・九州三・その他四）となった。既に開発の進んだ東北地方から、馬産地（軍馬資源地）として伸び代が大きい北海道に開発の重点が移されたものと思われる。また外地では朝鮮に咸鏡北道種馬所（一九三二年より朝鮮総督府種馬牧場）、満洲では公主嶺農事試験場がそれぞれ設置され、右記の施設と同様の業務を行っていた。

以上の施設を通じて国有種牡馬が供給された結果、全国の種牡馬全体に占める国有種牡馬の割合は一九一五年一六・五パーセントから一九三五年三七・〇パーセントへと上昇した（『馬政局統計書』第五次、『馬政統計』第一〇次）。同じ大家畜である牛の場合に官有種牡牛の割合が僅か〇・五パーセントであったことと比べると、[7]馬の場合にはいかに国が開発（改良）に強く関与していたのかが窺える。また一九三五年の国有種牡馬の割合を地方別にみると、北海道が全国平均以下の二七・一％であったのに対し、東北地方はそれを上回る三八・四％に達している。東北地方では、前述の施設を通じて早期より国有種牡馬が供給され続けた結果、種牡馬を国に依存する生産構造が形成されていたのである。このように種牡馬という生産手段を国に大きく依存していたのが馬産の特徴であり、またその傾向が特に強かったのが東北地方であった。

②軍馬補充に関する施設とは、陸軍が常備軍で用いる軍馬を自ら育成・調教した軍馬補充部を指す。本部は東京に置かれ、実務を行う支部が全国各地に置かれた。設立当初一八九六年は四支部（東北二・近畿一・九州一）であったが、最盛期一九〇七―二一年には東北地方を中心とした九支部（北海道二・東北五・中国一・九州一）となり、その後の軍縮と軍拡を経た一九三八年には北海道中心の七支部（北海道四・東北二・九州一）となった。①と同様、施設の偏りが東北地方から北海道に移行したことが確認される。また外地には、関東支部（一九〇七―一三年）と雄基支部（一九二一―四五年）が設置されていた[8]。

軍馬補充部は軍用候補馬を民間から購買していた（軍馬購買事業）。それは幼駒購買（二―四歳）と壮馬購買（五歳以上）に分かれ、前者は軍馬補充部で五歳になるまで育成・調教された後、後者は購買後直ちに部隊へ配属された。どちらも購買価格が一般馬相場の二―三倍に達したため、幼駒購買は馬産地、壮馬購買は育成地の農民にとって最大の生産・育成目標とされていた。軍馬購買事業には、農民を軍需主導の馬匹改良に利益誘導する効果があったのである。

(3)東北地方の役割・位置づけ

以上にみたように帝国日本の軍馬資源開発は、当初国内最大の馬産地であった東北地方から開始され、一九二〇年代に後発馬産地の北海道に重心を移した後、一九三〇年代には外地・満洲を含めた帝国全域に拡大されていった。では開発の舞台が移動・拡大した中で、最も早期に開発された東北地方の役割・位置づけはどのように変化したのか。

軍馬資源開発の舞台が帝国全域に拡大した一九三〇年代においても、東北地方は軍馬動員全体の約半分を担っていた。また同時期に国内と帝国各地の軍馬資源開発に用いられた種牡馬も多くが東北地方産であった。前者については後に詳述するので、ここでは後者の点について確認する。一九三二―三四（昭和七―九）年の三年間に、国内で五〇五頭の民間馬が国有種牡馬の候補として購買された（『馬の世界』第一二―一四巻各号）。その地方別内訳をみると、北海道一四四頭、東北地方三五一頭（青森一〇六・岩手二〇一・秋田一八・宮城一〇・福島一二・山形四）、その他一〇頭であり、東北地方が約七割を占めている。また「満洲国」は一九三四年より日本内地において国有種牡馬を購入するようになった。同年に購買された三七頭の地方別内訳は北海道七頭、東北地方二三頭（青森七・岩手一四・宮城二）、その他七頭であり、ここでも東北地方の割合が高い。このように東北地方は最も早期に軍馬資源開発を経験したことで、開発の舞台が他地方に拡大した後には、帝国最大の「軍馬の供給地」「種馬の淵源地」（無記名 一九三四、三頁）という役割を担うようになったのである。

ただし、早期より開発が進められたことには、負の側面も存在した。第一に、前述のように国の各施設が数百から数千町歩という広大な用地面積で設置されたことで、周辺地域に牧野の不足が引き起こされた。軍馬資源開発を目的とした施設設置が、民間の馬産基盤を奪うこととなったのである。第二に、早期より国・軍の強い影響を受け続けたことで、地方民需を基礎とした馬資源開発が阻害された。例えば一九二〇年代の東北農民は、農耕馬として購入費・飼養費の低い小格馬（軍用に適さない小型馬）を求めた。馬の生産農家もこれに応じようとしたものの、国に種牡馬を制約されていたことで、この農耕馬需要を基礎とした馬産は実現されずに終わったのである。こうした軍馬資源開発によって生み出された生産構造の問題が深刻化したのが、次にみる恐慌・冷害下の一九三〇年代であった。

二．一九三〇年代の東北馬産と農林省の時局匡救事業

(1)恐慌・冷害下の東北馬産

本節と次節では、一九三〇年代初頭の恐慌と冷害を契機として東北馬産が国家資本への依存を一層強めていった様相を明らかにする。まず東北馬産の担い手であった馬産農家と、当該期における馬産の概況を説明したい。

馬産農家とは、耕種農業の傍らで馬の繁殖を行った農家のことである。戦前には一部の特殊用途馬（種牡馬や競走馬）の生産牧場を除いて専業馬産経営は困難であり、馬産経営の大部分が馬産農家であった。東北地方における標準的なイメージを示すと、主に牧野の多い山間部に存在し、農業経営規模は地方平均一・五町歩（田〇・九・畑〇・六）前後からそれ以上の中・上層経営、一、二頭の牝馬を飼養してそれを耕起や運搬、厩肥採取に利用しつつ繁殖も行った農家ということになる。[9]こうした馬産農家を組織したのが産牛馬組合（一九〇〇―一四年）、畜産組合（一九一五年以降）であり、組合が運営する二歳駒セリ市場において馬産農家と陸軍は売り手・買い手として直接取引する関係にあった。

表4　1930年代の東北馬産

年次		1929年	1930年	1931年	1932年	1933年	1934年	1935年
生産頭数		32,908	34,058	33,067	34,056	31,089	29,862	31,353
種牡馬供用頭数	国有	539	536	540	561	586	605	628
	民有	1,124	1,097	1,083	1,102	1,109	1,140	1,044
種付頭数	国有	25,005	24,494	25,284	27,165	28,439	30,041	32,774
	民有	45,478	45,367	44,130	42,807	43,160	42,981	42,521

出典：『馬政統計』第4–10次。

次に一九三〇年代における東北馬産の概況を示す。一九二九（昭和四）年の昭和恐慌による農産物価格の下落、および一九三一、三四年の二度にわたる冷害凶作によって、東北地方の農村経済は深刻な打撃を受けた。特に馬産地が多かった山間部では冷害が激しく、五―七割の減収であったとされる。このため借金の返済や肥料購入費の確保を目的として、馬産経営に不可欠な繁殖牝馬が投げ売りされる事態も発生した。また馬の平均価格が約四割低下したことで（後掲、表6）、セリ市場手数料を財源とする畜産組合経営も窮地に追い込まれた。こうした中、満洲事変（一九三一年九月）や上海事変（一九三二年一月）の勃発は、軍馬需要の増加による収入の増加を馬産農家や畜産組合に期待させた。

この時期の東北馬産の様子を統計上で確認すると（表4）、生産頭数は減少しているものの、種付頭数は逆に増加している。[10] 恐慌と冷害という条件下で、馬産農家の生産意欲が高まったのである。その理由は、耕種農業や養蚕が不利となったことで、それらに代わる現金収入源として馬産が浮上したためであった。[11]

東北地方の馬産農家は、一九二〇年代の軍縮期に軍馬需要が減少して馬産収支が悪化した際にも、所有馬を手放さなかった。そうして維持してきた馬が「備荒貯蓄として、今や正にその効益を一〇〇％に発揮」（津田一

九三二、三二頁）するに至ったのである。ただし上記の種付頭数の増加は、農林省の時局匡救事業及び陸軍の軍馬購買事業を通じた馬産に対する国家資本の大規模投下に支えられた現象であった。本節ではまず前者について検討する。

⑵馬産に対する時局匡救事業

農村救済を目的として一九三二（昭和七）年より開始された農林省の時局匡救事業は、農村内の組織整備による自力更生を目指した経済更生運動と、労賃散布による現金収入の増加を目的とした救農土木事業に分けられる。その際、一般畜産が経済更生運動の中で経営多角化の一部に組み込まれただけなのに対し（有畜農業奨励）、馬産に関しては次のような単独の事業が設けられたことは注目に値する。その理由は、「馬政計画ニ依ル馬ノ要数ヲ維持シ之ガ改良増殖ヲ図ルハ国防並ニ産業上喫緊ノ要務」（無記名　一九三二c、五〇頁）であったためと説明されている。ここにも国家的（軍事的）要請に強く彩られた馬産の特殊性を窺うことができる。

具体的には、まず経済更生運動の従属的施設の中で、①種牡馬設置、②種馬に関する団体事業、③種付所維持の三事業に対して奨励金が交付された（「種牡馬設置助成ニ関スル件」一九三二年九月五日、畜第一〇二二五号）。また救農土木事業の中では、④幼駒育成設備設置、⑤放牧地及採草地改良事業の二事業に対して同じく奨励金が交付された（「幼駒育成設備設置助成ニ関スル件」同年九月五日、畜第一〇一八八号、「放牧地及採草地改良事業助成金交付ノ件」同年九月六日、畜第一〇二二六号）。

以上五つの事業を通じて、時局匡救事業のピークであった一九三二―三四年の三年間に全国で四二

表5　馬産に関する時局匡救事業（1932-34年）

①種牡馬設置奨励

地方	奨励金交付			金額地方比
	頭数	購買費(円)	交付金額(円)	
北海道	28	28,680	14,340	3%
東北	352	459,861	227,288	51%
全国	700	904,062	445,625	100%
東北地方の上位3県				
青森	143	232,404	114,969	26%
福島	76	79,322	39,146	9%
岩手	67	77,050	38,123	9%

注：東北上位3県は、奨励金交付金額による順。
出典：『馬政統計』第7-9次（②～⑤も同様）。

②種馬に関する団体の事業奨励

地方	主催者数	交付金(円)	金額地方比
北海道	36	19,333	24%
東北	69	20,056	25%
全国	221	81,676	100%
東北地方の上位3県			
青森	32	9,425	12%
岩手	9	5,487	7%
福島	23	3,929	5%

③種付所維持奨励

地方	種付所数	事業費(円)	交付金額(円)	金額地方比
北海道	108	58,797	19,821	10%
東北	566	135,307	54,842	28%
全国	1,524	419,764	192,494	100%
東北地方の上位3県				
青森	121	38,108	15,085	8%
宮城	76	31,779	13,189	7%
福島	124	23,752	10,297	5%

④幼駒育成設備設置奨励

地方	設置事業奨励			指導旅費奨励金(円)	奨励金総額(円)	金額地方比
	箇所数	工事費(円)	奨励金(円)			
北海道	332	328,184	155,908	6,795	162,703	15%
東北	1,192	723,191	349,061	17,635	366,696	34%
全国	3,276	2,161,973	1,021,689	56,401	1,078,090	100%
東北地方の上位3県						
岩手	235	162,851	81,360	3,945	85,305	8%
青森	266	145,482	67,100	3,310	70,410	7%
福島	156	124,601	62,970	3,280	66,250	6%

⑤放牧地及採草地改良事業助成

地方	改良事業			指導旅費奨励金（円）	奨励金総額（円）	金額地方比
	地積（ha）	事業費（円）	奨励金（円）			
北海道	81,115	907,522	360,656	14,010	374,666	15%
東北	306,068	1,858,603	826,073	31,100	857,173	34%
全国	803,287	5,761,777	2,400,153	98,100	2,498,253	100%
東北地方の上位３県						
岩手	146,095	570,891	272,035	10,230	282,265	11%
青森	88,721	458,449	194,910	6,950	201,860	8%
秋田	24,634	345,876	144,339	5,700	150,039	6%

九・六万円、うち東北地方には一五二・六万円の国家資本が投下された（表5）。以下、東北地方と北海道に対する奨励金の割合を比較しつつ、各事業の内容を確認したい。なお一九三三年の全国馬生産頭数に占める割合は北海道四一パーセント、東北地方二八パーセントであった。括弧内に示す奨励金全体に占める両地方の割合（金額地方比）がこれを上回るほど、相対的に強く助成の恩恵を受けたことになる。

①種牡馬設置奨励

直前に制定された種馬設置奨励規則（一九三二年七月一三日、農林省令第一一号）がそのまま適用され、民有種牡馬の購入に対して購入費・輸送費の一／二以内が助成された。一九三二―三四年の三年間（以下、同じ）で全国七〇〇頭の種牡馬設置に対し、四四・六万円の奨励金が交付されている。そのうち東北地方は三五二頭・二二・七万円（五一パーセント）で全体の過半を占め、上位三県は単独でも北海道の二八頭・一・四万円（三パーセント）を大きく上回っていた。

②種馬に関する団体の事業奨励

種馬に関する講習会、飼養管理や種付成績の品評会などの開催に対して、費用の二／三以内と指導員旅費が交付された。上記三年間で全国の主催者二二一団体に対し、八・二万円が交付されている。地方別にみると東北地方は六九団体・二・〇万円（二五パーセント）、北海道は三六団体・一・九万円（二四パーセント）であり、五つの事業の中で両地方の奨励金額の差が最も小さかった。

③種付所維持奨励

種付所とは、繁殖期の馬産地に派遣した国有種牡馬を繋養する施設のことである。その改修・修繕や雇人などに対し、費用の一／二以内が助成された。上記三年間で全国一五二四の種付所に対して一九・二万円が交付されている。そのうち東北地方は五六六か所・五・五万円（二八パーセント）を占め、北海道一〇八か所・交付金二・〇万円（一〇パーセント）の約三倍に達していた。

④幼駒育成設備設置奨励

幼駒育成設備とは当歳から三歳の馬を追い運動によって育成・調教する運動場のことで、牧野が乏しく自然放牧によって馬を発育させることが困難な場合に必要とされた。その設置工事に要する費用の一／二以内と指導員旅費が助成されることとなり、三年間で全国三二七六か所の設置工事に対して一〇七・八万円の奨励金が支給されている。そのうち東北地方は一、一九二か所・三六・七万円（三四パーセント）、北海道は三三二か所・一六・三万円（一五パーセント）であり、ここでも東北地方への集中がみられる。

⑤放牧地及採草地改良事業助成

前年（一九三一年）に施行された牧野法によって、専任技術員の設置、講習会の開催、模範地の設置などに対する助成が開始されていた。これに対し、本事業では土地整理事業に重点を置いて助成面積・金額が大幅に拡大されている。[12]具体的には、牧野の障害物除去や地形整理について費用の一／二以内、植林や水飲場等の設置について同二／五以内、および指導員旅費が助成され、三年間で全国八〇・三万ヘクタールの牧野改良について二四九・八万円の奨励金が交付された。その内訳では東北地方が三〇・六万ヘクタール・八五・七万円（三四パーセント）であったのに対し、北海道はその一／三以下の八・一万ヘクタール・三七・五万円（一五パーセント）に留まっている。

(3)時局匡救事業の効果と限界

以上にみた農林省の時局匡救事業を通じて、東北馬産には一九三二―三四（昭和七―九）年の三年間で計一五二・六万円の国家資本が投下された。ここではその効果と限界について検討する。

まず経済更生運動の中では種牡馬に関する三事業が行われ、東北馬産には三〇・二万円の奨励金が交付された。最も力を入れられたのは①種牡馬設置であり、この時期に東北地方の民有種牡馬頭数が一〇〇〇頭前後で維持されていたのは（前掲、表4）、本事業によるところが大きいと思われる。また本事業によって、東北地方の民有種牡馬（一九三三年時点で一一九六頭）の約三割が更新されることとなった。②種馬に関する団体事業と③種付所維持の効果は不明であるが、先にみた種付頭数の増加から一定の効果があったと推測される。

救農土木事業の中では牧野に関する二事業が行われ、東北地方には上記の経済更生運動の約三倍となる一二二・四万円の奨励金が投じられた。④幼駒育成設備設置は、従来必要性が指摘されつつも畜産組合の資金不足から設置されずにいたもので、「近来の痛快事」と高く評価された（無記名 一九三二b、二頁）。⑤放牧地及採草地改良事業では、五事業中で最大の八五・七万円がもたらされた。東北地方の牧野約四四万ヘクタールのうち、七割にあたる面積に改良が施されており、労賃散布のみならず、こちらの効果も小さくなかったであろう。

②を除いた四つの事業では、北海道よりも東北地方に対して重点的に助成が行われていた。その理由を以下に考察したい。まず種牡馬に関する①③について。東北地方では早期より国有種牡馬が多く供給されてきたことで、民有種牡馬を所有する意欲に乏しかった。また民有種牡馬の主な所有者であった畜産組合の経営が馬価格の暴落によって悪化し、その維持が一層困難となった。これらの点から、東北地方では民有種牡馬の維持や国有種牡馬の種付所増設といった救済施策が特に必要とされたものと考えられる。次に牧野に関する④⑤について。前掲のように、東北地方には馬産に関する国の施設が数多く設置され、それらによって広大な牧野が囲い込まれていた。また残された民有の牧野も、長年の酷使によって他地方よりも荒廃が進んでいた。こうしたことから、東北地方では牧野の改良やその代替施設の設置が特に喫緊とされたものと思われる。一方、北海道の場合には、東北地方よりも種牡馬を国に依存する割合が低く、また牧野も豊富であったため、そうした助成の必要性が低かったの

表６　1930年代の青森県２歳駒セリ市場

年次		1929年	1930年	1931年	1932年	1933年	1934年	1935年
全体	頭数（頭）	7,007	5,958	6,498	6,140	6,129	6,101	5,082
	価格（円）	1,109,415	757,844	633,964	663,127	769,172	778,361	808,611
	１頭平均	158	127	98	108	125	128	159
軍馬	頭数（頭）	452	436	438	437	492	474	472
	価格（円）	154,170	144,380	120,420	114,395	133,070	131,695	145,440
	１頭平均	341	331	275	262	270	278	308
軍馬／全体	頭数	6.5%	7.3%	6.7%	7.1%	8.0%	7.8%	9.3%
	価格	13.9%	19.1%	19.0%	17.3%	17.3%	16.9%	18.0%

出典：青森県産馬畜産組合連合会編　1936、pp.45-46。

である[13]。以上のようにみると、一九三〇年代における東北馬産の危機は、それ以前の軍馬資源開発が招いた側面が強かったといえる。

また上記事業の限界性についても指摘しておきたい。種牡馬に関する助成は、国による生産費用の一部負担を実現したものの、馬産経営にとって最も重要な収入増加をもたらさなかった。牧野に関する助成も牧野の拡大（特に国有林野の解放[14]）に結びつかず、むしろその批判の矛先を逸らすための施策であったと考えられる。本節でみた馬産に関する時局匡救事業は、種牡馬と牧野に限定して国家資本を投入することで、軍馬資源供給地という東北馬産の性格を維持しつつ、その延命を図ったものと評価できよう。

三．一九三〇年代の東北馬産と陸軍の軍馬購買事業

(1) 東北馬産と軍馬需要

本節では、一九三〇年代の危機的状況にあった東北馬産に陸軍の軍馬購買事業が与えた影響について検討する。

まず一九二〇年代から三〇年代にかけての軍馬購買事業の変化

と、それに対する東北馬産農家の反応について整理する。第一次世界大戦後の一九二二―二五（大正一一―一四）年に行われた陸軍軍縮では、平時部隊編制を縮小しながらも軍事費をほとんど削減せず、背後で軍備の合理化・近代化が推し進められた。その中で典型的な旧式装備であった軍馬は削減の主な対象とされ、軍馬補充部が九支部から六支部に整理されるとともに、軍馬購買頭数が一九二〇年七三九五頭（幼駒三五五五頭・壮馬三八四〇頭）から、一九二五年二七四七頭（幼駒二〇三四頭・壮馬七一三頭）へと大幅に削減されている。[15] この購買頭数の減少は、軍馬購買を目標に多額の生産費を投じて改良馬を生産しても、実際に購買されないリスクを高めた。そのため東北地方では生産を見合わせる馬産農家が続出し、生産頭数は一九二〇年三・七万頭から一九二五年三・四万頭に減少した。

一方、一九三〇年代の東北馬産農家は、再び軍馬購買を最大の生産目標とするようになった。それは次のような背景にもとづく。同時期には、恐慌・冷害の影響から民間の馬購買力が大きく低下し、馬価格が暴落した。この様子を青森県二歳駒セリ市場の景況から確認すると（表6）、まず全体平均価格は一九二九（昭和四）年一五八円から一九三一年九八円への四割減となっている。一方、軍馬購買価格の低下は三四一円から二七五円への二割減に留まり、その全体の取引価格に対する比率は一三・九パーセントから一九・〇パーセントまで上昇している。この時期には民間馬需要が冷え込んだ結果、

軍馬景氣に
賑ふ縣南三郡
十八日から三日間
湯澤定期市場に開設

写真2　軍馬景気を伝える新聞記事

1934年9月18-20日、秋田県湯沢町で開催された軍馬購買市場に関する記事。出場申込は500頭に達し、周辺一帯は人馬で身動きできない状況であったとされる。写真は初日の下見実況の様子。

出典：『秋田魁新報』1934年9月26日夕刊一面

市場に占める軍馬需要の割合が以前よりも高まることとなったのである。

先に耕種農業と養蚕が不利となったことで馬産が貴重な現金収入源となったことに触れたが、右のような市況下においては不況に左右されず、かつ強大な購買力をもった軍馬需要に馬産農家は期待せざるを得なかったのである。この期待に対し、陸軍には当初、馬産地救済を目的として軍馬購買を増加する意向がなかったものの、満洲事変を契機として軍馬需要が増大したことで、結果的に購買頭数は軍縮以前の水準までに回復した（後述）。それは東北地方の各地に「軍馬景気」（写真２）と呼ばれる特需をもたらし、馬産地経済の回復に大きく寄与することとなった。

ここで注目されるのは、東北地方では全県において軍馬需要による景気回復が望まれていたことである。例えば北海道東北六県産馬会において、一九三〇年七月に山形県が「軍馬壮馬購買地増設ノ件」（『馬の世界』第一〇巻第八号）、三一年六月に岩手県が「軍制改革上ニヨル軍馬頭数ヲ減少セザル様其ノ筋ニ請願ノ件」（同第一一巻第七号）をそれぞれ提出している。また帝国馬匹協会定時総会においては、三〇年一月に青森県産馬畜産組合連合会が「陸軍軍制改革に関する請願の件」（同第一〇巻第三号）、三二年一月に仙台産馬畜産組合が「軍馬買上価格維持ニ関スル件」（同第一二巻第三号）、三三年一月に福島県産馬畜産組合連合会が「軍馬供給資源地に対し生産に特別保護を加へられんことを其の筋へ陳情の件」（同第一三巻第二号）を提出している。いずれも軍馬生産に対する保護や、軍馬購買頭数と価格の維持・拡大を求めたものである。写真２の秋田県を含めると、主要馬産地であった青森県・岩手県のみならず、馬産地の性格が弱い山形県までもが軍馬需要の経済効果に期待していたのである。このように東北地方全体が一斉に軍馬需要への依存を高めたのが、当該期馬産の特徴であった。

表７　地方別軍馬購買頭数・金額（1932-34 年）

地方	幼駒 (2-4 歳)		壮馬 (5 歳以上)		合計		地方比	
	購買数	金額 (円)	購買数	金額 (円)	購買数	金額 (円)	購買数	金額
北海道	2,656	608,583	1,475	491,979	4,131	1,100,562	26%	24%
東北	4,277	1,106,378	4,085	1,380,225	8,362	2,486,603	52%	53%
全国	8,181	2,047,312	7,777	2,620,019	15,958	4,667,331	100%	100%
東　北　地　方　内　訳								
青森	1,156	311,800	88	29,070	1,244	340,870	8%	7%
岩手	1,641	412,510	2,083	713,430	3,724	1,125,940	23%	24%
宮城	563	149,034	923	317,050	1,486	466,084	9%	10%
秋田	383	95,624	686	221,495	1,069	317,119	7%	7%
山形	129	33,120	299	97,220	428	130,340	3%	3%
福島	405	104,290	6	1,960	411	106,250	3%	2%

注：全国には、朝鮮における 99 頭 3.1 万円の購買を含む。
出典：1932、33 年は『馬の世界』第 12 巻第４号から第 14 巻第２号の「軍馬購買成績表」欄、34 年は「昭和９年幼壮別地方別購買成績」神翁顕彰会編 1963a、pp.701-704。

(2) 一九三〇年代の軍馬購買事業

ではこの時期の軍馬購買事業において、東北地方はどれだけの割合を占めたのか。徴馬管区に制約された戦時の徴発と異なり[16]、中央の軍馬補充部本部が一括して行った軍馬購買事業の場合には、馬の産地と頭数を自由に選ぶことが可能であった。したがってその購買成績には、陸軍の軍馬に関する要求がストレートに反映されていると考えられる。

一九三二―三四（昭和七―九）年における地方別軍馬購買頭数・価格を表7に示した。この三年間の軍馬購買総数は全国で一万五九五八頭、金額は四六六・七万円であった。まずこの金額が先にみた馬産に関する時局匡救事業費四二九・六万円を上回っている点に注目したい。右記のうち、東北地方は八三六二頭・二四八・七万円を占め、全体の過半に達している。一方、北海道は四一三一頭・一一〇・〇万円と東北地方の半分以下に留まっている。馬の生産頭数は北海道の方が多かったにもかかわらず、陸軍が求める軍馬資源は東北地方の方が多かったのである。

また軍馬の量のみならず、質という点でも東北地方は他地方より優れていた。一九三三年に功労軍馬に対する表彰制度が設けられ（軍馬表彰制度）、一九三七年までに全国で二六頭が選定された（軍馬愛護協会 一九三七）。その産地別内訳をみると、東北地方一三頭、北海道七頭、外国産三頭、その他三頭となっている。最上級と認定された軍馬の半数が、東北地方産で占められていたのである。

以上のように、東北地方はこの時期にもなお、質・量ともに国内最大の軍馬資源供給地であった。一方、北海道産馬の軍馬としての低い評価はやや奇異にもみえる。この点に関して、第八回馬政委員会[17]において梅崎延太郎（軍馬補充部本部長）は、「軍部トシテハ北海道デハマダ〳〵買ヒ度ヒノデ」あるが、「輓馬ハアルガ乗馬ガナイ」ために購買できないと説明している（農林省畜産局 一九三二、三八頁）。すなわち当時、陸軍が特に必要とした乗馬資源が北海道に少なく、東北地方に多かったという理由である。近世以来の乗馬産地であった東北地方では、その基礎を受け継いで、近代に入っても軍需（軍用乗馬）を重視し、民需（農耕馬）を軽視した生産が続けられてきた。これに対し、明治以降に本格的な開拓が進んだ北海道では、道内の農耕馬需要に適した重輓馬（大型運搬馬）の生産が中心とされ、乗馬の生産は少なかった。軍用乗馬産地として開発され続けてきたことに、この時期にもなお乗馬を必要とする陸軍の近代化事情が重なったことで、軍馬購買が東北地方に集中したのである。

北海道においても軍馬購買の増加を求める動きが存在したが、それと同時に府県地域に対して農耕馬・運搬馬の販路を拡張する活動もみられたことは、注目に値する。一九三一年三、四月、北海道畜産組合連合会は関東・北陸・関西の三地区に計一二名を派遣し、北海道産馬の利用状況調査と宣伝を行った。その効果もあり、同年七—九月の道内馬市場には府県からの購買者が殺到したとされる。この際、道内の馬生産者は、「生産地トシテ価格ノ安キハ忍ビザル所ナルモ此機会ニ於テ実物宣伝ヲ徹底シタル観アリ」（北海道畜産組合連合会 一九三一、二二頁）というように、馬価格の暴落という逆境を販路拡張の好機としてとらえていた。こうした姿勢は東北地方ではみられなかったものである。以上のような軍馬需要への依存を強めた東北地方と民間馬需要への対応を模索した北海道との違いは、中央政府による政策のあり方がもたらした「後進地域」と「国内植民地」との違いに根差した部分もあるのではなかろうか（この点については、第六章白木沢稿を参照）。

おわりに

本章でみてきた内容を、冒頭の課題にそくして以下に整理する。

まず第一の課題、帝国日本の軍馬資源開発史とその中における東北地方の役割について。戦前の軍馬資源開発は、近世以来の馬産地であった東北地方を起点として開始され、一九二〇年代には急成長を遂げた後発馬産地の北海道、一九三〇年代には外地および満洲へと範囲を拡げていった。そうした中、最も早く開発された東北地方は、一貫して最大の軍馬資源供給地であり続けるとともに、後期には他地方の開発に用いる種牡馬を供給する役割も果たしていた。以上のことから、戦前の東北地方は終始、軍馬資源開発の中心地であったといえる。

次に第二の課題、一九三〇年代の東北馬産に対する国家資本の投下について。同時期の恐慌と冷害の影響は馬産にも及び、それに対して農林省は種牡馬と牧野に関する時局匡救事業を行った。同事業によって、一九三二―三四年の東北地方には奨励金一五二・六万円が交付され、民有種牡馬三割の更新と牧野の七割に対する改良が実現されている。また民間の馬購買力が低下する中、満洲事変の勃発によって軍馬需要が増加したことで、陸軍は軍馬購買事業の規模を拡大した。東北地方におけるその購買金額は右と同じ三年間で二四八・七万円に達し、市場取引金額の二割を占めるに至った。こうした国家資本に依存することによって東北馬産は危機的状況を乗り越え、最大の軍馬資源供給地として維持されることとなった。

しかし同時期における東北馬産の危機には、それまでの軍馬資源開発のあり方が招いた側面もあった。地方民需を基礎としない馬匹改良を推進したことや、国の施設設置によって牧野を囲い込んだことが、同地方の危機対応力を低下させていたと考えられるのである。右の農林省の時局匡救事業と陸軍の軍馬購買事業は、そうした構造問題の解消を先送りにし、東北地方を軍馬資源供給地のまま、延命させたものととらえられる。

最後に戦後とのつながりに触れることで、本章の結びに代えたい。敗戦によって、東北馬産を支配し続けてきた軍馬需要は喪失し、広大な林野を占有してきた軍馬資源開発に関する国の施設（種馬牧場・種馬所・軍馬補充部、第一節）は解体された。それらの用地の多くは食糧増産を目的とした戦後開拓に転用され、その中には満洲農業移民が再入植した事例も少なくない（青森県六ヶ所村・福島県西郷村など）。戦前の東北馬産・農業発展を阻害し、それゆえ対外侵略と結びついた移民を送出する遠因ともなった軍馬資源開発用地が、戦後はその移民を受け入れる基盤となったのである。こうした軍事的開発の跡地をめぐる動向を足掛かりとして、東北農業開発における戦前・戦後のつながりを検討することを、今後の課題としたい。

【注】

（1）福島県は東北地方の中で最大の養蚕県かつ馬産県（ただし軍馬生産では青森・岩手・秋田に劣る）であり、明治期にはどちらを県是とすべきかが問題とされた。例えば一九〇五（明治三八）年に柳田國男が同県を訪れた際、柳田が私経済の観点から養蚕を推したのに対し、県官吏は軍国のために馬産とすべきと主張したという（柳田 一九〇六）。地方官吏が私経済よりも国益を優先している点は興味深い。

（2）一九三七（昭和一二）年度『馬産経済実態調査』分散調査の部（生産）における現金収入をみると、岩手県の五戸平均が農業収入七七〇円（稲五六一円、畜産物一二九円、蔬菜四三円、養蚕二五円など）、馬産収入一六六二円であったのに対し、宮城県の五戸平均は農業収入一一九二円（養蚕五〇二円、稲四二三円、蔬菜一四五円、麦類一二六円など）、馬産収入八五円となっており、前者で馬産、後者で養蚕の割合の高さが目立つ。

（3）第六七回帝国議会衆議院（一九三四年一二月―三五年三月）において、大石倫治が「馬産事業ニ関シテハ、最近東北振興調査会ニ於テスラモ至ツテ軽ク扱ハレテ居」ると指摘したのに対し、高橋政府委員は「従来カラノ政府ニ於ケル馬産奨励施設デアリマシテモ、東北地方ニ対シマシテハ、十分ノ考慮ヲ払」っていると回答している（無記名 一九三五、五八―五九頁）。

一方、東北振興事業による馬産保護の強化を求める動きもみられた。例えば一九三五年七月に岩手産馬畜産組合連合会が東北振興事務局に提出した陳情書では、「地方的ニ最モ適応セル産業」かつ種牡馬・軍馬を供給する「国家的重要産業」として馬産振興に関する施設拡充が訴えられている（岩手県産馬畜産連合会長 一九三五）。

（4）現在の中国東北部、以下括弧を省略する。

（5）この血統更新によって日本馬の大型化が進んだ。馬の体高（背中までの高さ）でいえば、一九〇六年に五尺（一・五二メートル）以上の割合が一・〇パーセントであったのに対し、一九三三年には一・五〇メートル以上が二九・〇パーセントとなっている（農林省畜産局 一九三五b、四九八―四九九頁）。なお一般に農耕馬としては、四尺五寸（一・三六メートル）程度が適格とされた。

（6）軍馬のなかでも後方支援にあたる輜重輓駄馬には、現地の在来馬がそのまま用いられた。

（7）一九三五年の全国種牡牛八〇七八頭のうち、官有は四四頭であった（『農林省統計表』第一二次）。

（8）一九二二―三二年に雄基支部が購買した軍用候補馬一九二四頭の産地別内訳は、岩手一三七九頭、青森二一二頭、秋田一〇二頭、北海道六六頭、宮城五頭、朝鮮一三〇頭、満洲一〇頭、ロシア二〇頭であった（神翁顕彰会 一九六三b、九三七頁）。ここでも東北産馬の優位性が目立つ。

（9）戦前の東北地方では農家の約半数が馬を飼養しており、その九割が一、二頭の飼養頭数に留まっていた。またそれらの飼養馬の約七割が牝馬であった。これらのことから、馬産農家の大部分が中規模の農業経営（一・五町歩前後）＋小規模の馬産経営（一、二頭飼養）という形であったと考えられる。

（10）種付頭数の増加が生産頭数の増加に結びつかなかった要因として、飼料状態の悪化や伝染性流産の流行が挙げられる。また国有種牡馬の種付増加が目立つのは、従来二、三円程度であった種付料が一九三二年に一円へ引き下げられた影響が大きい。

（11）「然し窮すれば通ずるで、我馬産上には反て有利な転回を現はしつゝは意外です。即ち本年（一九三〇年、引用者注）は養蚕が駄目、副業が不利、畑作が利益無し、賃金が安いと来たので此上は遊んでる馬に孕まして仔供でも取るかと云ふ考へが台頭して急に種付数を増加した事であります。」栗山光雄（仙台産馬畜産組合技師）の発言（無記名 一九三〇、一七頁）。

（12）一九三二年の改良地積・奨励金を比べると、牧野法による事業が改良地積六・〇万ヘクタール・奨励金一四・〇万円であったのに対し、本事業は改良地積三三・七万ヘクタール・奨励金一〇〇・一万円に達している（『馬政統計』第七次）。

（13）一九三三年時点の統計を示すと、東北地方が国有種牡馬五八六頭・民有種牡馬一一九六頭、牧野面積四四万ヘクタール、北海道は国有種牡馬三九六頭・民有種牡馬一二七六頭、牧野面積三八万ヘクタールとなる。

（14）特に牧野解放が求められたのが、大正軍縮時に廃止された三つの軍馬補充部支部（七戸、六原、萩野）の跡地であった。「畜産村中には軍馬補充部支部用地の廃牧に帰した国有地の大面積が其の儘放棄しあるが、是等も此際整理させて地元に貸付活用せしめ遺利なきを期したい」（無記名 一九三二a、三頁）。軍馬補充部跡地を含めた国有林野解放と東北振興との関係については、第二章川内稿を参照。

（15）壮馬購買の減少が著しいのは、乗馬の幼駒購買を減らせなかったことによる。民需が少ない乗馬は、平時より陸軍自らが戦時所要頭数を育成・保護しておく必要があったためである。

（16）徴発令にもとづく戦時の民間馬徴発は、師団ごとに定められた徴馬管区内で行われたため、馬資源に乏しい管区では軍用に不向きな馬も徴発せざるを得なかった。

（17）馬政委員会とは、農林大臣に所属した当時の馬政諮問機関のこと。第八回（一九三二年三月一七日）の諮問事項は「東北及北海道ノ凶作地ニ於ケル馬産如何」であった。

【参考文献】

青森県産馬畜産組合連合会編『青森県産馬要覧』一九三六年

安達宏昭・河西晃祐編『講座東北の歴史』第一巻（争いと人の移動）、清文堂、二〇一二年

今西一「帝国日本と国内植民地・北海道」（同編『世界システムと東アジア――小経営・国内植民地・「植民地近代」』日本経済評論社、二〇〇八年、第五章）

岩手県産馬畜産組合連合会長「馬産振興上各種施設ヲ促進要望陳情」一九三五年七月（内閣東北局関係文書・陳情書綴（一）・昭和十年、アジア歴史資料センター（JACAR）、Ref.A一一一一一二八三三〇〇）

岩本由輝『東北開発一二〇年史』増補版、刀水書房、二〇〇九年

大瀧真俊『軍馬と農民』京都大学学術出版会、二〇一三年

岡田知弘『日本資本主義と農村開発』法律文化社、一九八九年

岡田知弘「戦前期日本における資源動員政策の展開と国土開発――国家と『東北』」（野田公夫編『農林資源開発の世紀――「資源化」と総力戦体制の比較史』農林資源開発史論Ⅰ、京都大学学術出版会、二〇一三年、第三章）

河西英通・脇野博編『北方社会史の視座――歴史・文化・生活』第三巻、清文堂、二〇〇八年

栗山光雄「産馬界の現状を憂ふ（三）」『馬の世界』第四巻第六号、一九二四年六月

軍馬愛護協会『功労軍馬ノ行末』一九三七年

神翁顕彰会編『続日本馬政史』第一巻、農山漁村文化協会、一九六三年a

神翁顕彰会編『続日本馬政史』第二巻、農山漁村文化協会、一九六三年b

津田信壽「東北凶作地を巡りて（二）」『馬の世界』第一二巻第四号、一九三二年四月

帝国競馬協会編『日本馬政史』第四巻、一九二八年

農林省『馬政第二次計画 附朝鮮台湾及樺太馬政計画』一九三六年
農林省畜産局『第八回馬政委員会議事録』一九三二年
農林省畜産局『外地及満洲国馬事調査書』一九三五年a
農林省畜産局『馬政第一次計画実績調査』第二巻、一九三五年b
北海道畜産組合連合会『北海道産馬府県移出取引改善状況報告書』一九三一年
無記名「不景気切抜け座談会」『畜産』第一六巻第八号、一九三〇年八月
無記名「農村救済就中畜産村非常対策」『馬の世界』第一二巻第七号、一九三二年七月a
無記名「馬産に対する政府の非常時匡救施設に就て」『馬の世界』第一二巻第一〇号、一九三二年一〇月b
無記名「種馬設置の奨励と非常時救済の馬に関する助成事業」『馬の世界』第一二巻第一〇号、一九三二年一〇月c
無記名「東北の振興には畜産就中馬に重点を置け」『馬の世界』第一四巻第一二号、一九三四年一二月
無記名「馬産振興に関する建議二件」『馬の世界』第一五巻第五号、一九三五年五月
柳田國男「馬政私議」『農業世界』第一巻第三号、一九〇六年六月（同『柳田國男全集』第二三巻、筑摩書房、二〇〇六年所収）

付記：本稿は、JSPS科研費一四J〇四七四四による研究成果の一部である。

第二章　人口問題と東北——戦時期から戦後における東北「開発」との関連で

川内淳史

はじめに

本章の課題は、恐慌・戦時期から戦後にかけての東北地方における「人口問題」について、当該期に行われた東北の「開発」の有り様と関連させながら検討するものである。

日本における「人口問題」がおよぼす経済・社会上の影響が強く認識されだしたのは、第一次世界大戦前後の時期である。特に一九一八年の米騒動を契機として、人口問題は「過剰人口」問題として、食糧問題との関連で意識されることになる。こうした状況を受け、政府は一九二七年に人口食糧問題調査会を設置する。

過剰人口問題では、特に農村における過剰人口の滞留問題が焦点化された。とりわけ高出生率からくる自然増加数の多さと、それに比して農村の生産性の低さからくる人口収容率が低い状態にあった東北地方においては、農村過剰人口問題の解決は急務なものであった。一九三〇年代前半の凶作および「昭和三陸大津波」を契機として開始された、東北地方の大規模な総合的開発計画である東北振興事業において、過剰人口問題の解決は、事業にあたって基調ともなるものであった（川内 二〇一三a）。しかしながら日中戦争の開始とともに東北振興事業は、当初掲げられた東北の振興と救済という目的から逸脱し、国家総動員資源政策として位置づけられていく（岡田 一九八九）。こうした事業の位置づけの変化は、東北における人口問題のとらえ方それ自体に対する認識を大きく変容させる契機となるものであった。

本章では以上のような一九三〇年代における東北振興事業の変容、およびそのもとでの東北地方における人口問題の位置づけの変化を基点に、東北地方における開発政策の展開を人口問題との関係で検討するものである。さらに本章では射程を戦後・高度経済成長期まで延ばし、戦後における東北地方の人口問題と開発との関係性について検討してみたい。

一．過剰人口問題と東北振興

一九三一年および三四年の大凶作に加え、一九三三年に三陸沿岸を襲った「昭和三陸大津波」により、一九三〇年代の東北社会は深刻な状況に陥っていた。なかでも一九三四年凶作では、東北地方の米穀収穫高の減収率は、岩手県の五四・五％をはじめ軒並み二五％を超える状況となっていた。このような状況下で東北大凶作の〝惨状〟は全国的な「同情」を集めることになり、政府においても東北地方に対する救済と振興策を樹立することになる。岡田啓介内閣は「東北地方ノ振興方策ニ関スル重要事項ヲ調査審議」する諮問機関として、一九三四年一二月に会長を総理大臣とする「東北振興調査会」を設置した。

東北振興を開始するにあたって調査会には、第一（総括的事務）、第二（災害防除・産業振興〔小作問題を含む〕・交通整備）、第三（生活改善・教化・社会問題〔過剰人口の移動調整を含む〕・行財政整備）の三つの特別委員会が設置された。東北振興の開始にあたっては、東北農村における過剰人口問題が、すでに議論すべき対象とされていた。

その後、内閣において東北振興事業を管掌する東北振興事務局が設置され、三五年五月、調査会では上記三つの特別委員会を第一（災害防除）、第二（産業振興）、第三（農村工業、副業）、第四（交通）、第五（生活、教化、社会問題）、第六（行財政整備）の六つの特別委員会へ再編し、事務局作成の「東北振興対策要綱」にもとづき、一九三六年度に応急的に実施する「暫定対策」を審議することになった。

生活、教化、社会問題を取り扱う第五特別委員会では、八月六日の第六回委員会において①「学校教育施設ノ整備改善及社会教育ノ振興ニ関スル件」、②「社会施設ノ整備充実乃至生活改善ニ関スル件」、③「満洲移民ノ促進ニ関スル件」の暫定対策答申案が決定されている。このうち過剰人口問題にかかわるのは③である。これは、委員であった陸軍中将の橋本虎之助より提案されたもので、満州移民に関する国策を樹立の上、できるだけ多数を東北より入植させることを求めたものであった。一九三二年に第一次満蒙開拓団の移住が開始されてはいたが、東北振興を通じた満州移民の国策化こそが陸軍側の思惑であった。これに対して衆議院議員（福島県）の林平馬は、「コノ事項ノ中ニハ東北振興ト云フコトヲ特ニ拡張セラレザルモ之ヲ特ニ表ハシテ居キタイ、国策上東北タケガ犠牲ヲ払フト云フコトハドウカ、東北民ガ国家ニ貢献スルト云フ文句ナルガ東北振興ノ為ニナルト云フコトヲ表シタイ」との懸念を表明している。

この満州移民を東北の過剰人口問題への対応として明確に位置づけたのが、東京帝国大学農学部教授の那須皓であった。那須は、暫定対策案についての審議が行われた調査会第六回総会で次のように述べている(1)。

御承知ノ通リ東北地方ハ我国ニ於キマシテ出生率ノ最モ高イ地方デアリマス。経済力ノ向上発展以上ニ若シ人口ガ増加致シマスルナラバ東北ノ生活ハ今日ノ窮状ト云フモノカラ永久ニ脱却シ得ラナイト云フコトニナルノデアリマス。現状ヲ見マシテモ人口ガ非常ニ増加シテ人間ガ可成リ多数ニ東北六県ニ於テハ年々流出シテ居ル状態デアリマスガ、之ヲ我国ノ現状カラ考ヘマシテ此ノ一部ヲ満洲移民トシテ差向ケルト云フコトハ（中略）東北振興上重大ナ措置デアルト同時ニ日本全体ノ立場カラ考ヘテ必要ナル事項デアル

那須は以前より、農村の過剰人口問題解決のために満州移民の促進を主張しており（高岡二〇一二）、答申案に満州移民促進が盛り込まれたことを歓迎している。

しかしこの那須の意見に対し「今、那須さんが御立ちにならなければ、私は控へやうと思った」と切り出したのが、青森県選出の衆議院議員である工藤鉄男であった。工藤は国策としての満州移民促進には必ずしも反対しないが、東北振興としての移民促進には異を唱える(2)。

兎ニ角此ノ会ハ東北振興委員会デアル、振興調査会デアルトイフコトニ御注意ヲ願ヒタイ（中略）東北ノ有力ナル壮丁ヲ満洲ニ送ルト云フコトニ付イテハ国策上之ニ反対シヤウトハ思ハヌ、ケレドモ東北六県中ニハ三十万町歩ノ未開墾地ガアル（中略）又一面社会的ニ見タナラバ東北ノ家庭ハ一戸当リノ人口ガ非常ニ多イ、長男ハ家ヲ相続スル、家産ヲ相続スル、次男三男ハ家業ニ働ク、分家スルニモ土地ガナイ、随ツテ非常ニ行詰リヲ生ジテ、現在ニハ相応ハシカラザル家族制度ノ弊害ト云フモノガ其ノ間ニ存在シテ居ルヤウニ認メラレル、是等ハ何ノ為ニ行詰ツタカ、私共ハ東北地方ヲ親シク視テ居ル、唯一寸気紛レニ見タノデハナク始終見テ歩イテ居ル、ソレニ依ルト先刻田子君〔田子一民〕ノ言ハレタヤウニ東北ニハ国有林ガ頗ル多イ（中略）之ニ対シテ適当ナル施設ヲ全フスルコトガ出来マスレバ東北ノ子弟ヲ満洲ニ送ル所デハアリマセヌ、人間ハ沢山要ルノデアル

すなわち工藤は東北の過剰人口の原因を家族制度のあり方に求め、その解決は国有林野の開放による未開墾地の開発によってなされるべきだと主張した。

この工藤の意見に対して「私ハ東北ノ者トシテ本案ニハ寧ロ積極的ニ賛成シタイ」と反論したのが、山形県選出衆議院議員であり、雪害救済と大陸進出による東北振興論を主張していた松岡俊三であった。松岡は、東北振興は「五十年百年ノ計画」であり「引込ミ思案ノ東北人、個人主義ノ東北人、アラユル点カラ東北人ヲシテ本当ノ東北魂ヲ発揮サセルニ付イテハ雄大ナル気分ニ向カハシメナケレバナラヌ」、そして「雄大ナル気分ニ依ツテ日本ノ一員トシテ真ニ国家ニ貢献スル」ために「寧ロ積極

的ニ満洲移民ニ付テハ東北人ノ独壇トスベキデアルト云フ位ナ覚悟ヲ以テ進ムコトガ必要デアル」と主張する。

しかし、これに対して工藤は「国家全体カラ見マシテ、人口問題カラ申シマスレバ、満洲ガ必要デアルコトハ争フベカラザルコトデアル」と、人口問題上、満州への進出自体は否定しないが、「満洲ハ東北人ノ満洲デアリマセヌ」と、あくまで未開墾地の開発に解決策を求める。また、未開墾地の開発が東北の過剰人口をすべて吸収できるか疑問を呈し、むしろ満州移民を「熱望」し、また「向フニ行ツテカラ最モ優秀ナ適当シタル農業者トシテ、此ノ東北ノ青年ニ優先権ヲ与ヘテ貰ヒタイ」と主張する那須に対して、東北の実態を理解するものではないと、次のように批判した。

唯是デハ賛成出来ナイ、アノ寒イ所ニ、経済力、発展力ノナイ所ニ、マダ土地ガアルモノヲ、ソレヲ放リ出シテ……（中略）東北人デ満洲ニ行ツテ帰ツテ来テ居ルモノモアル、余リ好イ成績デハアリマセヌ、帰ヘラウトスルト「ピストル」ヲ向ケテ居ルモノモアルデハアリマセヌカ（中略）故ニ若シアナタノ東北人ガ満洲ノ移民ニ適シテ居ルカラ、満洲ニ優先権ヲ与ヘロト云フコトデアレバ、私ノ主張ハサウ云フコトデナイ、満洲ニ沢山ヤレト云フアナタノ満洲ト内地トハ大シタ違ヒデス。両立出来ナイ、那須サンハ切角専門的ニ御調べデアリマセウガ、私ハ専門的ニモ、実際的ニモ始終東北人ノ家族ノ状態ヤ何カ分ツテ居ル、生活改善ト云フモノモ是カラ始マラナケレバナラヌ

農村の過剰人口解決のために満州移民促進を主張する那須に対し、東北振興としての過剰人口への

対応を国有林野開放に求める工藤、そして東北振興のための移民促進を主張する松岡。三者の主張はそれぞれ重なりあいながらも食い違っていた。

上記のような食い違いを見せた三者の議論からは、東北の過剰人口問題の焦点が、農業生産力や戸別耕作地の狭小さを背景とする、農家余剰労働力の解消をいかにして行うのかという点であることがうかがえる。那須や松岡はこれを満州への移民として振り分けることでの解決を目指していたのに対し、工藤の案は国有林野の開放による耕作地の拡大による解決を企図していたわけである。

一九三五年二月二六日に発生した二・二六事件による岡田内閣崩壊のために、調査会は一時機能停止に陥ったが、同年三月に成立した広田弘毅内閣のもとで活動を再開する。七月八日の調査会第九回総会にて恒久対策として「東北振興綜合計画実施要項」が可決、これをもとに一九三七年度から四一年度の五年間で「東北振興第一期綜合計画」が実施されることになる。ここではその目的が「東北地方ニ於ケル産業ノ振興ヲ図リテ同地方住民ノ生活ノ安定ヲ期スルト共ニ、国家内外ノ情勢ニ鑑ミ国防上ノ人的及物的基礎ノ確立ニ資スル為所謂広義国防ノ実ヲ挙グルニ在ルモノトス」とされている。周知のように広田内閣は「広義国防」建設を目標に掲げ、また「満洲移民促進計画」の決定を行うなど、軍事的対外侵出政策を打ち出しており、東北振興事業も振興・救済的側面より、国家総動員的資源政策の性格がより強く打ち出されていた（岡田 一九八九）。

第一期計画では全部で三〇項目の振興策が掲げられていたが、このうち過剰人口問題とかかわるのは「国有林野ノ開放」「開墾事業」「農村工業及副業施設ノ整備」の三項目である。このうち「開墾事業」については「東北地方ニ於テハ人口ノ増加急激ナルノミナラズ、耕地面積ノ過小ナル農家多キヲ以テ、左記ニ依リ開墾事業ヲ行ヒ、人口ノ増加ニ備フルト共ニ、農家経済ノ安定ヲ図ルヲ要ス」と、開墾事業の奨励によって過剰人口の解決を図る点で、前述の工藤による国有林野開放論と問題意識を共有している。一方、「農村工業及副業施設ノ整備」は余剰労働力の利用を意図するものである。すなわち、広田内閣期における満洲移民の国策化を受けて、東北農村の余剰労働力の解消は、広義国防建設のための食糧・資源供給地として、東北の開発を通して目指す方向性が打ち出されたわけである。

このように、一九三〇年代の東北振興事業下においては、東北地方の人口問題はもっぱら農家余剰労働力問題としてとらえられており、その解決策として食糧供給を目的とする農業生産力の増大、農村工業・副業奨励による余剰労働力の対策、そしてこれらを通じた東北の人口収容力の向上が目指されていたといえよう。

二．戦時人口政策と東北振興

一九三七（昭和一二）年七月に始まった日中戦争は当初の思惑を超えて拡大し、長期化の様相を見せることになる。日中戦争の拡大は軍需産業を中心とした重化学工業の展開とそれにともなう労働構造の転換、および兵力動員の影響により、農村部では労働力の不足が顕在化してきた。その一方、開始初年度にあたった東北振興第一期計画は、日中戦争の影響を受け、事業は停滞する。このような状況のなか、計画の実現・遂行を期す内閣東北局（三六年に東北振興事務局より改称）や東北各県は、時局に適合させつつ事業を進展させることを構想し、一九四二年度以降の第二期計画の策定に着手する。

一九四〇年六月には東北局長や各県知事、東北関係の国出先機関関係者などが宮城県庁に集まり、第一回東北振興連絡協議会が開催された。ここで東北興業株式会社総裁の横山成助は、「東北振興ハ地方ノ窮乏ヲ救フノデハナク東北地方ノ人的物的資源ヲ開発シテ国家全体ノ上ヨリ之ヲ利用スルトノ主義ヲ以ツテ行フベキデナイカト思フ」と、第二期計画では第一期計画のような救済的観点より脱却し、国家全体の利益にかなう必要があると主張した。こうした主張を受けて協議会では、「東北振興第二期総合計画樹立ニ当リテハ東北地方ガ人的資源ノ涵養地ニシテ且ツ物的資源豊富ナルニ拘ラズ開発セラレザルモノ多キ事実ニ鑑ミ国土計画ノ見地ニ立チテ積極的開発ヲ行ヒ以テ国策遂行上ノ分任使命ヲ達成セシムル」ことを基本方針とする「東北振興第二期綜合計画樹立目標」を立て、東亜新秩序建設のための総合的経営計画として企画院が計画中であった国土計画と連動する形で、東北振興を位置づけていくことに決定した。

計画にあたっては、東北の人的資源をいかに涵養するかが大きな課題とされた。日中戦争の長期化および軍需工業を中心とする工業化の進展は、農村人口を兵力や労働力として動員する必要性を惹起し、そのため人口問題の焦点が、従来の過剰人口への対策を中心とするものから、人口の増殖および適正配分へとシフトしていった（高岡 二〇一一）。このような人口問題の構造転換にともない、過剰状態にあった東北人口は、戦時体制を支える「資源」として注目を浴びることになる。

この点に着目して積極的な位置づけを行ったのが、厚生省であった。厚生省は一九三八年一月に設置された新設省であったが、日中戦争の長期化による人口問題の転換にともない、人口問題への取り組みを強めていた。三九年四月には省内で人口問題を所管する生活課を新設、また同年八月には人口問題に関する調査研究機関として人口問題研究所（現国立社会保障・人口問題研究所）を設置している。

さらに第二次近衛内閣成立直後、四〇年七月二六日に閣議決定された「基本国策要綱」では、「国民ノ資質、体力ノ向上並ニ人口増加ニ関スル恒久的方策特ニ農業及農家ノ安定発展ニ関スル根本方針ヲ樹立ス」ることが銘記され、これにもとづき翌四一年一月二二日には、「東亜共栄圏ヲ建設シテ其ノ悠久ニシテ健全ナル発展ヲ図ルハ皇国ノ使命ナリ、之ガ達成ノ為ニハ人口政策ヲ確立シテ我国人口ノ急激ニシテ且ツ永続的ナル発展増殖ト其ノ資質ノ飛躍的ナル向上トヲ図ルト共ニ東亜ニ於ケル指導力ヲ確保スル為其ノ配置ヲ適正ニスル」ことを目的とした「人口政策確立要綱」が閣議決定された。人口政策確立要綱では、昭和三五年度までの内地人口一億人を目標に、人口の増殖および資質の向上のための方策確立が意図された。ここにおいて東北の人口増加率の高さは、従来の過剰人口問題にみられる東北地方不振の原因としてではなく、むしろ戦時体制を支える人的資源の確保上必要であると認識され、人口問題と東北振興との関係は、にわかに重要性を帯びるものとなった。

人口問題における東北振興の重要性を印象付けたのが、一九四一年六月に仙台市で開催された「人口問題東北地方協議会」である。[3] 協議会では三三題の研究報告のほか、中川友長（人口問題研究所企画部長）、香坂昌康（東北更新会理事）、渡邊男二郎（内閣東北局書記官）の三つの特別報告がなされた。この特別報告のうち人口問題と東北振興の関係に触れているのは、香坂と渡邊の二報告である。渡邊は東北振興計画を遂行する内閣東北局の立場より、

東北の振興といふ問題は、さういふ風に東北の各種の資源を充分に開発涵養いたしまして、そして

お国のために貢献しやうといふ仕事であると思うのであります（中略）曾つて奈良朝時代に大仏を建立する時には、東北から金を出しました。その時代に「すめらぎの栄えんとするあづまなるみちのく山に黄金花咲く」といつて、東北の物的資源を出した事を非常に喜ばれたのでありますが、私たちは今、奈良朝の時に物的資源を出して国家事業完成に協力したと同じ事を、今この昭和の時代にもやりたいと思つて居るのであります。人的資源の事につきましても、奈良朝時代には非常に東北の健児は活躍してゐると思ふのであります。昭和の時代にも東北の健児が各方面に活躍し、又、日本の人的資源が如何に東北に期待されてゐるかといふ（中略）さういふ意味で東北振興といふ事は、大きな国土計画の一つであるといふ建前のもとに進まねばならぬ

とした。興味深いのは、渡邊が奈良時代を引き合いに出して「同じ事を今この昭和の時代にもやりたい」とする点である。すなわち、東北が古来より「お国のため」に貢献してきた歴史を強調することで、「お国のため」に行われるべき東北振興を歴史的に正当化しようとする論理である。

東北振興を「お国のため」の事業と規定し、それを普遍的論理で正当化する構図は、この協議会で議論された東北の人口問題の点にも密接にかかわる。「青森県の出生率に就て」と題する研究報告を行った厚生科学研究所（現国立保健医療科学院）教授の川上理一および同助手の久保秀史は、全国で最も高率である青森県の出生率を分析し、「青森県の出生率の高いのは、自然そのまゝの正常な姿であつて、他府県の低いのは人工的な抑制力が加わつた結果で、非正常なものであると想像されるのである」と、「正常な姿」が残されていることを青森県の出生率の高さの根拠と結論づけている。

東北振興は本来、東北地方の特殊性に不振の根本要因を求め、その対策が念頭に置かれたものであった。前述の過剰人口と満州移民をめぐる議論の食い違いも、そうした東北の特殊性の位置づけ方をめぐる違いであったといえよう。しかし、東北こそに本来の日本の「正常な姿」が残されているという論理は、従来の特殊性をめぐる認識からは大きく逸脱している。河西英通は、戦時期における「東北の歴史的位置は、後進性や未開性、総じて異境性に留まらず、戦時体制下において原境性への急速な傾斜がみられた」として、東北が「日本」そのものとして機能する「深日本」たる位置づけとなることを「東北論」の点より指摘しているが（河西 二〇〇七）、こうした東北に対する認識の変化と、人口問題上における東北の位置づけの変化は同時進行であった。

東北振興と人口問題との関係が重要となるにおよんで、政府も第二期計画の策定に向けて動き出す。一九四一年九月九日、第三次近衛内閣において①東北振興電力株式会社と日本発送電株式会社の統合、②東北興行株式会社の機能強化、③東北振興策に関する調査審議機関の設置を盛り込んだ「東北振興ニ関スル件」が閣議決定された。この決定の三日前の御前会議では、一〇月上旬で対米交渉を区切り、日本の要求内容が受け入れられない場合は開戦するとの方針を定めた「帝国国策遂行要領」が決定されている。対米戦争の可能性がいよいよ高まってきた段階での計画策定の決定は、戦争へ向けた国内態勢の整備の一環として認識されるものであった。一二月八日の対米戦争開戦を経た同月二〇日、政府は第二期計画策定のために、内閣書記官長を会長とする「臨時東北地方振興計画調査会」を設置した。対米戦争の開戦とともに、第二期計画へ向けた体制が整えられたのである。

翌四二年一月に臨時調査会第一回総会が開催された後、二月二日に内閣東北局内で行われた第一回打合で、①人口対策の確立（多子家族負担軽減・生活安定方策、死産率の低減方法、乳児死亡率の低減方法）、②食糧増産、③資源の開発利用、④工業の地方分散、⑤農村組織の適正化の五項目からなる「東北地方振興計画調査目標」が作成される。これを受けて二月六日の特別幹事会で宇都宮東北局長は、「特ニ人口問題食糧増産ハ主タルモノト思ハレル」と人口問題と食糧問題に力点を置くことを述べている。これに対しては、国土計画遂行の立場にある企画院書記官の村山道雄も「東北ハ要スルニ、人的資源ノ給源、食糧ノ給源トシテノ生命線デアル」と宇都宮の意見を支持している。計画策定にあたっての具体的な政策決定ベースにおいては、人口問題と食糧問題への対策が重要事項として考えられていた。

人口問題への対策を行うのは主に厚生省であったが、厚生省には前述の通り、すでに東北人口問題の重要性への認識が存在していた。四二年二月に厚生省が作成した「東北振興対策案[4]」では、「東北地方ニ於ケル人的資源ノ優秀性ニ鑑ミ之ガ涵養ヲ図リ我国ノ人口政策ニ貢献スルハ極メテ緊要」であり、「人口増殖上万遺憾ナキヲ期セン」がため、①保健所の増設、②妊産婦の保護・保育所の増設、③保健婦の設置奨励、④栄養改善の指導、⑤住宅の改善の五項目を挙げている。この案をベースに、三月三日に厚生省人口局総務課長、母子課長、衛生局医務課長、予防局結核課長、生活局長、生活局生活課長、住宅課長、保護課長、保険院国民健康保険課長、および内閣東北局書記官の出席のもと、打合会が開催された。ここで東北局からは、①保健婦養成機関の設置、②栄養士養成機関の設置、③栄養食糧増産方法の検討、④公医の普及徹底、⑤家庭常備薬配給施設の検討、⑥学校給食の拡充徹底、⑦多子家族の負担軽減、⑧住宅改善徹底化のため東北更新会の営団化、⑨人口問題に関する社会教育の徹底の九項目からなる「厚生省東北振興対策案ニ関スル参考案」が出され、検討が行われた。東北局の参考案には、当初の厚生省案に比べて医療や教育方面まで含めた総合的な人口問題対策が盛り込まれている。

この打合会を受け、厚生省では従来案の練り直しを行い、三月一一日に「東北振興対策（案）」を作成する。この案は①人口増強対策の普及徹底（人口増強思想の普及徹底、多子家族の負担軽減、保健所の増設、保健婦の設置奨励、保健婦養成機関の設置、保育所の増設）、②栄養改善の指導（栄養指導網の整備拡充、栄養指導の要領、動物性食品および蔬菜類の計画生産、共同炊事・学校給食の奨励、栄養指導員養成機関の設置）、③医療保護対策の徹底（公医設置の普及、家庭常備薬の配給、結核対策の徹底、国民健康保険組合の普及とその強化拡充）、④住宅の改善、⑤農村隣保施設の拡充の全五項目からなる。二月案と比べて保健・栄養・生活改善・医療、住宅政策など総合的な対策が建てられており、東北局参考案がふまえられたものとなっている。この時期の厚生省は、小泉親彦厚生大臣のもとで「健兵健民」政策を推進し、保健医療体制の徹底的改革を期しており、厚生省が第二期計画を通じて、東北の総合的な厚生行政の確立を目指したことが推察される。

厚生省をはじめとする各省で検討を重ねたうえで、六月二九日の臨時調査会第三回総会で①振興精神の作興、②人口の増殖ならびに資質の向上、③食糧の増産、④資源の開発利用および工業の建設、⑤開発立地条件の整備、⑥東北振興株式会社の機能強化の六項目からなる「東北地方振興計画要綱」が可決された。このうち②人口の増殖ならびに資質の向上についての具体的方策は、保健施設の整備強化（保健所の増設、保健婦の設置奨励および養成機関の設置、季節保育所設置奨励、栄養指導員の設置奨励および養成機関の設置、国民健康保険組合の普及、住宅改善）、医療保護施設の拡充（官立医学専門学校の設置、公医養成施設、結核対策の徹底)、結婚の奨励ならびに多子家族の負担軽減とされ、前述の厚生省案をほぼ網羅する形で盛り込まれている。計画要綱は七月一〇日に閣議決定され、こうして一九四三年度から四七年度までの五か年間の第二期計画が成立した。

上記の流れから明らかとなることは、第二期計画における東北地方の人口問題に対する認識が、第一期計画のそれとは大きく異なっている点である。前述のように第一期計画における東北地方の人口問題の焦点は農家余剰労働力対策であり、その背景には東北農村の生産性の低さ、ならびに人口増加率の高さが存在していた。しかし、日中戦争以後の労働力不足が顕在化し、人口増殖のための「人口政策」の確立が目指されるにおよび、東北地方の高い人口増加率は、過剰人口の温床という評価を反転させ、人的資源確保のために涵養されるべきものと認識された。そのことは後進地帯として劣位なものとされた東北地方に対する認識を変化させる契機ともなるものであり、東北地方ではこうした認識の変化をとらえ返すことにより、人的資源向上のための主体的取り組みを引き出していくことになる。当該期青森県において行われた「健康青森県」建設運動は、こうした東北に対する国家的な認識の変容に対する、東北の側からの応答であった(川内 二〇一三b)。

三　戦後東北の人口問題と東北開発

しかしながら、上記のような展開は、総力戦体制下の特殊状況のもとで起こったことであり、戦争末期における都市空襲に起因する農村への戦時疎開、ならびに敗戦後の植民地喪失にともなう大量の

表１　東北６県および東京都・全国の人口（基準値＝1930年）

	1930年	1935	1940	1946	1950	1955	1960	1965	1970	1975	1980	1985	1990	1995	2000	2005	2010
青森県	100	110	112	124	146	157	162	161	162	167	173	173	169	168	168	163	156
岩手県	100	107	110	125	138	146	148	145	140	142	146	147	145	145	145	142	136
秋田県	100	105	105	121	132	137	135	130	126	125	127	127	124	123	120	116	110
宮城県	100	108	109	128	145	151	152	153	159	171	182	190	197	204	207	206	205
山形県	100	103	102	120	126	125	122	117	114	113	116	117	116	116	115	113	108
福島県	100	105	106	127	137	139	136	132	129	131	135	138	140	142	141	139	135
東京都	100	118	135	77	116	149	179	201	211	216	215	219	219	218	223	233	243
全　国	100	107	112	115	129	139	145	152	161	174	182	188	192	195	197	198	199

出典：各年度国勢調査より作成／背景グレー■は前回比減少および同率、背景■は前回比10ポイント以上増加

表２　青森県における年齢階梯別人口（単位：人）

年齢別階梯	1935	1955
0-4	154,619	178,332
5-9	131,713	191,921
10-14	116,363	153,923
15-19	91,735	137,212
20-24	83,126	130,707
25-29	69,687	113,474
30-34	60,147	89,813
35-39	50,902	73,550
40-44	45,716	70,080
45-49	39,788	60,650

年齢別階梯	1935	1955
50-54	35,959	51,600
55-59	30,716	41,638
60-64	22,079	34,217
65-69	16,499	25,063
70-74	9,952	16,558
75-79	5,645	9,209
80-	3,438	4,598
生産年齢人口（15-64）	529,855	802,941

出典：各年度国勢調査より作成

復員・帰還者の農村への還流により、日本農村は再び過剰人口状態に転化する。表1は一九三〇年を基準とした東北六県および東京都の人口推移であるが、一九四六年段階において、空襲により都市が焼失した東京都の人口が一九三〇年の八割弱となっている一方、東北六県は概ね二割の人口上昇が見受けられる。全国の人口上昇率が一五％程度であることを考えると、敗戦を前後して東北地方に多くの人口が流入したものであると考えられる。戦前段階ですでに過剰人口状態にあった東北地方において、さらなる人口の流入は、問題をより深刻にさせるものであった。

さらに、この時期の人口増において顕著であったのが、生産年齢人口（一五歳以上六五歳未満）の急激な増加であった。表2は一九三五年と一九五五年の青森県における年齢階梯別人口であるが、二〇年間で生産年齢人口は約二七万人の増加を見せている。こうした点は、前述のような敗戦前後における東北地方への人口流入に加え、第一次ベビーブーム期（一九四七―四九年）における出生数の増大の一方で、死亡率の漸次低下による「多産少死」段階への移行によるものであり、将来的にさらなる生産年齢人口の増加が見込まれていた。

こうした事態を受け、政府は戦時期における人口増殖政策から一転して、再び過剰人口問題への対策を迫られることになる。一九四九年六月、政府は内閣に「人口問題審議会」を設置し、同年一一月には同審議会は「人口収容力に関する建議」および「人口調整に関する建議」を行う[(5)]。このうち「人口収容力に関する建議」では、①国際貿易の再建振興、②国内産業の再建振興、③社会的安定性の確保、④海外移住の四点より過剰人口状態にある日本の人口収容力の「再建」をうたうものであるが、この建議の目指すところを以下のように要約している。

これを要するに今日の我が国の人口問題は、戦後において、生産力が著しく減退した結果としてすでに国民の実質所得水準が顕著に低下しているうえに、さらに今後人口増加が予想せられる場合には、国民の生活水準は、このままでは一そう低下せざるを得ないということである。

したがつて、敗戦後の今日においては、極めて困難なことではあるが、まず何よりも生産力の回復増進に努めなくてはならない。そしてそのためには、その前提として、貿易の復興、海運の伸張を図ることが必要である。

もつとも国土の開拓、食料の増産が人口収容力の回復のために最先の急務であることは特に指摘するまでもないが、それによつて農業が一そう多くの人口を収容し得ることを期待すべきではなく、その生産性を高め農業人口の或程度の減少を予想しなくてはならない。

したがつて、輸出の振興および原料などの輸入と相まつて、農業以外の産業の回復発展を期するのでなくては、人口過剰の問題を解決することは到底望むことができない。

すなわち同審議会では、人口収容力の「再建」を国際貿易の再建・振興と、それにともなう国内産業の開発に求め、その過程において農業人口の低下は避けられないとの見通しに立っていたのである。ここに至って、一九三〇年代の東北地方における過剰人口対策としての農村振興の方向性は否定され、海外貿易の振興および国内産業の開発による人口収容力を高める方向性がその基調となっていく。

さらに一九五五年に人口問題審議会より出された「人口収容力に関する決議[6]」では、その方向性がより明瞭となっている。同決議では対策の骨子として、①高度工業化と国内資源の高度利用、②農業など過剰人口圧力の集中する産業部門における人口収容力の保全、③社会階級別の所得の適正化、④労働市場の近代的需給機能の強化および労働力人口の合理的編成、⑤社会保障制度の確立をかかげ、緊急対策として⑴東南アジア諸国との経済協力の具体化、⑵雇用政策、⑶公共事業の拡大、⑷中小企業対策、⑸失業者対策、⑹生活保護など社会保障政策の徹底、⑺医療保障の拡充、⑻科学技術の振興、⑼経済六ヵ年計画の再検討、⑽家族計画の伸展が挙げられた。

この背景には、依然として高い人口増殖率を示す一方で、農地改革での農地の細分化による、農家戸数の増加および農業生産の零細化が存在していた。一九五三年の人口学的総合調査の分析をもとにした青森県上北郡の人口動態の検討（皆川 一九五六）によれば、青森県内でも農業生産性の低い上北郡においては、高い出生率を背景とする自然増加による著しい増加人口が、郡内での新開田畑の拡張によって吸収・維持されてきたとし、「このように収穫不安定な低生産力地域に、多くは小作貧農として定着せしめた原因は、労働市場からも遠く、このような形よりももつとよい生存の機会を見出し得ない、本郡のいはば閉ぢ込められた貧困の内にあつた」とする。すなわち、東北農村における人口収容力の増加をもたらすうえでは、農業以外による産業開発により、膨大な農村過剰人口を吸収する労働市場を創出する必要性が求められていたわけであった。

こうした開発による人口収容力の増大の方向性を受け、一九五五年に鳩山一郎内閣において閣議決定された「経済自立五ヶ年計画」では「経済の自立を達成し、且つ増大する労働力人口に充分な雇用の機会を与えるということは、今日わが国経済に課せられている大きな課題である」と述べられるとともに、同年の衆議院本会議における施政方針演説において鳩山首相は、「政府は、北海道及び東北地方の占める地位の重要性に着目いたし、これが開発については特段の力をいたす所存であります」として、本格的な東北の開発政策に乗り出すことになるのであった。

戦後の東北開発政策は、一九五〇年制定の国土総合開発法のもとで行われた特定地域開発における北上川、只見川など七ヵ所の開発からであるが（岡田 二〇一三）、本格的な戦後東北地方における総合開発計画としては、一九五七年の「東北開発三法」[7]の制定にはじまる。この東北開発三法のもとでの東北開発政策に関して、経済企画庁東北開発室長であった長沢道行は、以下のような展望を述べている（長沢 一九六〇）。

東北地方の総合開発を促進し、この地域内の雇用構造の近代化を促進し、雇用増加と所得水準の向上をはかつて東京都など他地域への社会的移動を防止し、わが国の人口分布の適正化を促進することは、まさに現下の国家的要請であるといえよう。（中略）東北開発促進計画の実施によつて、今後、一〇年間にわたつて産業基盤施設は整備され、これを基盤とする産業の飛躍的振興が期待されるので、この促進計画の完了後の長期にわたる将来において、この地方の所得水準は向上し、人口収容力の増加が期待されることはいうまでもない。

ここでは東北の総合開発によって、東北の人口収容力を増加させることが期待されているのであるが、注意すべきは、人口収容力の増加が過剰人口圧力の緩和という敗戦期において念頭に置かれていた課題とは違い、「社会的移動を防止し、わが国の人口分布の適正化を促進する」ことに主眼が置かれていたことである。前掲表1を見ると、敗戦後急激に増加した東北六県の人口は一九五〇年代半ばで増加のピークを迎え、その後は停滞ないしは減少（秋田、山形、福島）傾向がみられる。前述の青森県上北郡の事例でみられたような、農村内における過剰人口の吸収・維持はすでに限界を迎えており、一九五〇年代以降の東北では他府県への人口の社会移動が急激に増加していた（高木 一九五六）。

こうした状況に拍車をかけたのが、高度成長期における都市部の開発や産業の展開にともなう、周辺農村部からの人口流出の拡大である。高度成長期におけるの人口移動について田畑京三らが行った福島県会津地方（喜多方市）での調査（田畑・篠笥 一九六六）では、一九六〇年代以降、会津地方から京浜地域や県内都市部への人口流出が増大し、労働力不足が深刻化する状況に陥った。こうした地方経済における労働力枯渇化のプロセスは「地方社会が、ある程度の独自性をもって歴史的に織り上げてきた労働力移動を軸とする人口移動の地域的連関——例えば会津方部と、中通り、浜通り方部との間の、また福島県と東北諸県、北海道との間の——を分断し、個々の断片を中央に直結的に再編成」することでもたらされたとする。すなわち、高度成長期における社会移動の増大による人口流出の進行は、単に東北地方の人口減少をもたらしたのみならず、歴史的に形成されてきた東北地方の社会的諸関係をも分断させるものでもあったのである。

この時期における東北地方からの人口移動は、主に二つの要因から説明される。第一は若年労働力の排出である。一九五〇年代後半から六〇年代前半期にかけて、都市における労働力不足を背景に、農山漁村部の新規中高学卒者の移動が大量に行われた。一九五四年四月に青森発上野行の「集団就職列車」が初めて運行されると、毎年多くの若年労働者が「集団就職」のために都市へと移動した。彼ら／彼女らを排出する農山漁村部は「金の卵」＝低賃金労働力の供給地として位置づけられることになる（加瀬 一九九七）。表3は一九五三年と一九六一年の各地域別中学校および高校卒業者の県外就職率を比較したものであるが、東北地方および中国、四国、九州地方が若年労働力の排出地であったことがわかる。

こうした若年労働力の排出は、人口動向に大きな影響をおよぼすものである。第一に、若年労働力は結婚・出産という人口再生産を担う世代であり、そうした世代の流出は人口の再生産に直接的な影響をもたらす。このことは現在における過疎化・限界集落化の直接的な淵源となるものであった。第二は、以上のような若年労働力の排出の結果により、地域社会における高齢化率の上昇をもたらすという点である。表4は一九五〇年から二〇一〇年にかけての二〇年おきに東北六県および高齢化率上位五県を示したものである。高度経済成長開始以前においては中国地方および九州地方が高齢県の上位に位置づいていたものが、高度成長期の過程で東北地方の高齢化率は上昇を見せ、現在では東北地方は全国屈指の高齢化地方となっている。例えば二〇一〇年段階で全国一の高齢化率である秋田県は、一九五〇年段階では全国でも屈指の低高齢化県であった。一九六〇年代後半には新規学卒者の集団就職は終焉へと向かうのであるが（加瀬 一九九七）、結果的にこの時期の若年労働力の流出は、一九九〇年代以降の東北の急速な高齢化と人口減少をもたらすきっかけとなるものであった。

東北地方の人口移動第二の要因は、生産年齢人口の季節的移動、すなわち「出稼ぎ」である。表5は年次別出稼ぎ者の動向を示すものであるが、一九六〇年代後半には、東北地方からの出稼ぎ者が全

表３　各地域別中学校卒業および高校卒業者の県外就職率（単位：％）

		北海道	東北	北関東	東京圏	北陸	東山	中京圏	阪神圏	近畿	中国	四国	九州	全国
1953	中卒	0.3	14.2	19.0	8.0	21.4	23.6	13.1	5.3	21.1	14.4	18.5	12.1	13.6
	高卒	1.9	19.1	23.5	11.4	19.6	21.0	13.7	9.1	37.6	19.9	19.9	17.2	15.9
1961	中卒	8.3	51.9	37.1	15.6	35.2	27.8	16.0	7.7	36.7	42.3	55.7	58.8	33.3
	高卒	8.9	42.8	37.6	17.2	27.4	28.2	17.1	12.2	44.2	30.0	41.0	39.6	26.7

出典：岡崎陽一・須田トミ「戦後人口移動の動向」『人口問題研究』109号、1969年、p61より作成

表４　高齢化率と順位（東北６県＋上位５県）

1950			1970			1990			2010		
順位	県名	高齢化率	順位	県名	高齢化率	順位	県名	高齢化率	順位	県名	高齢化率
1	島根	7.1	**1**	高知	11.4	**1**	島根	18.2	**1**	秋田	29.5
2	高知	6.6	**2**	島根	11.2	**2**	高知	17.2	**2**	島根	28.9
3	徳島	6.6	**3**	鹿児島	10.1	**3**	鹿児島	16.6	**3**	高知	28.5
4	岡山	6.6	**4**	鳥取	9.9	**4**	山形	16.3	**4**	山口	27.9
5	香川	6.3	**5**	岡山	9.7	**5**	鳥取	16.2	**5**	山形	27.5
37	福島	4.6	19	山形	8.5	8	秋田	15.6	6	岩手	27.1
38	岩手	4.4	27	福島	8.0	22	岩手	14.5	17	青森	25.7
40	山形	4.3	34	秋田	7.3	23	福島	14.3	23	福島	24.9
41	宮城	4.1	35	岩手	7.3	29	青森	12.9	37	宮城	22.2
44	青森	3.7	38	宮城	6.9	39	宮城	11.9			
46	秋田	3.3	41	青森	6.3						
	全国	4.9		全国	7.1		全国	12.0		全国	22.8

出典：各年度国勢調査より作成。高齢化率は老年人口（65歳以上）が人口に占める割合より析出

表５　年次別にみた出稼ぎ農民の変貌

	総数(単位：千人)	出稼ぎ農民の総数に対する各々の占める割合（％）													
		男	35歳以上	世帯主	あとつぎ	出稼ぎ前は農業が主	出稼ぎ先産業			耕地規模（都府県）		出稼ぎ者の給源地			出稼ぎ先が京浜地域
							農林漁業	建設業	機械製造業	1.5ha以上	2.0ha以上	東北	北陸	南九州	
1958	195	81.0	24.1	24.6	33.8	79.0	34.9	30.0	4.3	8.3	—	32.3	29.6	2.1	13.8
1959	182	79.7	22.5	25.8	35.2	75.3	28.0	32.4	4.9	7.7	—	34.1	26.9	1.6	19.8
1961	190	82.6	31.6	32.6	37.4	81.6	21.1	42.1	5.3	13.2	—	36.8	26.3	3.2	26.3
1963	298	92.6	43.3	44.0	39.3	74.5	13.4	58.1	6.7	19.4	9.4	49.3	14.1	4.7	34.9
1965	230	92.6	49.5	46.1	40.0	80.9	11.3	53.5	9.1	20.4	9.7	51.3	14.2	4.3	35.2
1967	219	92.2	56.2	50.7	36.1	82.6	7.8	56.6	15.1	24.2	12.7	54.8	16.4	5.2	44.7
1969	277	92.9	60.3	52.4	34.3	83.1	4.2	57.9	19.4	28.5	14.9	56.8	11.3	9.2	48.1

出典：弘田澄男「増大する農民出稼ぎ」『農林統計研究』15号、1970、p19

体の半数以上を占め、かつその半数以上が建設業に従事している。また出稼ぎ者全体の三―五割近くが京浜地域での出稼ぎ労働を行っていることから、この時期の東北地方は、東京を含む京浜地域に対する出稼ぎ労働力の大供給地帯として形成されたといえる。

東北地方農村部からの出稼ぎ労働は、主に農閑期を中心に行われたものと考えられるが、当該期の青森県における出稼ぎ労働の分析（竹山ほか一九六八）によると、一九六〇年段階で二四、四一九人であった青森県の出稼ぎ者数は、一九六三年には三六、〇五七人と一万人以上の増加がみられた。表5を見ると、一九六〇年段階の出稼ぎ者総数は一八万人から一九万人程度であると推測され、一九六三年には三〇万人弱と、当該期には出稼ぎ者数は約一〇万人の増加を見せていることから、全体の約一割が青森県出稼ぎ者の増加で占められていたと考えられる。青森県における出稼ぎ者の家業別割合は農業が五四・九％と圧倒的に多いものの、それに次ぐ出稼ぎ専業者も二七・三％と高い割合を見せている（以下、一般雇い七・五％、林業五・七％、漁業四・七％）。出稼ぎ専業者は下北半島や津軽半島の沿岸部（北海道への出稼ぎが主、主に土木工事夫）からの割合が高いものの、農村部における出稼ぎ専業者の割合も比較的高い傾向にあった。

このような一九六〇年代に急激な増加を見せた東北からの出稼ぎは、社会問題としてとらえられた。全国社会福祉協議会の発行する『月刊福祉』では、一九六三年一一月号で「離農・出稼ぎをめぐって」と題して、農村部からの人口流出の実態調査報告やルポルタージュなどを掲載している[8]。この中で、秋田県羽後町役場の太田純実による町内出稼ぎ状況の実態報告[9]では、農村における農業機械化や消費生活の導入にともなう農家家計支出の増大に対して、農家所得を飛躍的に向上させる政策が採られない限り「出稼ぎは永久的に続けざるを得ないのではないか」としたうえで、以下のように述べている。

なぜ、関東や関西には仕事がうんとあり、この東北には仕事がないのだろうか？　雪が降るが故に家族と半年も生き別れで暮らすような悲しい生活を、これからも半永久的に続けていかなければならないのだろうか？

もはや出稼ぎは、出稼者だけの問題ではない。地域経済の全般につながる重大な社会問題として、また、人間が人間としての最低の条件を疎外されないためにも、これらの人々の幸せを守り、地域全般の衰微を防ぐために、行政機関も福祉団体も真剣に立ち上がらねばならないと思う。

すなわち、敗戦直後において過剰人口状況から農村振興の方向性が否定されたことにより、高度成長期には農村の人口収容力の限界を迎えることになる。一方で高度成長期における都市部の開発による人口吸引力が東北農村にもたらされたために、大量の離農・出稼ぎ者を生み出す結果となった。そしてその背景には、高度成長期において国民全体の消費水準が高まるなか、農家家計費の増大、とりわけ高度化した消費水準に応え得る「生活資金」(教育費も含む)確保の必要性があった[10]。戦後東北開発には、このような東北内部、特に農村における人口をいかに維持するのかという課題が存在していたのである。

一九六三年に科学技術庁資源調査会より出された「東北地域開発に関する勧告[11]」では、東北からの人口流出による農村の労働力不足と、京浜地区への人口の過剰集中を緩和するため、工業化の促進と交通網整備、それにともなう仙台地区の拠点化と都市間ネットワークの整備、さらに農家所得向上のための兼業化の重視、第二次・第三次産業との連関、土地資源の総合的利用のための耕地整備等、工業化を軸とする開発方針が提言された。「人口・産業の大都市集中防止」と「地域格差是正」を柱として一九六二年に決定された「全国総合開発計画」と、その基本路線を継承して一九六九年に決定された「新全国総合開発計画」のもとで、一九六〇年代における東北開発政策は、工業化の促進を軸とした人口流出の緩和が目指されたのであった。

しかしながら、こうした開発政策の人口流出抑制効果は、限定的なものに留まったと考える。前掲表1を見ると、高度成長期に減少傾向に入った東北各県の人口は、一九六〇年代を通じてその傾向は継続している。しかし一九七〇年代に入ると、秋田・山形の日本海側二県は依然として減少傾向にあるものの、太平洋岸の四県は人口減少の緩和、ないしは増加傾向へと転化している。特に仙台市を抱える宮城県については、一九七〇年代を通じて大きく人口を増加させる結果となっている。こうした傾向は、高度成長期の終焉とともに日本全体の人口移動総数の減少の結果もたらされたとも考えられるが（濱 一九七八）、一方で一九六七年の八戸（青森県）、秋田湾（秋田県）、仙台湾（宮城県）、常磐郡山（福島県）の新産都市指定をはじめとする太平洋側における開発の実施が、一定程度の効果をもたらしたものであるとも考えられる（藤家 一九九三）。

しかしながら、その効果はまた一時的なものに留まった。表6は東北六県と京浜地区（東京都および南関東三県）の人口増加率を示したものであるが、東北六県の社会増加率を見ると、一九六〇年代に比べて七〇年代に入ると人口流出が緩和され、減少率が低下していることがわかる。このことは前述のように、特に太平洋側を中心とした人口の増加傾向をもたらすものであった。それと同時に京浜地区での社会増にもブレーキがかかっていることから、それまでのような東北から京浜地区への人口流出は、一定程度の歯止めがかけられたと考えられる。しかしながら、八〇年代に入ると宮城県を除く五県については、人口流出が再び増加傾向に転じている。その背景には、一九七〇年代後半以降、大学進学者を含む若年層の流出が増加傾向となり（濱 一九七八）、八〇年代以降この傾向がさらに顕著となったことが関係する。[12] このことは前述のように、九〇年代以降顕著となる東北の急激な高齢化の進展を推し進める原因となったものであり、同時に、かつて高い出生率を誇った東北において「自然減」による人口低下をもたらす要因ともなるものであった。

一九八〇年代の東北では、輸出指向型のＩＣ産業を中心とする「先端産業」の工場立地が進み、兼業農家を中心とする農村部の雇用拡大をもたらした。しかしながら若年層を中心とした人口流出を抑

表6　都道府県別人口増加率（東北地方、東京都・南関東）

a). 自然増加率

	1960-65	1965-70	1970-75	1975-80	1980-85	1985-90	1990-95	1995-2000	2000-05	2005-10
青森	6.4	5.9	5.6	4.4	3.4	2.0	0.9	0.2	-0.7	-1.8
岩手	5.1	4.4	4.4	4.0	3.0	1.7	0.8	0.0	-0.7	-1.8
秋田	4.1	3.3	3.4	3.3	2.3	1.0	-0.1	-0.9	-1.8	-2.8
宮城	4.9	4.7	5.6	5.1	4.1	2.8	1.7	1.2	0.6	-0.2
山形	3.5	2.8	3.2	3.2	2.4	1.5	0.4	-0.2	-0.9	-1.9
福島	4.5	3.6	4.3	4.1	3.3	2.3	1.3	0.6	-0.1	-1.1
東京	7.4	7.8	7.3	4.5	3.2	2.0	1.2	0.8	0.5	0.3
埼玉	6.8	9.3	10.2	6.4	4.3	3.0	2.6	2.1	1.4	0.7
千葉	5.7	7.4	8.8	6.0	4.3	2.9	2.1	1.7	1.1	0.4
神奈川	8.1	9.4	9.5	6.1	4.2	3.1	2.4	2.1	1.6	0.9

b). 社会増加率

	1960-65	1965-70	1970-75	1975-80	1980-85	1985-90	1990-95	1995-2000	2000-05	2005-10
青森	-7.1	-5.1	-2.7	-0.7	-3.3	-4.7	-1.0	-0.6	-2.0	-2.6
岩手	-7.7	-7.2	-3.4	-1.3	-2.1	-2.9	-0.6	-0.3	-1.5	-2.2
秋田	-8.3	-6.3	-4.1	-1.3	-2.5	-3.1	-1.1	-1.1	-1.9	-2.4
宮城	-4.3	-1.0	1.8	1.4	0.4	0.6	1.9	0.4	-0.8	-0.3
山形	-7.8	-5.7	-3.7	-0.6	-1.6	-1.8	-0.5	-0.8	-1.4	-2.0
福島	-7.8	-5.5	-3.1	-0.8	-1.1	-1.1	0.1	-0.9	-1.5	-1.9
東京	4.8	-2.8	-5.0	-4.9	-1.3	-1.8	-1.9	-1.7	2.0	2.0
埼玉	17.3	19.0	14.5	6.0	3.9	6.2	2.9	0.5	0.2	1.3
千葉	11.5	17.2	14.5	8.1	4.4	5.1	2.3	0.6	1.1	2.2
神奈川	20.6	14.1	7.4	2.2	3.1	4.3	0.9	0.9	2.0	2.0

c) 自然増＋社会増（ a+b ）

	1960-65	1965-70	1970-75	1975-80	1980-85	1985-90	1990-95	1995-2000	2000-05	2005-10
青森	-0.7	0.8	2.9	3.7	0.1	-2.7	-0.1	-0.4	-2.7	-4.4
岩手	-2.6	-2.8	1.0	2.7	0.9	-1.2	0.2	-0.3	-2.2	-4.0
秋田	-4.2	-3.0	-0.7	2.0	-0.2	-2.1	-1.2	-2.0	-3.7	-5.2
宮城	0.6	3.7	7.4	6.5	4.5	3.4	3.6	1.6	-0.2	-0.5
山形	-4.3	-2.9	-0.5	2.6	0.8	-0.3	-0.1	-1.0	-2.3	-3.9
福島	-3.3	-1.9	1.2	3.3	2.2	1.2	1.4	-0.3	-1.6	-3.0
東京	12.2	5.0	2.3	-0.4	1.9	0.2	-0.7	-0.9	2.5	2.3
埼玉	24.1	28.3	24.7	12.4	8.2	9.2	5.5	2.6	1.6	2.0
千葉	17.2	24.6	23.3	14.1	8.7	8.0	4.4	2.3	2.2	2.6
神奈川	28.7	23.5	16.9	8.3	7.3	7.4	3.3	3.0	3.6	2.9
全国	5.3	5.7	6.4	4.6	3.3	2.2	1.4	1.0	0.5	-0.2

出典：「国立社会保障・人口問題研究所」ホームページ（http://www.ipss.go.jp/index.asp）掲載データより作成。増加率については「-0.1 ～ -0.9」「-1.0 ～ -2.9」「-3.0 ～」で色分けした。

制させることはできなかったのである。このことについて分析した町田俊彦は、高学歴者に対する工場立地型での人口流出抑制は限界がある一方、プラザ合意以降の急激な円高の進行のもとでの輸出指向型工業の雇用吸収力の低下を危惧し、「結局、東北のような地方圏の人口の定着と、経済力の相対的地位の上昇を図るためには、強烈な輸出指向性から脱却し、生活の質を向上させるような内需主導型経済へ転換することが前提」であると論じた（町田 一九八七）。しかしながら、一九九〇年代以降の長期不況のなかで東北の人口流出は歯止めがきかず、さらに若年層の流出の結果によってもたらされた「自然減」も相まって、二〇〇〇年代以降は宮城県を含む東北全体の人口減少はさらに進行したのである。

おわりに

以上、本章では恐慌・戦時期から戦後・高度経済成長期にかけての東北地方の人口問題と開発政策との関係性について検討してきた。一九三〇年代における東北凶作期を契機に開始された東北振興事業では、農業生産力や戸別耕作地の狭小さを背景とする、農家余剰労働力の解消による過剰人口問題の解決が目指され、そのために農村進行による人口収容力の向上が目指された。しかし日中戦争開始以後、総力戦体制の構築を目指す国家は、高出生率を背景とする東北地方の人口増殖率の高さに目をつけ、東北の「人的資源」へ着目する。すなわち東北地方の高い人口増加率は、過剰人口の温床という評価を反転させ、人的資源確保のために涵養されるべきものと認識され、東北振興第二期計画においては厚生省を中心とした東北人口の涵養策がはかられることになる。

しかし、敗戦を契機とする過剰人口状態の再到来は、人口収容力の向上が再び国家的課題として意識されるようになる。戦後復興期における開発政策は、人口収容力の向上が強く意識されるものであったが、その基調は海外貿易の振興および国内産業の開発であった。その背景には、過剰人口状態の農村の人口圧力が、もはや農村の振興では解決し得ないとの現状認識が存在していたためであり、農業外の産業振興による労働市場の創出が必要とされていた。しかしながら高度成長期に農村部を中心とする人口流出が顕著となるにつれ、戦後東北開発には社会移動を防止し、人口流出に歯止めをかけることが期待されていったのである。こうした開発政策による東北の工業化は、一九七〇年代において一定程度の人口流出の抑止効果をもたらしたものの、高度成長期以来の輸出指向型の工場立地が進められた結果、一九八〇年代以降の大学進学者を中心とする若年労働者の流出に対して有効な抑止策をもたらすことができず、また同時期の円高の進行により、雇用吸収力それ自体も低下させる結果となったのである。

このように、戦前から戦後をとおして二〇世紀における東北開発を概観してみると、その基底には常に東北の「人口問題」が存在していた。農村恐慌期における「過剰人口」問題、総力戦体制下における「人的資源」、敗戦期における再度の「過剰人口」問題、そして高度成長期の都市部への「人口集中」の抑制である。

しかしながら敗戦期から高度成長開始期を例外として、東北は二〇世紀を通じて常に「人口流出地」であり続け、東北からの社会移動は一貫して継続した。高度成長以前の段階では、東北の高出生率を背景とする「自然増」が「社会減」を補完して、東北の人口減少を防げ、高齢化の抑制をもたらしたものの、高度成長期以降の若年層の流出は人口の再生産機能を低下させ、結果、急激な高齢化と「自然減」による人口減少をもたらした。

一方で、若年層の流出とともに戦後東北の人口問題にとっての社会問題とみなされた出稼ぎであるが、近年、この出稼ぎが東北の高齢化や人口減少を抑制する効果をもたらしたとする見解がある。作道信介の研究（作道 二〇〇八）によると、青森県津軽地方における出稼ぎ労働は、高度成長期において生業補助的な季節出稼ぎから、出稼ぎを主軸とする稼ぎの組み合わせ（出稼ぎのベースライン化）へと移行するとしている。さらにそうした出稼ぎ労働は、縁故就労を中心とする出稼ぎの労働形態により「故郷」との紐帯を強めて、地域に人を留めておく力＝ホールドとして機能した。出稼ぎ労働自体は東北地方各県で広く行われていた

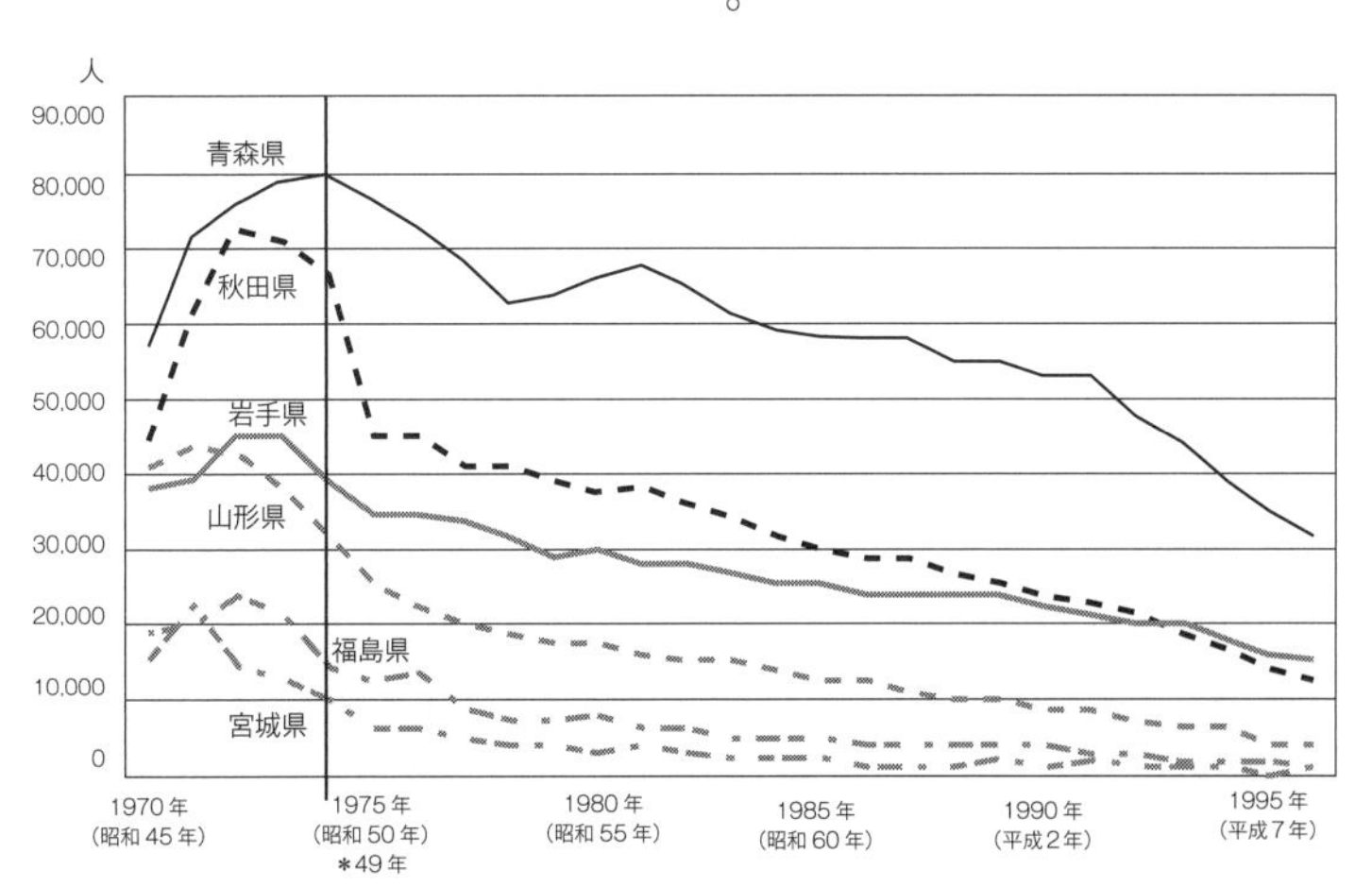

図１　東北６県の出稼ぎ者数の変遷

出典：作道信介「ホールドとしての出稼ぎ―A 集落の生活史調査から」山下祐介ほか編『津軽、近代化のダイナミズム』御茶の水書房、2008、p101

ことであるが、そのなかでも青森県における出稼ぎ労働は特異な状況を示す。図1によると、他の五県が一九七〇年代半ば以降、急速に出稼ぎ労働者数を減少させていくのに対して、青森県においては一九九〇年代初頭まで一定数の出稼ぎ労働が行われていたことが示されている。こうした青森県における特異な出稼ぎ労働のあり方は、結果として青森県における人口流出や高齢化の上昇スピードを緩和することになったとするのである。

高度成長期以降の都市部に対する東北からの人口流出は、歴史的に取り結ばれた社会的諸関係を分断させたものであるが、一方で人口減少がより顕著となった二〇〇〇年代の現在、地域社会が保持していた社会的諸関係と「人口問題」について、さらなる検討を加えていく必要があるように思われる。

【注】

(1) JACAR(アジア歴史資料センター)Ref.A05021142300、各種調査会委員会文書・東北振興調査会書類・八総会議事録(国立公文書館)
(2) JACAR:A05021142300
(3) 人口問題研究会編『東北人口』刀江書院、一九四一年
(4) JACAR(アジア歴史資料センター)Ref.A05100004600、各種調査会委員会文書・臨時東北地方振興計画調査会書類・十一東北振興計画基礎資料其ノ二(国立公文書館)
(5)「人口問題審議会の設置とその建議」『人口問題研究』六巻二号、一九五〇年九月
(6)「人口問題審議会の人口収容力に関する決議」『人口問題研究』六二号、一九五五年一二月

（7）北海道東北開発公庫法、東北開発促進法、東北開発株式会社法
（8）『月刊福祉』四六巻一一号、一九六三年一一月
（9）太田純実「長期化する東北農村の出稼ぎ」『月刊福祉』四六巻一一号、一九六三年一一月
（10）弘田澄夫「増大する農民出稼ぎ」『農林統計研究』一五号、一九七〇年一〇月
（11）『東北地域開発に関する勧告』科学技術庁資源調査会、一九六三年一二月
（12）大川信行「東北開発の現状と今後の方向」『地理』三四巻九号、一九八九年九月

【参考文献】

岡田知弘『日本資本主義と農村開発』法律文化社、一九八九年
岡田知弘「災害と開発から見た東北史」大門正克ほか編『「生存」の東北史――歴史から問う三・一一』大月書店、二〇一三年
加瀬和俊『集団就職の時代――高度成長のにない手たち』青木書店、一九九七年
川内淳史「東北振興政策と人口問題」浪川健治、河西英通編『グローバル化のなかの日本史像――「長期の一九世紀」を生きた地域』岩田書院、二〇一三年a
川内淳史「近現代東北の転換点――戦時期『人口問題』と地域社会」大門正克ほか編『「生存」の東北史――歴史から問う三・一一』大月書店、二〇一三年b
河西英通『続・東北――異境と原境のあいだ』中央公論新社、二〇〇七年
作道信介「近代化のエージェントとしての出稼ぎ――記録にみる周縁地域の意識構造の変容」山下祐介ほか編『津軽、近代化のダイナミズム――社会学・社会心理学・人類学からの接近』御茶の水書房、二〇〇八年

高岡裕之『総力戦体制と「福祉国家」——戦時期日本の「社会改革」構想』岩波書店、二〇一一年
高岡裕之「人口の動きと社会構想」安田常雄編『シリーズ戦後日本社会の歴史一　変わる社会、変わる人びと』岩波書店、二〇一二年
高木尚文「地方別人口増加の統計的観察」『人口問題研究』六三号、一九五六年
高田浩稔『青森県出稼労働史』私家版、二〇〇一年
竹山幸治、富岡敏夫、芳賀節夫「青森県の出稼ぎについて——第一報」『弘大地理』四号、一九六八年
田畑京三、篠笥憲爾「高度成長と地方都市をめぐる人口移動の変貌」『東北経済』四四・四五号、一九六六年
長沢道行「東北地方の開発促進計画について」『土木学会誌』四五巻二号、一九六〇年
濱英彦「地域開発と人口問題——戦後における動向」『人口問題研究』一四七号、一九七八年
藤家保「新産業都市の現状と課題」『第一経大論集』二二巻四号、一九九三年
町田俊彦「東北における人口移動と地域経済の動向」『運輸と経済』四七巻八号、一九八七年
皆川勇一「青森県下の一後進農業地帯における人口増加の社会経済的与件について——昭和二八年度総合調査結果に基く一分析」『人口問題研究』六三号、一九五六年

第三章　高度成長期における東北地方の電源・製造業立地政策

山川充夫

一．高度成長期における東北工業のとらえ方

第二次世界大戦後復興期における東北地方の開発政策は、只見特定地域の開発目標に典型的にみられるように、資源開発型（電源・林産・地下・農産）として進められた。一九五〇年代央からの全国の高度経済成長は、東北地方にも遅れて波及することになった。真木実彦（一九八〇）によれば、福島県の工業構成は昭和二〇年代には食品・紡織・木材・木製製品といった軽工業が総生産額の五割をしめていた。昭和三〇年代の高度経済成長期前期においては、傾斜生産方式を支えた常磐炭砿などの衰退、只見電源開発の収束など、「資源開発志向型」の産業は行き詰まりを見せた。

代わって期待が膨らんだのは常磐・郡山地域の新産業都市指定（一九六三年）による企業誘致効果であった。実際、「移植型開発志向」としての福島県外企業の進出は、昭和四〇年代前半では常磐・郡山地域が圧倒的に多く、昭和四〇年代後半になるとそれ以外の地域にも進出するようになった。工

業構成も重化学工業化が進み、立地工場数としては機械工業、特に電気機器工場が目立つようになった。また電源地帯としての福島県は、水力発電に加え、原子力発電所（原発）や火力発電所（火発）が立地するようになった。しかしそれは東京電力による首都圏向けであり、発電所と進出企業・在来企業との電力連関や産業連関は切断されていた（北村 一九八〇）。

本章に与えられた課題は、高度成長期における電源・製造業立地政策が、日本経済のなかでいかなる役割を期待され、東北地方でどのように立地展開していったのか、それがどのような構造的特徴をもっていたのかにある。以下においては、先ず昭和三〇年代から四〇年代にかけて、東北経済の日本経済における位置とその変化を確認する（二）。次いで、その変化をもたらす生産基盤をつくった地域開発計画や社会資本整備の特徴を紹介する（三）。そして誘致された県外企業は東北地域とどのような切り結びをしたのか、また安東誠一（一九八六）が提示した「発展なき成長」について、鉄鋼業合理化により高炉が閉鎖された岩手県釜石市（四）、原発立地が推進された福島県双葉地区（五）、電気機械工業が進出した福島県喜多方市（六）などを事例としながら、検証してみたい。

二．高度成長期における東北の経済成長と工業構造の変化

まず高度成長期の日本経済の地域構造の変化を見ておきたい。第二次世界大戦後、米国の資金援助のもと、傾斜生産方式により、石炭をはじめ国内諸資源を総動員し、既存工業地帯に集中させることで、日本経済は復興を果たした。朝鮮戦争特需を経て、日本工業は品質が良く安価な原材料を海外に

求め、国内の低賃金労働力を活用し、相対的に安価な工業製品を海外に輸出するという加工貿易型の路線を歩んだ（野原・森滝編 一九七五）。加工貿易の拠点は南関東から北九州を結ぶ「太平洋ベルト地帯」が優先され、素材エネルギー型の拠点が工業整備特別地域として整備された。日本経済の工業構造は、地方圏における企業誘致の高まりとともに、二重構造・東西二極型から求心構造・東京一極型へと転換した（北村・矢田編 一九七七、山川・柳井編、一九九三）。

太平洋ベルト地帯以外の地方圏においては、東北地方では主として素材・エネルギー型進出企業の受け皿として、新産業都市が臨海部の八戸、秋田湾、仙台湾、常磐郡山などで指定され、工業団地や工業用水の整備が行われた。弱電や縫製業などの軽工業・加工組立型企業の受け皿としては、内陸部に低開発地域工業開発区が準備され、企業誘致が行われた。その結果、東北経済の第二次産業化、工業の加工組立型化が進んだ。産業連関表によれば、一九六五年から一九七五年にかけて、東北地域の第二次産業比率は四一％（全国五三％）から四四％（五四％）に、工業における加工組立比率は三％（一〇％）から六％（一二％）に拡大した。加工組立工業のなかでは、電気機械と精密機械の伸びが大きく、電気機械は一〇年間で五九六億円から五、三三三億円へ、精密機械は一二三億円から九二九億円へと、それぞれ約九倍の伸びを見せた。また全国におけるシェアもそれぞれ一・七％→五・〇％、〇・一％→五・七％へと拡大した（産業構造審議会 一九八一）。

どのような企業が進出したのか。東北通産局（一九九七）によれば、基礎産業型の企業は一九六〇年代では小名浜製錬、三菱製紙北上・八戸、堺化学工業、八戸製錬、東北石油など、一九七〇年代前半では東北製紙秋田、同和鉱業秋田、秋田製錬などであった。また加工組立産業は六〇年代では東北沖電気、山形日本電気、東北パイオニア、信越半導体、東北リコー、上尾精密などが、七〇年代前半ではソニー仙台、ＹＫＫ、盛岡セイコー、三菱自動車テクノメタル、東芝メディア機器、福島日本電気、リコー光学、多加良製作所、ユニシスアジェックス、日立東部セラコンダクタなどが進出した。このように進出企業は六〇年代から七〇年代にかけて基礎素材型から加工組立型へと変化した。

東北工業の主軸が基礎素材型から加工組立型に移行することによって、何が起きてきたのであろうか。工業立地論的に言えば、それは原料因子指向から労働因子指向への転換であるが、それは東北地域における低賃金労働力の活用であった。板倉（一九八八）によれば、高度成長期において東北地域は、人口一、〇〇〇人に対する工業従事者数比率として測られる工業集積率が一九五五年の二三・三（全国五五・六）から六六年四六・〇（同九七・七）、七三年七三・七（同一〇五・六）へと高まったものの、全国比（一〇〇％）での労働生産性は、一九五五年七九・四％、一九六六年六五・六％、一九七三年六一・四％へと大きく低下していった。このように工業の地方分散とは進出企業が低賃金労働を活用するものであった。ただし原発などの素材エネルギー型産業とはことなり、加工組立型産業はすそ野の広い下請工場を階層的に組織するものであり、こうした産業集積は八〇年代以降における内発型工業への展開の可能性をもたらすこととなった（東北通産局 一九九七）。

三．高度成長期の地域開発政策と東北地域

第二次世界大戦後の具体性をもった最初の地域開発政策は、一九五〇年に制定された「国土総合開

発法（以下、国総法）」による「特定地域総合開発計画（同、特総計画）」（五六―五八年度閣議決定）である。国総法は「国土の自然的条件を考慮して、経済、社会、文化等に関する総合的見地から、国土を総合的に利用し、開発し、及び保全し、並びに産業立地の適正化を図り、あわせて社会福祉の向上に資することを目的」としていた。これに対して特総計画は「資源開発が十分に行われていない地域」を対象に、動力（電力、石炭、石油等）、食糧（米穀、雑穀、畜産物、水産物等）、原材料（硫化鉱、鉄鉱、銅、亜鉛、木材等）など、国土保全とともに資源開発に焦点が絞り込まれた。東北地域では、十和田岩木川、北奥羽、仙塩、北上、阿仁田沢、最上、只見など七地域が指定され、全国二一地域の三分の一を占めた。工業立地条件整備に特化した仙塩地域を除けば、いずれも資源開発が重点となっており、只見地域では電源開発が掲げられており、ダムと大規模水力発電所が建設され、発電された電力の多くは首都圏に送電された。

国総法にもとづく全国計画では、一九六二年に「地域間の均衡ある発展」をスローガンとする「全国総合開発計画（一全総）」が策定された。その開発方式は工業の分散を図ることを目的とするものの、東京等の既存の産業大集積と関連させつつ、開発拠点を配置し、連鎖反応的に開発を進める「拠点開発方式」であった。一全総を具体化するものが、一九六一―六二年にかけて制定された新産業都市建設促進法（新産都市法）、工業整備特別地域整備法（工特地域法）、低開発地域工業開発促進法（低開発地法）であった。東北地域がかかわるのは新産都市法と低開発地法であり、前者については八戸、仙台湾、秋田湾、常磐郡山の四つであり、臨海型・装置型の基礎素材エネルギー系の企業が進出した。後者についてては、労働集約型の衣服や電機産業などが主要国道に沿いながら内陸部に広く立地していった。

二つめの全国計画としては、一九六九年に「豊かな環境の創造」をスローガンとする「新全国総合開発計画（二全総）」が策定された。その開発方式は、新幹線・高速道路等のネットワークの整備を先行させ、これで大規模プロジェクト等をむすびつけるという「大規模プロジェクト方式」であり、これによって国土利用の偏在を是正するというものであった。これにより東北地域では新幹線・高速道路網計画の骨格が定まり、東北新幹線や東北縦貫自動車の北進によって、加工組立型企業がその沿線に張り付き、内陸農村部の工業化が促進された。東北地区における工業開発大規模プロジェクトは下北・八戸地区において計画された。八戸地区は新産都指定で港湾整備や工業団地・住宅団地等が造成され、八戸製錬所など基礎素材型企業が進出した（中央大学 一九八七）。しかし下北地区は高速道路網の整備が到達しなかったため、工場進出は進まず、結果的には原発と核燃料サイクル再処理工場とが国策として立地することになった。

四　釜石製鉄所の合理化と鉄鋼企業城下町経済――岩手県釜石市の事例

日本の粗鋼生産量は戦後復興と高度成長のもとで、一九五〇年の四八四万トンからうなぎ上りに上昇し、一九七四年に一億一九三二万トンに達した。この生産量の急上昇は、旧通産省が打ち出した三度にわたる鉄鋼合理化計画にもとづき、高炉各社が積極的に設備の増強を進めたことが大きい。特に第三次合理化計画（一九六一年―）で、堺、水島、福山の臨海部に炉内容積二、〇〇〇―三、〇〇〇㎥級の高炉をもつ新鋭製鉄所が建設され、大量生産技術が確立されたことが大きく貢献している（矢野恒太記念会二〇一三)。しかし旧式製鉄所を抱える釜石製鉄所は、もともと国内で唯一の鉄鉱原料立地の製鉄所であり、銑鉄を中心に生産してきた。釜石製鉄所は高炉改修により生産能力を高めてきたものの、八幡・富士製鉄の合併によって新日本製鐵が誕生すると「全社最適生産構造」戦略のもと、七〇年代後半以降、本格的な縮小再編、高炉閉鎖への道を歩むことになった(北村 一九八二)。

とはいえ高成長期の釜石市鉄鋼業(そのほとんどは釜石製鉄所)の製造品出荷額は、衰退傾向というよりは、五八一億円(六〇年)→八一三億円(六三年)→二九四億円(六六年)→三六〇億円(六九年)→六五二億円(七一年)というように、大きな変動はともないながらも、生産力を維持してきた。また従業者数も五、三五四人→七、五三二人→一〇、四〇六人→一〇、六九八人→七、三九二人というように基本的には維持されてきた。しかしそれは最後の打ち上げ花火であった。釜石市人口が最も多かったのは、国勢調査によれば、一九六〇年は八七、五一一人であった。その後、八二、一〇四人(六五年)→七二、九二三人(七〇年)→六八、九八一人(七五年)へと、年平均一、〇〇〇人強の人口減少が続いた。七五年以降、鉄鋼業の出荷額は減少傾向に歯止めがかからず、二〇〇〇年には三〇〇億円にまで減少した。これと連動して人口は二〇〇〇年には四六、五二一人に低下した。この人口数は一九二五年水準と同じであった。

鉄鋼企業城下町である釜石市経済の動向は基本的に釜石製鉄所の変動が決定的に反映したが(山川 一九八二、一九八三、一九八五、一九八六)、それも一九八〇年代前半までであった。一九八〇年代後半以降では電機・機械工業が誘致されることで「鉄鋼業の町」から「複合産業の町」へと転換し、地域経済への釜石製鉄所の影響力は弱まった(山川 二〇一〇)。

五．原発誘致と東電企業城下町経済——福島県双葉地区

福島県の県内総生産を大きく牽引してきたのが、浜通りに立地した原発であることは明確である。第二次世界大戦後の経済計画の中で、原発をエネルギー供給源として初めて位置づけたのは、一九五七年の『新長期経済計画』である。原発が推進されたのは、再処理によるプルトニウム・サイクルが完成すればエネルギー安全保障に貢献する「準国産エネルギー」となること、バックエンド・コストを無視すれば「安価なエネルギー」であること、原発の安全性が確保できれば「システム商品」として輸出できることなどの理由によっている。しかしいずれも「すれば」とか「できれば」とかの願望的期待にもとづいており、これらは太平洋沖巨大地震と「想定外」の巨大津波とによる炉心溶融と水素爆発、そして放射能汚染による放射能被曝という国民的不安と相双地区住民の避難民化によって、足踏みを余儀なくされている。

原発による電力供給は一九六〇年代後半の経済成長後期に始まり、第一次石油危機以降、急速に伸びた。これは高度成長期に住民の反対運動にもかかわらず、「国策」として強力に推進されたことによる。この原子力開発と原発立地とを促進したのが、電源開発促進対策特別会計（一九七四年）の創設であり、以降、多くの立地対策費が原発立地・周辺自治体に社会資本整備として投入されることになった（清水 一九九一）。

原子力関連施設の立地配置体系（意思決定機能—研究開発機能—発電機能—再処理機能）は、日本経済

の地域構造と密接なかかわりがある（山川 一九八七）。原発の立地条件としては以下の四つが掲げられている。「①一日数千トンの淡水源とともに、一〇万ＫＷ当たり毎秒数トンの復水器冷却用水（海水）が得られること。②施設が相当な重量のものであることと耐震性への考慮から、地表近くに強固な岩盤があり、地震歴の少ないこと。③炉の種類や地形・気象などの条件によって異なるが、安全対策の一つとして、原子炉から数百メートルの範囲を非居住区域としうること。④長距離送電には多額の費用を必要とするので、上記のような技術的諸条件を充たしうる限りにおいて、できるだけ需要地からは遠くないこと」などであった（日本原子力産業会議 一九七〇、三頁）。

　このためわが国では建設中や計画中のものを含め、すべての原子力発電所は海岸部の人口の希薄なところに用地を求めており、これらの地区の経済・社会状況は一般に第一次産業を主体とし、交通なども不便な僻地性の強い地区であり、自治体の財政力等も弱い。福島県双葉地区は東京から一五〇㎞程度離れ、人口密度は高くなく、太平洋に面しており、地震保険も大震災以前では日本一安かった。双葉地区は原発が誘致される以前では、新産業都市に指定されたいわき地区や郡山地区に比べて、福島県のなかでも、企業進出が少なく経済発展が遅れていた地域であった。一九五五年に八、七九二人であった大熊町の人口は、六五年には七、六二九人にまで減少していた。

　大熊町に東京電力福島第一原子力発電所（福一原発）の立地が決まったのは一九六四年一二月である。一号機は六七年に着工され、七一年に運転が開始された。二―六号機は六九年から七三年にかけて着工され、それぞれ七四年から七九年にかけて運転が開始された。七九年一〇月には電気出力は全体で四六九・六万ＫＷとなった。発電所の建設費は全体で五、〇二〇億円に達した。

原発の建設や稼働、そして定期点検による地域経済効果は非常に大きかった。地元（大熊町・双葉町）では経済的波及効果が期待されない原子炉などの電気機械工事費を除き、固定資産税などの租税を加えた支払総額は一、九八七億円に達した。支払先を地域別でみると、地元二一%、地元を除く県内三七%、県外四三%という構成であり、地元には総額で四一〇億円が支払われた。地元への支払額のうち最も大きいのは給与・労賃であり、一八二億円（東電直接支出七四億円＋元請支出一〇八億円）であった。以下、租税一六二億円（一五八億円＋四億円）、資材費四一億円（元請支出）、下請発注費二億円（元請支出）などと続いた。地元以外の福島県内にも総額七三三億円（東電直接支出五一七億円＋元請支出二一六億円）が支払われており、経済効果は地元のみならず広域的に波及していた（原子力産業会議一九七〇、山川 一九八七）。

経済効果は建設時だけではない。原発の雇用効果は、建設時においては建設労働として、そして稼働すると運転保守に必要な東電社員と関連会社社員が多く雇用された。建設完了により建設労働の需要が減少すると、これに代わって定期点検のための雇用が発生した。建設労働が中心であった七四年には双葉地区全体で六、〇〇〇人を超える雇用があった一九八三年には運転保守、建設、定期点検を合わせると雇用者数は一六、〇〇〇人に達した。その後も各号機の定期点検を平準化することにより、常時一〇、〇〇〇人を超える雇用が発生していた（山川 一九九一）。東日本大震災直前の二〇一一年一月における双葉地区の総人口は七二、五三一人であり、その雇用量は非常に大きなものであった。大熊町の人口は、六五年七、六二九人から七五年八、一九〇人、八五年九、九八八人となり、九〇年には一〇、〇〇〇人を超えた。

福島県双葉地区は原発立地によって、経済構造が大きく変わった。いくつかの経済的指標から確認しておこう。第一は一人当たり分配所得の推移である。例えば福一原発が立地する双葉町の場合、福島県平均を一〇〇％とした時、一九六六年では九六％であった。七〇年に九〇％に落ちるものの、七五年には一一三％に回復し、八〇年には一四二％にまで大きく伸びた。第二は町村財政での歳入の原発依存が急速に高まったことである。原発に関する課税には個人町民税、法人町民税、固定資産税、電気税の四つがあった。大熊町の場合、六六年度の場合、町税査定総額は二、三四〇万円であり、そのうち原発税収は五％にあたる一二一万円であった。原発税収が急増するのは七二年以降であり、七五年には一〇・九億円、八一年位は二二・五億円に達した。原発税収の比率は九〇％台に達したのである（小田 一九八一）。電源三法交付金制度が回転しはじめると、さまざまな名目がついた交付金が途切れることなく、原発立地自治体に流れ込んでいくのである（山川 二〇一二）。

六．電機工場の進出と地域生産システム

地域政策は、地域間の経済的不平等とそれにともなう地域問題に対して、本来的には社会福祉的色彩が前面に出されるべきものである。しかし日本においては産業構造を転換させる契機としての産業立地を促進する産業基盤整備、すなわち地域開発政策として展開されてきた（川島 一九八八）。高度成長期における社会資本ストックは、全体としては大都市を中心として形成されたが、大都市地域では生活環境分野に、大都市周辺地域では産業基盤としての交通通信分野に、農村地域では農林漁業分

野にそれぞれ重点が置かれていた（山川 一九九二）。東北地域における交通分野における社会資本ストック増加の典型は東北自動車道などの高速道路の整備であり、日本経済の地域構造の東京一極集中を促進する効果をもたらした。

工業統計表によれば、東北地域における工場敷地は、一九六五年から一九七五年にかけて三八万ヘクタールから八二万ヘクタールへと二・二倍に増加した。造成された工業団地の多くは主要国道に沿っており、内陸部に立地している。東北地域では工業敷地の面積が大きいのは、一九七五年では事業所数の多い食品七・六万ヘクタールと電機七・九ヘクタールを除くと、鉄鋼八・〇万ヘクタール、化学七・四万ヘクタール、窯業土石七・二万ヘクタール、非鉄金属五・九万ヘクタール、木材木製品五・七万ヘクタールなど基礎素材型工業であった。これらのうち六五年から七五年で工場敷地の最も伸びが大きかったのは、電機で四・九倍であった。

このように高速道路や国道バイパスなど交通網の整備とその北進は、工場団地造成とあいまって、電機産業などの加工組立型工業の企業進出が加速され、東北自動車道・東北新幹線沿線地域で人口が増加した。企業進出は国道幹線道路沿いだけでなく、国道や県道支線部においても進んだ。

福島県喜多方市の事例を紹介しよう。喜多方市は福島県会津盆地の北西に位置し、二〇一三年の人口は約五万人である。篠笥（一九七七）によれば、喜多方市は昭和三〇年代には高度経済成長の洗礼を受けて、京浜地方に向けて大量の人口を流出させ、昭和四〇年代の地域開発第二次高度経済成長期には、電機、メリヤス、縫製、および自動車部品などの企業を誘致した。誘致された企業が必要とする労働力は、地域労働市場そのものが狭いために、既存の地元企業からの採用が最も多く、これに学卒直後者や地元自営業が続いており、県外企業からのUターン者もみられた。地元自営業も農業から直接ではなく、いったん他産業に従事したうえで採用された。

こうした動きは、末吉建治（一九九九）によれば、「工業の地方分散は一九六〇年代後半以降、電機・衣服工業を中心として急速に進展し、東北地方をはじめとする地方圏に雇用機会を拡大してきた。このような地方分散は、企業内地域間分業の形成・発展のプロセスであった。地方生産子会社・分工場は、企業内において部品あるいは限定的な製品の生産を担当し、自らの傘下に階層的な下請利用を含む『地域の実情に応じた』独特の地域的生産体系を構築してきた」（一九五頁）ということになる。それは本社工場従業員と東北地域への進出工場従業員との間、進出企業と地元企業従業員との間、地元企業正社員と非正社員との間、男子従業員と女子従業員との間での賃金水準格差をともなうものであった。こうした賃金格差を受容させた大きな理由には農業問題が横たわっており、米価低迷による農家経営の悪化を通勤圏内での農外兼業所得で補てんしようとする農家の存在があった。

七．高度成長と地域経済構造の再編——まとめにかえて

経済の高度成長は、産業構造の変革を通じて、地域経済を再編成した。マクロ的な国民経済レベルでいえば、高度成長期前期においては太平洋ベルト地帯構想が一全総や工業整備特別地域の整備を介して鉄鋼・石油化学コンビナートの設置として実現し、東西二分割を基本とする広域的な市場分割を基軸とする地域構造を形成した。東北地域は広域的には東京大都市圏を基軸とする東日本市場に組み入れられるものの、その組み入れ方は流通過程を介してのものであった。東北地域は東京圏への食糧

供給地や労働力供給源として役割を与えられており、企業進出は電力（水力）・鉱産物・農林水産物などの地域資源を求めてのものであり、また基礎素材型企業中心の進出であった。

高度成長期後期は産業構造が基礎素材型から加工組立型に転換していく時期であった。基礎素材の労働生産性を高めるためには、原材料を国内資源からより品質が高くしかも安価な海外資源に切り替える必要があった。しかも国際競争力をつけるために、鉄鋼業においても生産規模を拡大できる新鋭高炉への切り替えが必要であり、地方に立地する国内資源指向型産業は合理化という撤退を迫られた。釜石製鉄所も新日鉄の合理化再編の一環として高炉が閉鎖された。他方において大都市圏隣接部は、大都市圏で必要とされる電力需要に求められて、原発立地を受け入れていった。原発が誘致された臨海部は立地に必要な自然的諸条件だけでなく、人口流出が続き経済的困難をかかえている地域でもあった。「準国産」「安価」をスローガンとする原子力は、安全神話構築と財政支援拡大のもとで、国策として推進され、原発立地地域は周辺地域とは異質な地域経済構造をもつことになった。

また高度成長期後期には、二全総による高速交通ネットワークの整備が進み、東北地域はまずは主要国道のバイパスが整備され、さらに東北縦貫自動車道や東北新幹線の北進が予定されることで、首都圏との時間距離が狭まり、衣服・電機企業が安価な労働力を求めて、労働集約的生産工程を分担する分工場として進出した。進出した分工場は地元企業を再編して傘下に収め、分散する労働力を地域の実情に応じた地域的生産体系のなかに組み込んでいった。生産工程間分業という地域的生産体系は労働集約的な低賃金労働を活用するものであったが、それは米価低迷のもとで出稼ぎでなく地元での兼業収入の機会を求める農業者の要望と一致した就業であった。このことが工業化が進むにつれて、工業労働者の賃金水準が低下するという現象をもたらした。

【文献】

安東誠一『地方の経済学』日本経済新聞社、一九八六年
板倉勝高『日本工業の地域システム』大明堂、一九八八年
小田　清「原発立地と地方財政の影響について(1)」『開発論集』第三〇号、北海学園大学開発研究所、一九八一年
川島哲郎「序論　現代世界の地域政策」川島哲郎・鴨沢　巌編『現代世界の地域政策』大明堂、一九八八年
北村洋基「電源開発と福島県」山田　舜編『福島県の産業と経済』日本経済評論社、一九八〇年
北村洋基「新日鉄釜石合理化の歴史的位置――生産構造の展開を軸として」『東北経済』第七二号、福島大学東北経済研究所、一九八二年
北村嘉行・矢田俊文編『日本工業の地域構造』大明堂、一九七七年
清水修二「電源開発促進対策特別会計の展開――原子力開発と財政の展開(2)」『商学論集』福島大学経済学会、第五九巻第六号、一九九一年
末吉建治『企業内地域間分業と農村工業化』大明堂、一九九九年
仙台通商産業局編『80年代の東北地域産業ビジョン』(財) 通商産業調査会、一九八一年
中央大学『地方中核都市の産業活性化――八戸』中央大学出版部、一九八七年
東北通産局編『東北地域の産業集積と地域企業の機能変化』東北通産局、一九九七年
日本原子力産業会議『原子力発電所と地域社会――立地問題懇談会地域調査専門委員会報告書』一九七〇年
野原敏雄・森滝健一郎編『戦後日本資本主義の地域構造』汐文社、一九七五年

真木実彦「福島県産業構造の変化と問題点」山田　舜編『福島県の産業と経済』日本経済評論社、一九八〇年
矢野恒太記念会編『数字で見る日本100年（改訂第六版）』矢野恒太記念会、二〇一三年
山川充夫「企業城下町釜石市の地域経済構造と釜鉄78年合理化の波及（1）（2）（3）（4）」『東北経済』第七二、七四、七七、七九号、福島大学東北経済研究所、一九八二年、一九八三年、一九八五年、一九八六年
山川充夫「原発立地推進と地域政策の推進(2)」『商学論集』福島大学経済学会、第五五巻第三号、一九八七年
山川充夫「原子力発電所の立地と地域経済」『地理』第三二巻第五号、一九八七年
山川充夫「地域経済とポスト電源開発――福島県双葉地区の場合」日本科学者会議編『地球環境問題と原子力』リベルタ出版、一九九一年
山川充夫「地域開発・社会資本整備と地域構造」石井素介編『産業経済地理――日本』朝倉書店、一九九二年
山川充夫「鉄鋼業の動向がもたらす釜石市経済への影響の変化」『福島大学地域創造』第二二巻第一号、二〇一〇年
山川充夫「脱原発と地域経済の展望」『地域経済学研究』第二二号、二〇一二年
山川充夫・柳井雅也編『企業空間とネットワーク』大明堂、一九九三年

第四章　ネットワークの視点でみる東北地域の産業構造の発展と政策

坂田一郎

はじめに

ネットワークとは、一般に、ノード（点）とリンク（結合）から構成されるものの総称であるが、企業、研究機関、専門支援機関等の組織をノードとし、それらの間の取引関係や共同研究等の関係をリンクと定義すれば、地域の産業をネットワークの視点でとらえることが可能となる。今日、地域力の評価にかかわる多様な側面で、この企業間または産学間のネットワークがもつ意味に注目がなされている。諸側面について具体的には、生産拠点としての面的な効率、地域の企業群内部での連携力やイノベーション力、産業構造としての発展可能性や持続可能性、サプライチェーンとしてのロバストネスやレジリアンス等が含まれる。歴史的な発展経路も、このネットワークの中に埋め込まれている。

ネットワークに関する情報を利用してこうした地域力を測るためには、ネットワークの分析手法が必要である。この手法としては、近年、発展著しい複雑系ネットワーク分析が代表的である（日本の地域を対象とした代表的な研究として、Kajikawa et al. 2010, Kajikawa et al. 2012, 坂田ほか 二〇〇九)。この手法を用いることで、個々のネットワークの特徴を客観的、定量的にとらえることが可能となる。また、こうした手法と機械学習の手法とを組み合わせることで、ネットワーク(取引関係)の形成要因の特定もなされており、わが国における企業間の取引関係の形成には信頼に関する諸要素が強い影響を及ぼしていることがわかってきている(Mori et al. 2012)。

このような地域における産学官のネットワークは、過去における企業活動や政策的介入の効果が累積されたものともとらえることができる。本章では、これに対してネットワーク分析の手法を適用することで、政策の歴史的な変遷とそれによって形づくられた東北地域の産業構造とをできる限り客観的に把握し、そこから、過去の政策介入の効果や東日本大震災からの復旧と新たな東北の創成の可能性について考えてみたい。

一.第二次世界大戦後の地域経済政策の歴史的変遷

第二次世界大戦後の地域経済政策は、太平洋ベルト地帯の再生から始まり、その後、工場の地方分散へと進んだ。この過程で実施された政策を類型化すると、①新産業都市・工業特別地域のような「特区」的拠点形成、②工業再配置政策による広い範囲での工業の地方分散政策、③工場等制限法による大都市部における工場立地制限策の三つとなる。また、これらの上位にあって、目標像を示すものとして、国土総合開発法及び全国総合開発計画が存在しており、それらに含まれていた高速交通網の整備は企業立地に大きな影響を与えた。この延長線上で、次に続いた政策としては、高付加価値の製造業の地方移転、地方立地促進政策がある。この代表は、テクノポリス法と頭脳立地法であり、テクノポリス法のもとでは、東北地域から、青森地域、北上川流域地域、秋田地域、仙台北部地域、山形地域、郡山地域が対象地域として選定されていた。

一九九〇年代に入り、我が国製造業全体の競争力低下、海外移転に関する懸念が本格化すると、これら政策は、大きく見直されることとなった。基本的には、地方分散から国内の経済規模の拡大への流れである。その転機となった政策が産業集積活性化法である。この法律は、長らく地域経済政策の対象外としてきた大田区、東大阪等の大都市中心部も政策対象とした点に特徴がある。一方、用いられた政策手法は、工業団地の造成や貸工場の建設等、従来施策とほぼ同じものであった。東北を含む地方の視点からは、これ以降、国の政策にもとづく大都市からの企業移転に大きく依存することは難しくなり、独自に地域産業を育成する必要性が高まったといえる。

アジアの台頭等、新しい環境下における本格的な政策の登場は、二十一世紀に入ってからである。二〇〇一年に開始された「産業クラスター計画」と一年遅れで導入された「知的クラスター政策」である。集積に着目したという点では、産業集積活性化法と同じであるが、無形のネットワークの充実が重視され、政策手段は、イノベーションの拠点形成、コンソーシアム型技術開発支援など地域内協働によるイノベーション促進策という目的により適合したものへと移行した。東北地域に関しては、情報、食品、ものづくり、エネルギー・環境分野の企業集積が施策対象として特定されている。

政策立案の背景にある地域経済政策に関する理論研究も、この間、大きく変化をしている。具体的には、工業立地論、伝統的な外部経済論から、クラスター論、イノベイチィブミリュー論、学習地域論、クリエイティブ・シティ論等へと重心が移行した。これにともない、重視される生産要素も、図1にあるとおり、工場用地、用水、港湾といった公共インフラ、単純労働力から、知的情報の生産力、さらには、情報流通や協働の基盤となる企業間ネットワーク、学習や創造を喚起する「環境条件」へと変化をしている。我が国において、ネットワークが非常に重視されるようになったのは、「産業クラスター計画」以降であるといえる。

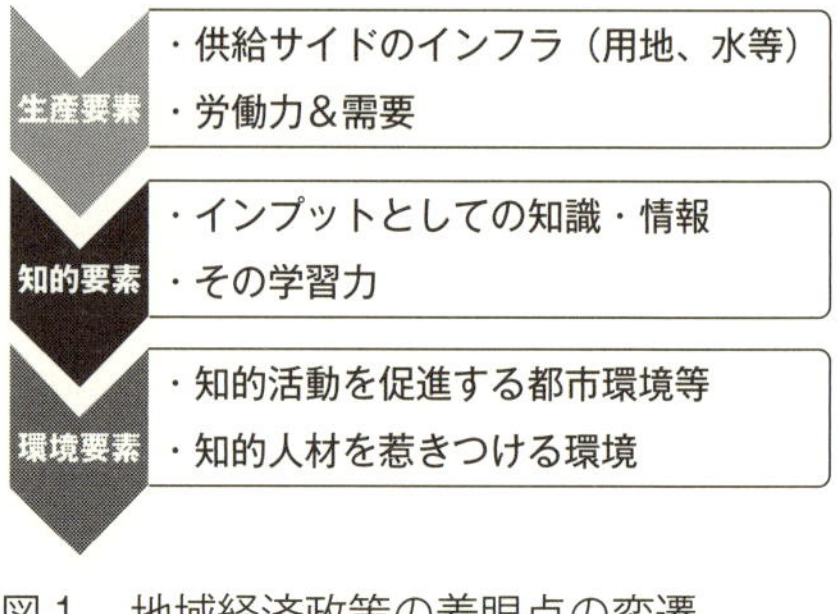

二．東北の産業構造の発展史の概要

東北地域は、太平洋ベルト地帯から外れ、釜石のような少数の企業城下町を除くと、相対的に、企業集積の薄い地域であった。東北地域への産業立地に非常に大きな影響を与えたのは、東北と東京を結ぶ東北自動車道や東北新幹線の建設である。特に、東北自動車道沿いに、その延伸に合わせて工場の新規立地が進展した。また、東北自動車道沿いに続いて、そこから横に伸びる枝のような道路沿いや他の主要道路沿いにも、生産拠点の立地が進んだ。先に挙げた工業再配置政策等は、建設された交通網とのアクセスがよい場所に、大型の工業団地、工業用水を建設することによって、良質な受け皿を作る役割を担った。地方自治体は、国の政策と連携し、企業誘致を行ったり、国が整備した大型

生産要素
・供給サイドのインフラ（用地、水等）
・労働力＆需要
知的要素
・インプットとしての知識・情報
・その学習力
環境要素
・知的活動を促進する都市環境等
・知的人材を惹きつける環境

図1　地域経済政策の着眼点の変遷

工業団地の周辺に中小規模の団地の整備を実施した。

こうしたインフラ整備や誘致政策の結果として生まれた産業構造は、主に、東京に所在する大企業を頂点とし、東北に立地する分工場がそれと垂直的につながる産業構造である。経営戦略の決定や研究開発は、東京の本社や親会社においてかなりの部分が行われ、東北の分工場は、それを実施する役割を担っている。別の見方をすれば、農業・水産加工業のような小規模産業の場合を除き、地域的な完結性や自立性の低い産業構造であるといえる。このため、東北唯一の政策指定都市である仙台に関しても、大規模製造業に関しては拠点都市とは呼べない実態となっている。

このように東北地方の産業構造は、岡田知弘（一九八九　六五頁）が指摘する「国内植民地」にもなぞらえられる垂直型の分業構造ではあった一方、工場の地方分散が推し進められた中で、電気、電子、機械等の製造拠点の数は、大幅に増加した。また、地域内の大規模製造業に属する企業間の取引も徐々に増加してきた。東日本大震災に際し、サプライチェーンの寸断の影響は、海外の生産拠点も含めて広範に及んだが、その背景には、工業再配置政策の実施や高速交通網の整備にともなう東北における大量の工場立地があったといえる。工業的な基盤が非常に薄かった地域に、このような企業集積が形成された原動力として、国の政策とそれと連携した地方自治体の企業誘致の努力があったことは間違いがない。ただ、移転元となる東京首都圏における工業集積が次第に縮小するに従って、政策効果は低下し、移転による集積形成のスピードは大幅に鈍化した。

業種に着目して、東北における地域単位の産業構造を仔細にみてみると、東京をハブとした大規模ネットワークの一部をなす電気、電子、機械等の企業群と、地域性の高い食品、造船等の企業群が、本格的に融合することなく、集合立地している姿が浮かび上がる。また、全国平均と比較すると、自動車・自動車部品のウエイトが低いことが東北地域の特色である。次に、山形を取り上げて、その産業構造の詳細な把握を行い、政策効果や課題について議論してみたい。

三．ネットワークの視点による山形ものづくりクラスターの分析

今日、「地域クラスター」という言葉が世界的に注目を集めている。クラスターの語源はぶどうの房という意味であるが、「地域クラスター」は、まるでぶどうの房のように、地域の企業、大学、研究所、公的機関が密にかつ複雑に関係を持っているような状況を指している。その理想的な構造は、近距離の交流と遠距離のそれをバランスよく両立させる small-world networks である。そうした状況下にある地域は高いイノベーション力をもつとの議論がなされている。この地域クラスターは、企業が集まって立地しているという物理的な外観については、工業化時代の企業城下町、産地集積、工業団地と変わらない。違いは、目に見えない水平的なネットワークの存在と、それを基盤とした企業同士や産学官の組織の枠を超えた柔軟で密な協調、そして協調と競争のバランスにある。企業城下町では、城主の企業を頂点とした階層型の固定的なネットワークが支配的である。ネットワーク上を流れる情報や知識の範囲は限定されており、また、流れ方については城主から一次、二次、三次下請けへ、またはその逆と規則的である。もっぱら強い関係のなかでの協調のための仕掛けといえる。産地集積では、確かに水平的なネットワークは存在するが、事業の規模や内容が似通った同質的な企業間

のつながりが中心である。協調と競争はみられるが範囲は限定的である。工業団地においては、そもそもネットワークが存在しない。ネットワークの性格の違いとそれが生み出す協調と競争の程度が、ミクロの企業行動に影響を与え、そしてその総和としての地域の経済活動の質や量に大きな影響を及ぼしているものと考えられる（坂田ほか 二〇〇五、一八二―一九五頁）。

筆者らは、東北地域の産業構造の核の現状を詳細に把握すべく、自動車を除く山形のものづくり分野について、ネットワーク分析の手法と帝国データバンクがもつ企業情報を用いて、定量的な分析を行った（松島・坂田ほか 二〇一二にもとづき以降、紹介）。山形は、テクノポリス法の指定地域（一九八七年）の一つであり、同地域の計画では、メカトロニクス、バイオテクノロジー、新素材等が重点分野として掲げられていた。

山形モノづくりクラスターの分析に当たっては、バリューチェーンの上流にあたる素材を供給する業種群、すなわち、化学工業、金属工業等、中流に当たるものづくり業種群として、機械工業、電気工業、プラスチック加工、めっき、鍛造業、金型、機械部分品、電気機器部品、下流に当たる、最終製品を製造する業種群として、精密機械、光学器械、通信用機器、電気機器製造・卸、電子応用装置、電子機器・部分品、化学工業用機械、電気・電子計測器、オーディオ製造・卸、医療用機器や医療用品等を分析対象とした。また、これら中核産業に対し、必要となる資本財を提供する「関連産業」として、金属プレス鍛造機、機械器具等、直接の投入要素は供給しないが、サービスや技術シーズを提供する「支援産業」として、銀行、印刷、電子回路設計、ソフトウェア業、情報処理サービス、インターネット関連業等を分析対象に含めた。輸送機械を除いたのは、当該分野の最終財生産企業や主要なコンポーネント生産企業が県内になく、バリューチェーン全体からみれば、県内に存在するネットワークが周辺的なものでしかないことが明らかであるからである。

中核産業及びそれらの関連・支援産業に属する企業をノードとし、それらの間の取引関係をリンクとし、山形モノづくり産業に関して、産業ネットワークを分析すると、得られたノード数は、六二五件、リンク数は二、〇七八件となった。リンク数（双方から数えるため下表の二倍）をノード数で除したリンクの密度は六・六五である。これは、日本における大規模製造業クラスターにおいて規模の小さいものの部類に入り、また、密度は薄い。また、クラスタリング係数及び近距離特性（クラスタリング係数を、同じノード数・リンク数のもとでのランダムリンクの場合の同係数でノーマライズしたもの）は、長野、浜松という伝統ある工業地域に比べて低く、また、平均パス長及び遠距離特性（平均パス長をランダムリンクの場合の同パス長によりノーマライズしたもの）より長い。small-world networks性では劣っているといえる。ただし、新興の産業集積である福岡県の医療機器産業のそれらよりは上回っている。

分析の結果明らかとなった山形クラスターの特徴の第一として、地

表1　ネットワーク指標の比較

地域	コア産業	ノード数	リンク数	密度	クラスタリング係数	平均パス長	近距離特性	遠距離特性	モジュール間連携
山形	電機・機械	625	2,078	6.65	0.0598	5.24	5.62	0.648	1.51
長野	電機・機械	1,930	9,862	10.2	0.0658	4.04	12.4	0.806	1.95
浜松	輸送機	1,049	4,080	7.78	0.0801	4.10	10.8	0.826	1.79
福岡	医療器具	793	2,260	5.70	0.0426	5.67	8.92	0.676	1.34

出典：坂田一郎・梶川裕矢　2009年　72ページ

域内の取引ネットワークの密度が小さく、域外の企業との取引関係が主である支店経済的（東京との垂直連携）な経済構造を有していることがわかった。近距離交流力や遠距離力は、伝統ある工業地域に比べて、低く、ネットワーク視点でみたその産業構造は相対的に疎であり、地域力は高いとはいえない。一方、企業規模による影響を調整すると、山形クラスターは、小規模なクラスターの中では、モジュール間の溝が小さい構造を有している。全体の構造としては、電気や精密機器分野の企業が素材・部品・最終製品・関連産業といった幅広い産業群を取り込みながら一つの有機的なモジュールを構成しているのが特徴的である。そのようなモジュールの溝を埋めているのは、必ずしも大手企業とは限らない。また逆に、大手企業が必ずしも地域経済のコネクターとなっているとは限らない。東北パイオニアと東北エプソンは同業種に属する本地域の代表的な製造拠点であり、両者はさほど工場の規模が変わらないにもかかわらず、ネットワーク中で占める位置はまったく異なっている。前者はネットワークの中心に位置し、地域内の他の企業に与える影響は非常に大きいが（図2参照）、後者は、大規模な生産拠点の割には他の地域企業との結びつきが弱く地域経

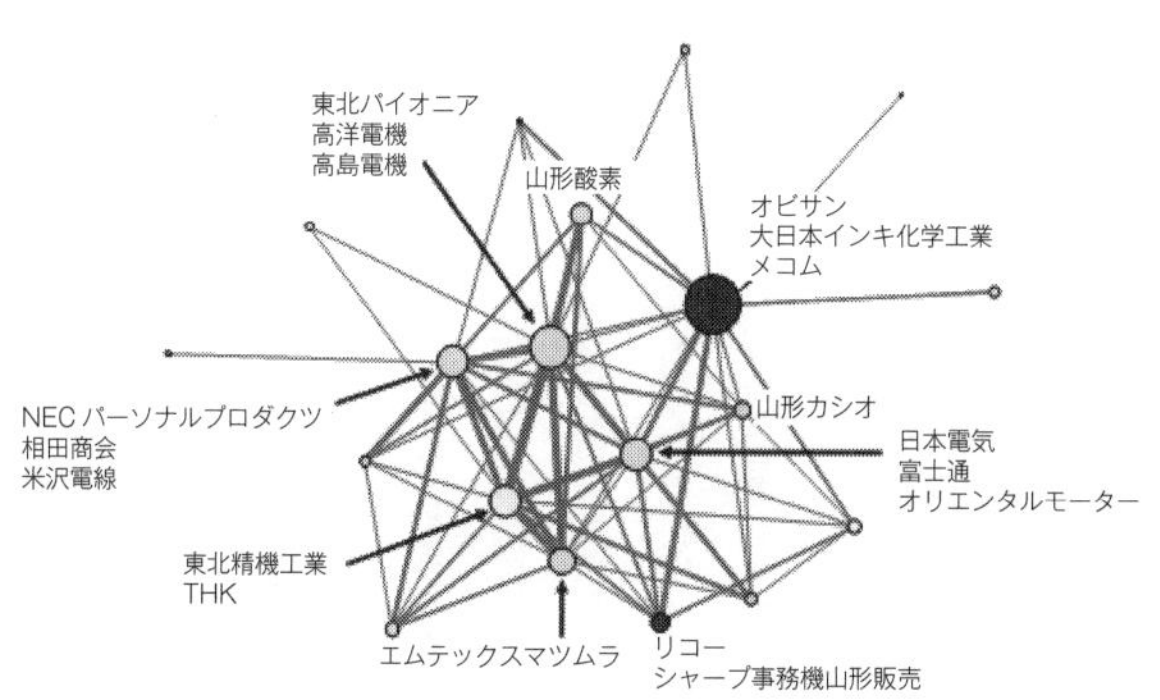

図2　山形クラスター内のモジュール構造

出典：松島克守・坂田一郎ほか　2012年　87ページ

済全体に及ぼす影響は小さい。実際には、東北エプソンは長野県にあるエプソン本社との結びつきが強いものと思われる。

地域ネットワーク内で取引関係が特に濃い集団をモジュールと呼ぶ。第二の特徴は、各モジュールにおいて、企業の立地動向に偏りがあることである。例えば、印刷業がメインのモジュールは大部分が村山地方に立地しているが、東北パイオニアがハブのモジュールやNECパーソナルプロダクツがハブのモジュールは置賜地方の企業の比率が高い。我々が同様な手法で分析を実施（坂田・梶川二〇〇九、七二頁）した一八地域クラスター[1]において、このように、地域内においても大きな地理的偏りがみられたのはこの山形と長野のみである。図3は、山形地域において形成されている小クラスター、すなわち、取引関係が特に密な企業群（横軸）ごとに、企業の所在地の分布（縦軸、%）を計算したものである。所在地は、村山、最上、置賜、庄内の四地域に分類をした。この図を見ると、クラスター1、4、7、8の所属企業群のうち七〇

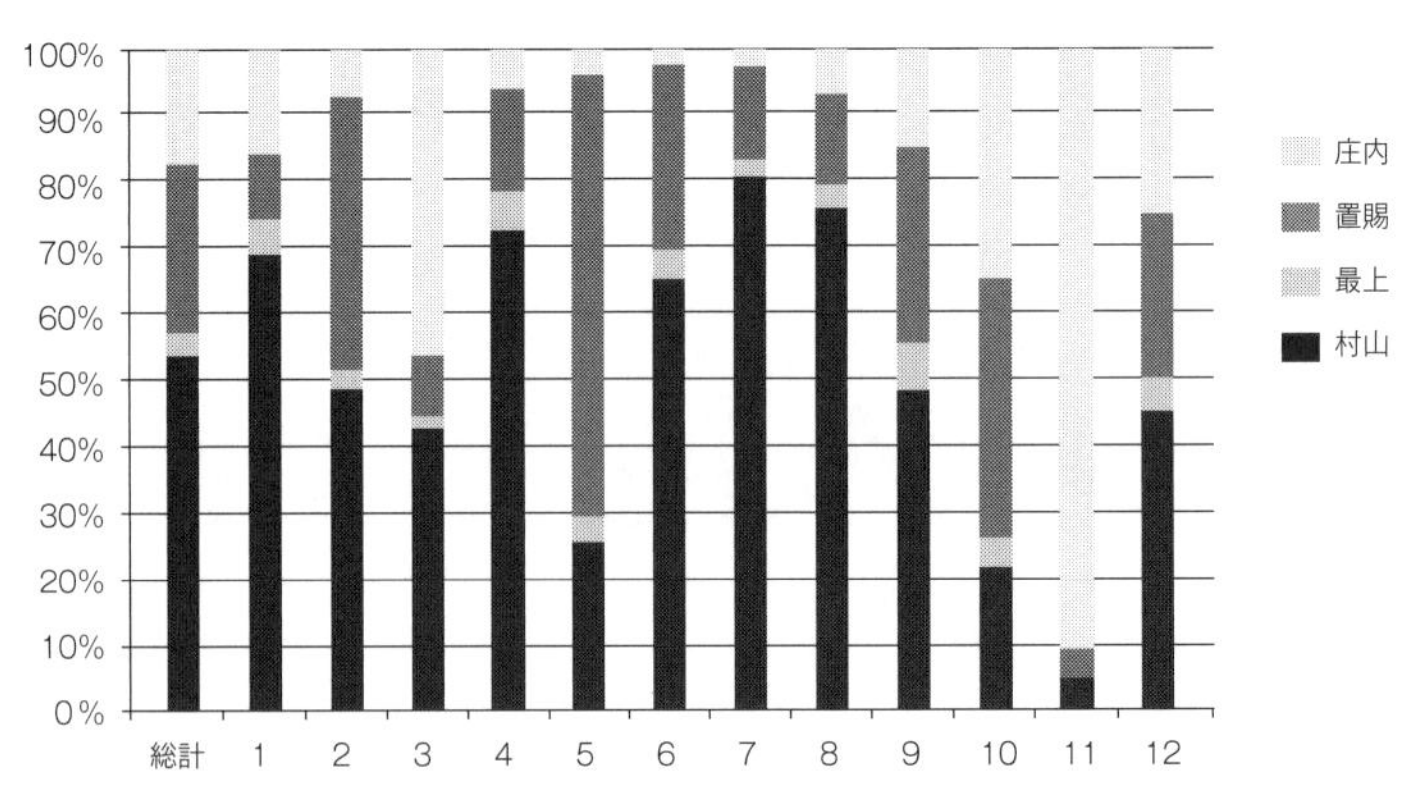

図3　山形地域の小企業クラスター内における企業所在地の分布

出典：松島克守・坂田一郎ほか　2012年　88ページ

%以上は村山地方に偏在して立地しており、クラスター5の所属企業は置賜地域に、クラスター3、11の所属企業は庄内地域に偏在をして立地していることがわかる。これを、特定の近接した地理的範囲において密なネットワークが形成されている、すなわち、山形クラスターのサブクラスターとして、村山クラスター、置賜クラスター、庄内クラスターが形成されているとみてとるか、それとも、企業の付き合いが極めて局所的、近視野的であり、より広い視点でビジネスを行えていない、各地域間の連携が取れていないとみるか、意見が分かれるところであろうが、少なくともこのような分析を行うことで、取引という実態をともなう産業構造の俯瞰的な把握が可能となり、また、地域クラスターが対象とすべき「地域」の地理的範囲を考察するうえでの材料も提供することができる。

以上のような分析結果から、まず、工業再配置政策やテクノポリス法等の地域経済政策が一定の効果を挙げたこと、その効果の蓄積が現在の産業構造の中核を形成していると評価することができよう。やはり政策の継続による蓄積の効果は大きく、集積度において、山形は政策投入の歴史の短い福岡県の医療機器集積を上回っている。一方で、東北地域一般にみられるように、山形の産業集積も、東京との垂直的な統合関係のもとにあって自立性に乏しく、また、地方都市の中でのトップレベルの工業集積（浜松や長野県の諏訪地域等）と比較すると規模的に小さく、かつ分散的なものに留まったことも事実である。浜松のような都市は、戦前・戦中より一定の工業基盤を有していた。戦後の工場誘致だけでは、そうした都市に並ぶことは難しかったことを示している。

四．震災復旧と新たな東北の形成に向けて

最後に、ネットワークの視点から、以上のようなネットワーク視点にもとづく産業構造の分析もふまえ、東日本大震災からの復旧と復興に関して、提言を述べてみたい。序章において、国土総合開発法等、地域開発諸法が廃止された今、東北地域における経済開発は「東北開発無法時代（岩本 二〇〇九、二〇九頁）」になっているとの指摘がなされているが、その意味では、白地から今一度、開発政策を考える機会であるととらえることができよう。ここまでみてきたように、東北地方には、不十分ながらも、工業再配置政策等の効果により、一定の工業基盤がネットワークとともに形成されている。この基盤の上に、新しい試みがなされるべきであろう。一方、かつて効果を挙げた工業再配置政策のような施策は、再配置の源となる東京首都圏の工業集積が縮小した今では、有効性をもたないことも事実である。新たに投入する政策は、従来の延長線上のものであってはならない。

東日本大震災においては、非常に多くの中堅・中小企業が被害を受けた。特に、沿岸の津波被災地では、平地の企業の集積自体が失われた場所もある。また、直接被害を受けなかった企業であっても、取引先の滅失により、生産停止を余儀なくされたものも多い。これまで形成してきた基盤をなるべく損なわずに、早期に回復させるという意味で、効果的な復旧支援の実施が求められる。東日本大震災からの復旧支援に関して特徴的であるのは、「ネットワークの綻びを直す」という視点に立った、中小企業の復旧・復興支援が実施されているところである。ネットワーク分析による可視化からわかる

ように、ネットワーク内の企業は、相互に依存しあう関係にある。その中の綻び、例えば、ある企業の工場建屋や生産設備の損壊はネットワーク全体に影響を及ぼす。また、情報・知識の流通も阻害する。その綻びを早期に修復することは、当該企業だけでなく、ネットワーク全体に良い影響をもたらすことになると考えられる。

こうした考え方に立った時、重要なことの第一は、復旧を急ぎ、影響を緩和するための支援の対象範囲として、被災地域、直接被災企業だけでは不十分で、対象をネットワーク全体と設定することが必要だということである。支援対象を被災企業だけでなく、取引ネットワークを介してその影響が強く及ぶ範囲ととらえ、仮に、被災地域の外であっても重要な拠点は支援対象とすべきだと考える。

次に、資金や資材・人員といった資源が限られるなかで、綻びの復旧に優先順位を付けるとすると、被災した地域にとって経済・社会的ウエイトが高いネットワークを対象（例えば、地域社会の核である漁業・水産加工業・関連商店、経済圏の工業出荷に占めるウエイトが高い電子部品）とし、さらに、その中で、重要な位置を占める企業や設備を対象とすることが考えられる。ここでいう「重要」とは、具体的には、多くの企業に製品を出荷している、多くの企業から出荷を受けている（これらは「ハブ」と呼ばれる）、出荷している量が多い、代替先を見つけるのが難しい、複数のネットワークをつないでいる（「コネクター」と呼ばれる）、といった基準が考えられる。ネットワーク理論の言葉で表現をすれば、「ハブ」と「コネクター」が重点支援の対象ということになる。重点支援により、限られた資金、人材、時間で効率的に地域力を回復させることが可能となる。もし、ネットワーク全体の損傷がひどく回復に時間がかかる場合には、その中で何社か活動が可能な中小企業が残っていても、既存のネットワーク内では長期間、能力を活かす場がないというケースが考えられる。そのような場合、能力のある中小企業が別のネットワークに移動することを支援するという発想も必要である。新たな取引先の紹介、取引の仲介、別のネットワークに参加するための製品の改良、保有技術の新たな製品への応用のための技術開発等の支援がこれにあたる。

筆者は、震災直後に、このような政策提言を行ったが（坂田 二〇一一）、当該提言には一定の考慮がなされ、いわゆる「グループ補助金」が創設された。これによって、ネットワーク単位で準備の整った企業の生産拠点等の再生支援が継続的に行われている。

一方、二〇年後の東北の経済と社会の持続可能性を考えた場合、上記の考え方にもとづく「基盤」の復旧だけでは不十分である。「新たな東北」創生（復興推進委員会 二〇一三）に向けたネットワークの拡張が欠かせないと考える。この拡張にあたっては、高度成長後期までの企業集積がもたらした東北地域がもつネットワークの特色である「垂直的依存構造」を修正するという発想が必要である。拡張の一つの軸は、東北地域内における従来連携の薄かった異業種も含めた横連携を進めるためのネットワークの拡張（リワイヤリング）である。現状の東京と垂直的につながったネットワーク構造は、海外に有力な競合地域が出現した場合に、非常に脆弱であるといえる。頂点としての東京は不変のまま、垂直的な結合関係だけが他地域にシフトすることになりかねない。トヨタ自動車が、東北地域の生産拠点を再編して、トヨタ自動車東日本㈱を創設し、自動車部品の製造を担う企業を育成しようとしている。これは、地域内でのハブ企業の育成と横連携の強化につながる動きであるといえる。さらに、九州の半導体産業にみられたように、地場企業からの新規参入が進めば、現在みられるような地場産業の小規模ネットワークと、機械等の大規模ネットワークの間の架橋が進むものと期待できる。

今一つの拡張の軸は、東京を経由しない海外も含めた他地域とのネットワークの形成である。それが実現できれば、地域の自立性確保につながるほか、世界の情勢に関する質の高い情報・知識が地域に直接入るようになることによって、変化への対応力も高められると考えられる。さらに、広範な遠距離交流を通じて、各社が保有する独自技術（地域からみれば「地域資源」）を、新たな分野において、より活発に展開することもできるようになるであろう。これについては、従来の地域クラスター政策の枠を逸脱するものであり、新たな発想と手法にもとづく政策導入が必要となってくる。ＯＥＣＤにおいては、国際的な地域間協力を深化させ、各地域が得意分野・技術により特化することによって生産性を引き上げることができるのではないかとの議論（〝Smart Specialization〟）が行われつつあるが、この議論とも関係が深く、参考となろう。

以上のような政策投入により、東北地域の復興が加速すること、さらに、過去からの企業立地の蓄積（産業集積）を基盤としつつも、新たな成長に向けて、その構造を変革していくことを期待したい。

【注】

（1）比較を行った一八地域は次のとおりである。括弧内は対象業種である。大阪（電気・機械）、中京（電気・機械）、近畿（製薬・医療）、広島・岡山（化学）、北部九州（半導体）、福岡（環境）、北海道（医療・食品）、長野（電気・機械）、新潟（金属加工）、札幌（医療・食品）、富山（製薬）、札幌（ＩＴ）、京都（電気・機械）、浜松（輸送機械・光産業）、福岡（医療機器）、青森（食品）、山形（電気・機械）、沖縄（食品・観光）

【参考文献】

岩本由輝『東北開発百二十年（増補版）』、刀水書房、二〇〇九年

岡田知弘『日本資本主義と農村開発』法律文化社、六五頁、一九八九年

坂田一郎・柴田尚樹・小島拓也・梶川裕矢・松島克守「地域経済圏の成長にとって最適な地域ネットワークとは――スモールワールド・ネットワークの視点による四地域クラスターの比較分析」（『一橋ビジネスレヴュー 五三（三）』一八二―一九五頁、東洋経済新報社、二〇〇五年）

坂田一郎「ネットワーク分析を用いた地域クラスターの実証研究」（『慶應経営論集 二八（一）』五九―八二頁、慶應経営管理学会、二〇一一年）

坂田一郎「東日本大震災からの復興におけるネットワークの重要性」（『東京大学政策ビジョン研究センター・コラム』二〇一一）http://pari.u-tokyo.ac.jp/column/column三七.html

坂田一郎・梶川裕矢「ネットワークを通して見る地域の経済構造――スモールワールドの発見」（『一橋ビジネスレヴュー 五六（五）』六六―七九頁、東洋経済新報社、二〇〇九年）

松島克守・坂田一郎・濱本正明『クラスター形成による地域新生のデザイン』、東大総研、二〇〇五年

松島克守・坂田一郎・梶川裕矢・武田善行『地域新生のデザイン二』、俯瞰工学研究所、二〇一二年

復興推進委員会「新しい東北の創造に向けて（中間とりまとめ）」、二〇一三年 http://www.reconstruction.go.jp/topics/000813.html

Kajikawa, Y., J. Mori and I. Sakata, "Identifying and bridging the network in a regional cluster", *Technological Forecasting and Social Change* 79（2012）252-262

Kajikawa, Y., Y. Takeda, I. Sakata and K. Matsushima, "Multiscale analysis of interfirm networks in regional clusters",

Technovation 30（2010）168-180

Mori, J. and Y. Kajikawa, H. Kashima and I. Sakata, "Machine learning approach for finding business partners and building reciprocal relationships", *Expert Systems with Applications* 39（2012）1040-1047

Takeda, Y., Y. Kajikawa, I. Sakata, and K. Matsushima, "An analysis of geographical agglomeration and modularized industrial networks in a regional cluster: A case study at Yamagata prefecture in Japan", *Technovation* 28（2008）531-539

第五章　釜石地域における「開発」と希望の再生——希望学・釜石調査を中心に

中村尚史

はじめに

東北地方における「開発」の系譜を考える場合、①一九世紀末から高度経済成長期までの政策的な東北「開発」と、②一九八〇年代以降の多国籍製造業の立地との関係性が大きな課題となる。特に①が、どのような形で②の内的条件となったのかという問題は、②自体の歴史的性格を考えるうえでも、重要な論点となりうる。本書の多くの論考は、この問題に、中央（＝東京）と東北との従属／支配という視点から答えることを課題としている。

これに対して本章は、こうした議論の枠組みに収まりきれない、独自の発展を遂げた工業地域に注目する。②とは別の論理で①の時代から製造業立地が展開してきたもう一つの東北、それが岩手県釜石地域である。幕末にはじまる製鉄業の発展によって、戦前から戦後初期にかけて自立的な成長を遂げた釜石は、少なくともその時点では「開発」政策の埒外にあった。しかし、高度経済成長期以降に進行した釜石製鉄所縮小の過程で、釜石は成長の原動力を失い、東北内陸部で②の動きがはじまった一九八〇年代に塗炭の苦しみを味わうことになった。その結果、一九九〇年代末から二〇〇〇年代にかけての釜石では、急速に展開する内陸部の工業化へのキャッチアップが、大きな政策的課題になる。それは、釜石にとって遅れてきた「開発」の時代であった。そしてさらに、二〇一一年三月一一日の東日本大震災による津波被害によって、釜石は新たな東北「開発」の中心的な対象地域になる。このように釜石は、①の時代の自立的工業化と、②の時代における政策的「開発」という、内陸部とは逆の軌跡をたどってきた。それは、東北地方における「開発」の系譜が、必ずしも単線的ではなかったことを示唆している。

本章は、二〇〇六―八年度に岩手県釜石市で実施された東京大学社会科学研究所の総合地域調査（希望学・釜石調査）の成果を用いて、二〇〇〇年代の釜石地域における社会・経済の実相を明らかにする。そのうえで、震災直前の釜石地域における地域再生の動きを、「希望」をキーワードとして考えることにしたい。

一．課題発見型の総合地域調査[1]

釜石地域は日本では数少ない産業革命以前からの重工業地域であり、また企業城下町の形成から崩壊、そして再生にいたる全過程を経験したという点でも貴重な研究対象である。そのため、一九五〇年代以来、度々大規模な地域調査の対象となってきた。

釜石地域における最初の総合地域調査は、一九五八年の東北大学社会学研究室（代表・新明正道）によるものである。この調査は、釜石地域における政治、経済、社会階層・集団といった三つの構造の相互連関を、アンケート（面接）調査によって明らかにした[2]。この調査の課題と方法は、以後、その中心的なメンバーの一人であった田野崎昭夫によって引き継がれる。そして一九五八年調査で把握された釜石市の社会構造が、その後の急激な産業構造変化のなかでどのような変容を遂げたのか、という問題意識にもとづき、一九七八年、九八年とそれぞれ前回の面接調査回答者に対する面接パネル調査を行った[3]。新明―田野崎グループの調査は、釜石地域の長期的な社会構造変化を、一貫した社会学的問題意識のもとで追跡してきた点で他に類を見ない総合地域調査である。

次に福島大学グループによって、社会科学分野における学際的な総合地域調査が実施された（一九八〇―八二年）。一九七九年に釜石市が特定不況地域に指定されたことを受けて、一九八〇年、福島大学では経済学、法学、社会学といった分野の研究者たちが、釜石地域の現状分析を行うための研究プロジェクトを立ち上げた。その調査項目をみると、地域社会、地域産業・経済、地域政策・財政、労働運動、行政と法、地方政治となっている。このうち新明―田野崎調査になく、福島大学調査で新たに加わった調査項目は、労働関係と法学関係の調査である[4]。福島大学グループの調査は、企業城下町の崩壊過程という未曽有の時期に遭遇したこともあり、一九八〇年代初頭の釜石における「製鉄所合理化の社会的影響」を、幅広い視点から浮かび上がらせることになった。

新明―田野崎グループと福島大学グループという二つの先行研究をふまえて、我々は二〇〇五年・一一月、法学、政治学、経済学、歴史学、社会学といった諸社会科学の研究者が参加する総合的な地域調査である希望学・釜石調査を立ち上げた。この調査は、「希望の社会科学的研究」（通称・希望学、研究代表・玄田有史）という東京大学社会科学研究所の全所的プロジェクト研究の一環として企画された。そして二〇〇六年一月の現地視察と関係各位への協力依頼を経て、二〇〇六年度から本格的な現地調査に取りかかった。本調査では、多様な研究分野の研究者が、各自の調査方法を用いて、同一の対象地域における「希望のあり方」を分析し、希望の社会的位相の歴史と現在を探ろうとした。その際、①中核事業体（新日本製鐵釜石製鉄所）の長期的な減量経営の過程における社会諸階層の「希望の変化」をさぐる、②ポスト企業城下町における地域社会・経済の現状と課題を「新たな希望の萌芽」に注目しながら多面的に考察する、という二つの共通目標を設定し、社会科学諸分野における学際的な調査・研究を目指した。

希望学・釜石調査で我々は、釜石地域における「希望の社会的位相」の歴史と現状をさぐるという共通の問題関心を前提としつつ、対象の同一性と調査・研究手法の多様性を生かした調査を心がけた。そのため個々の研究者の調査手法はそれぞれ異なっている。しかし今回の調査で我々は、地域における希望の位相を探るため、とにかく現場の声を「聴く」という点に拘った。その姿勢は参加者全員に共通していたといえる。さらに個々の調査を、単独の歴史・現状調査ではなく、それぞれ全国的な調査研究の一環として行うことで、全国動向との比較が可能になるよう努めた。それは今回の釜石調査が先に仮説をもち、それを実証するために行った仮説検証型ではなく、希望を社会科学的に考察するための仮説自体の構築を目指した、課題発見型の総合地域調査であったからである。

希望学・釜石調査が、課題発見型の総合地域調査となった背景には、キーワードとなる「希望」の存在が、調査対象の構造自体を変革し得る可能性があるため、[5]従来の研究が採用してきた静態的な構造分析という方法を採用することができなかったという事情があった。なおここでは、キーワードである希望を、「希望とは具体的な何かを行動によって実現しようとする願望である」と定義している。[6]希望に注目することで、我々は釜石における地域再生のあゆみを、過去、現在、そして未来へという時間軸で、動態的にとらえることが可能になった。また過去から現在、そして未来へと、変化し続ける希望を動態的にとらえようとすると、調査者は被調査者の主観的な側面にまで踏み込む必要がある。そのため我々は地域の人々との真摯な対話を積み重ね、時として彼らに寄り添いながら、ともに問題を発見することにつとめた。結果として、こうした調査者と被調査者の協働による地域調査である点が、希望学・釜石調査の最大の特徴となった。

地域の希望を正確にとらえるためには、地域社会・経済の厳密な現状把握が不可欠であり、個々の研究者は多くの労力をそれに費やしている。現状分析の結果を正確に記録することは、新明調査以来の釜石調査の伝統を継承し、新たな総合地域調査の出発点を構築するためにも必要である。しかし我々は単にそれに留まることなく、個々の調査を進めるに際して、当該分野における希望再生にむけて何が必要か、という問題意識を絡めることにした。それは社会・経済の収縮が進行している地域で、その収縮を受け入れながらも、今後、どのような地域活性化が展望できるのかという問題に関する仮説構築を目指すためであった。この点が企業城下町の盛衰を跡づけることを目的とした従来の釜石研究との最大の相違点である。

希望学・釜石調査では、一三の調査グループを以下の五つの班に編成し、二〇〇六年七月と九月の二回にわたる現地調査と、アンケート調査を実施した。

新日鐵釜石製鉄所調査班…技能伝承調査、製鉄所ＯＢ調査、製鉄所関係史料調査
歴史文化研究班…政治思想調査、地域文化調査
地方政治調査班…市議会調査
社会調査班…高校同窓会調査、法意識（司法過疎）調査
地域振興政策調査班…地域企業調査、漁業経済調査、「行政と市民」調査、環境政策調査、スポーツ振興政策調査

二〇〇六年七月一七―二〇日に行った第一次現地調査には、一五人の研究者が参加し、アンケート調査のための交渉やインタヴュー対象者の選定、座談会、史料所在調査といったさまざまな予備調査を行った。また同年九月二四日―三〇日に行った第二次現地調査には、二六人の研究者と六人のアシスタントが参加して、集中的にインタヴュー調査や文書調査、アンケート調査の準備を行った。現地調査では、オーラル・ヒストリーの手法を含むインタヴュー調査を重視し、本調査（第二次調査）の際には、のべ一三六人という多くの方へのインタヴューを実施した。さらに各調査グループでは、二〇〇七―八年に現地での追加的なインタヴュー調査やアンケート調査（高校同窓会調査、司法過疎調査、住民意識調査）を行い、釜石地域の社会・政治・経済の現状把握に努めた。

希望学・釜石調査の成果は、東大社研・玄田有史・中村尚史編『希望学２　希望の再生』（東京大学

出版会、二〇〇九年）、同編『希望学3 希望をつなぐ』（東京大学出版会、二〇〇九年）に結実し、さらに東京大学社会科学研究所の希望学ディスカッション・ペーパーや研究シリーズとしても刊行されている。本章では、これらの成果を総括しつつ、釜石の歴史と、二〇〇〇年代の社会・経済状況、そして地域再生への取り組みのあり方を検討してみたい。

二．釜石の来歴

まず簡単に釜石地域の概要をみておこう。地図（図1）が示すように釜石市は岩手県の三陸沿岸に位置し、日本における近代製鉄発祥の地として有名である。

大島高任が幕末に釜石鉱山の磁鉄鉱を用いて、日本で初めての洋式高炉での出銑に成功して以降、釜石製鉄所は工部省、田中鉱山、三井鉱山、日本製鉄、富士製鉄、新日鐵と経営主体を変えつつも、釜石の地で操業を続けてきた。

図1　釜石市の概念図
出典：中村作成。

この間、釜石の町は釜石製鉄所の企業城下町として、最盛期である一九六〇年前後には八万七五〇〇人を超える人口を誇っていた。その後、一九七〇年代後半からは、釜石製鉄所ラグビー部が全国大会七連覇を達成し、「北の鉄人」と呼ばれた。ところがこの七連覇の裏側で、製鉄所の合理化が急ピッチで進められることになる。

一九七八年からはじまる新日鐵の第一次合理化の過程で、釜石製鉄所は地域社会の強い反対を受けながらも、主力の大形工場やピーリング工場を休止する（一九八〇年）。この時期（一九八〇年）になると、釜石製鉄所本体の従業員数は最盛期の四〇%にまで減少し、協力会社まで含めても釜石市の就業者人口の二二・八%にすぎなくなった（表1）。さらに一九八二年の第二次合理化で釜石鉱山が閉山し、一九八四年に発表された第三次合理化では第二高炉の休止に追い込まれた（一九八五年）。そして一九八七年

表１　釜石市人口の推移と新日鐵釜石製鉄所・関連企業従業員数

	1955年	1960年	1965年	1970年	1975年	1980年	1985年	1990年	1995年	2000年	2005年	2010年
釜石市の人口(人)												
現住人口	81,006	87,511	82,104	72,923	68,981	65,250	60,005	52,484	49,447	46,521	42,987	39,574
同変化率		8.0%	-6.2%	-11.2%	-5.4%	-5.4%	-8.0%	-12.5%	-5.8%	-5.9%	-7.6%	-7.9%
年少人口(14歳以下)	30,812	30,514	25,102	18,868	16,751	14,797	12,290	9,085	7,298	6,111	5,229	4,436
老年人口(65歳以上)	2,684	3,012	3,505	4,087	5,077	6,354	7,569	8,729	10,568	12,297	13,411	13,772
老齢比率	3.3%	3.4%	4.3%	5.6%	7.4%	9.7%	12.6%	16.6%	21.4%	26.4%	31.2%	34.8%
就業者人口	30,251	34,546	32,920	32,394	30,621	29,354	26,690	23,850	23,605	21,422	18,954	16,900
同変化率		14.2%	-4.7%	-1.6%	-5.5%	-4.1%	-9.1%	-10.6%	-1.0%	-9.2%	-11.5%	-10.8%
対現住人口比	37.3%	39.5%	40.1%	44.4%	44.4%	45.0%	44.5%	45.4%	47.7%	46.0%	44.1%	42.7%
鉱工業従事者	10,952	11,448	10,039	8,931	7,489	6,533	5,913	4,934	5,067	4,670	3,942	3,523
同比率	36.2%	33.1%	30.5%	27.6%	24.5%	22.3%	22.2%	20.7%	21.5%	21.8%	20.8%	20.8%
新日鐵関連事業所従業員数(人)												
釜石製鉄所	7,945	8,372	6,692	5,176	4,299	3,361	2,592	1,350	1,058	217	147	223
関連企業等出向者										401	-	-
協力会社従業員	–	4,066	3,848	4,642	4,532	3,332	2,571	-	-	-	-	-

出典：前掲中村「序章　釜石で希望を考える」５頁および平成22年国勢調査（e-Stat、総務省統計局）より作成

（備考）1990年の製鉄所従業者は釜石市統計書2005よりで鉄鋼業４人以上事業所の従業者数。2000年、2005年、2010年の釜石製鉄所従業員数は新日鐵ガイド各年(電子版)より。また2010年の現住人口は2010年11月末現在の数値(釜石市ホームページ http://www.city.kamaishi.iwate.jp/ より)。

にはじまる第四次合理化で、ついに最後の第一高炉も休止となった（一九八九年）。こうして釜石製鉄所からは鉄源が消え、線材圧延設備（線材工場）のみが残された[7]。この間、表1が示すように、釜石製鉄所の従業員数は減少をつづけ、二〇〇五年にはわずか一四七人となった。この数値は、釜石市の二〇〇五年の製造業従業者数の三・九％であり、一般機械（三六・一％）、食料品（一七・四％）、電気機械（一〇・九％）、プラスチック製造業（七％）についで五位である[8]。これを鉄鋼業が全従業員数の四九・二％を占めていた一九八五年と比べると隔世の感がある。こうして二〇〇〇年代の釜石は、もはや単純に「鉄の町」とは言えなくなった。

一方、釜石はかつて、遠洋漁業の拠点としても栄えていた。ところが一九七〇年代以降、オイル・ショックや二〇〇海里体制の定着による遠洋漁業や沖合漁業の解体が進み、一九八〇年代以降は養殖漁業と沿岸漁業への縮小・再編を経験した。その結果、二〇〇五年時点における釜石市の漁業就業者数は一、一五四人であり、全就業者の六・一％である[9]。自営業就業者の中では比較的大きな雇用機会となっているとはいえ、漁業もまた基幹産業とは言えない状態である[10]。

こうした主要産業の衰退により、釜石の人口は一九六〇年前後の約九万人をピークとして、急落を続け、二〇一〇年には約四万人になった。しかも一四歳未満の若年人口が年々減少をつづけ、逆に老年人口が増加したため、急速な少子高齢化が進んでいる。一九九〇年前後にみられた年一二％という急激な人口減少は止まったものの、二〇〇〇年以降も年七％台の割合で人口が減少し続けている。その意味で、二〇〇〇年代以降の釜石は、人口構成の面では少子高齢化と人口減少に苦しむ標準的な地方都市になったといえよう[11]。

ただしここで注目したいのは、日本全体がバブル崩壊後の平成不況のただ中にあった一九九〇年代後半から二〇〇〇年代にかけて、釜石の製造業出荷額が増加に転じた点である。図2からわかるように、釜石では高炉休止直後の一九九〇年を底にして、製造業出荷額（実質値）が漸増をはじめ、二〇〇五年から二〇〇八年にかけて急伸している。この間、全国的には製造業出荷額の低迷が続いていたことを考えると、釜石の復調ぶりは注目に値する。

　では一九九〇年代後半以降の釜石の製造業に、何が起きたのだろうか。表2から、その主要産業別構成をみると、一九九五年以降、機械の比重が上がりはじめ、二〇〇〇年には一旦、鉄鋼を凌駕していることがわかる。

　釜石製鉄所のリストラが進む過程で、雇用確保のため、製鉄所自身も、また釜石市も懸命に企業誘致を行った。歴史的に見れば、釜石地域

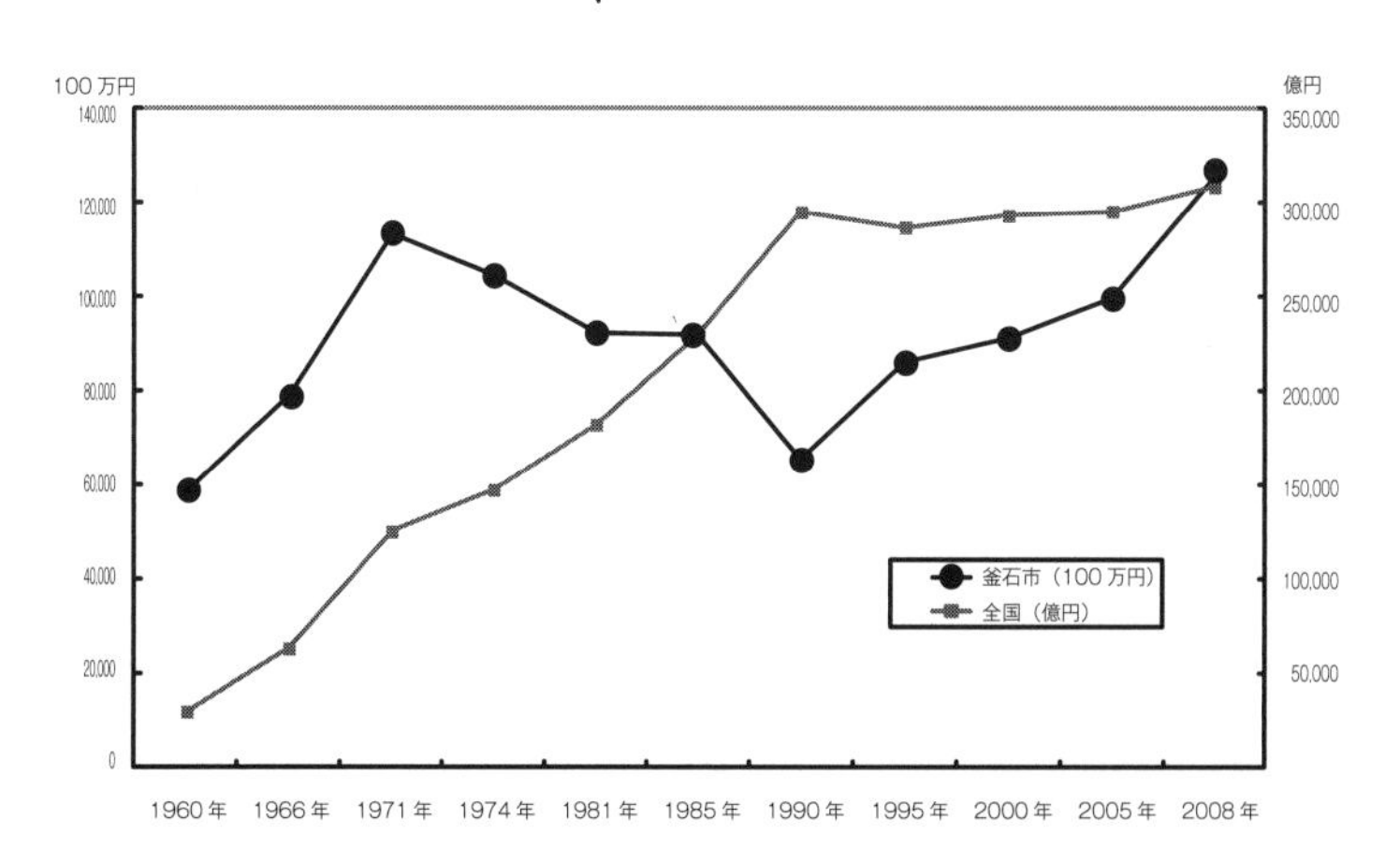

図2　釜石市製造業出荷額（企業物価指数による実質値、2005年＝100）の推移

出典：釜石市統計書2005年、同2007年、同2010年および『工業統計調査』各年（電子版）。

表２　釜石市における製造業出荷額の主要産業別構成

		食料品	鉄鋼	金属製品	機械	その他	総計
1960年	金額（百万円）	1,533	27,643	25	58	681	29,941
	構成比	5.1%	92.3%	0.1%	0.2%	2.3%	100.0%
1974年	金額（百万円）	8,861	73,128	495	482	7,308	90,275
	構成比	9.8%	81.0%	0.5%	0.5%	8.1%	100.0%
1981年	金額（百万円）	15,668	77,143	708	277	15,075	108,870
	構成比	14.4%	70.9%	0.7%	0.3%	13.8%	100.0%
1990年	金額（百万円）	15,706	37,267	1,803	874	16,979	72,629
	構成比	21.6%	51.3%	2.5%	1.2%	23.4%	100.0%
1995年	金額（百万円）	14,710	29,438	4,229	22,481	21,037	91,895
	構成比	16.0%	32.0%	4.6%	24.5%	22.9%	100.0%
2000年	金額（百万円）	9,349	24,348	5,273	33,780	20,769	93,519
	構成比	10.0%	26.0%	5.6%	36.1%	22.2%	100.0%
2003年	金額（百万円）	7,032	30,408	8,532	27,126	14,207	87,305
	構成比	8.1%	34.8%	9.8%	31.1%	16.3%	100.0%
2005年	金額（百万円）	7,739	47,422	244	30,620	13,731	99,757
	構成比	7.8%	47.5%	0.2%	30.7%	13.8%	100.0%
2008年	金額（百万円）	8,612	72,832	315	33,713	21,218	136,690
	構成比	6.3%	53.3%	0.2%	24.7%	15.5%	100.0%

出典：釜石市統計書2005年、同2007年、同2010年
（備考）４人以上事業所が対象。なお産業分野によっては数値を秘匿する事業所があるため総計は必ずしも100%にならない。

は企業城下町的な外見を纏いつつも、地域社会と中核企業が依存と反発の両面を内包した複雑な関係を維持してきた。特に一九六〇年代後半にはじまった製鉄所合理化の過程では、行政と企業との間に強い緊張関係が存在した。しかしながら高炉廃止以後、製鉄所が急速に縮小していく過程で、釜石市と新日鐵は協力して多種多様な企業・事業所を誘致し、また新規事業を立ち上げてきた。

釜石市と新日鐵は一九七三年以降、二六社の誘致に成功し、このうち一三社が二〇〇六年八月現在、釜石市で操業を続けていた。これら誘致企業の二〇〇六年時点での従業員数は約二、〇〇〇人であり、これは高炉全廃直前の一九八八年における新日鐵釜石製鉄所の従業員数に匹敵している。その意味で雇用の維持を主目的とした誘致活動は一定程度、成功したといえる。さらにこの過程でいくつかの優良企業が釜石に定着した。その代表例が精密機械メーカーの㈱ＳＭＣであり、釜石で

一、〇〇〇人規模の工場を構え、機械分野における製品出荷額の急増に大きく寄与している。
一方、鉄鋼の復活も見逃せない。ピーク時（一九六〇年）に釜石の製造業出荷額の九〇％を超えていた鉄鋼は、高炉が止まった一九八九年を境にその比重を大きく減少させ、二〇〇〇年には同二六％にまで落ち込んだ。しかしその後、スチールコードに代表される高付加価値製品の売れ行きが好調になり、出荷額構成比を盛り返し始めた。特に二〇〇五年以降、その伸びは顕著になり、二〇〇八年には五三・三％と、再び釜石の製造業出荷額の半分以上を占めるにいたった（表2）。この過程で、二〇〇〇年代前半に一五〇人を切っていた製鉄所従業員数も増加に転じ、二〇一〇年現在では二二三人にまで回復している（表1）。

ただし、リーマン・ショック以降、世界的な不況が深刻化する中で、二〇〇九年には釜石の製造業も大きな落ち込みを余儀なくされた。二〇〇八年に実質値で一二五七億五千万円に達した釜石の製造業出荷額は、二〇〇九年の速報（実質値）では八七五億四千万円へと一二・二％も減少している[12]。そして二〇一一年三月一一日の東日本大震災による津波被害によって、釜石をめぐる経済状況は、再び大きく変化することになる。

三．地域再生への道——社会・経済分野を中心に[13]

次に希望学・釜石調査の成果を、その調査報告書である東大社研・玄田・中村編、前掲『希望学２　希望の再生』と、同『希望学３　希望をつなぐ』を用いて紹介し、二〇〇〇年代における釜石の地域再生のあり方について、「希望」をキーワードとして考えてみたい。

釜石の希望を歴史的に考えた場合、在来的要素と外来的要素を、外部性をもつ主体がつなぐことで、地域内外にネットワークを構築し、目的を完遂するという成功体験が注目できる。三閉伊一揆、大島高任の日本式高炉、釜石鉱山争議、田中製鉄所のコークス製銑、戦災からの復興などがその事例である[14]。そしてこのような行動様式の背景には、幕末以来、百年以上にわたり釜石で培われてきた開放的なローカル・アイデンティティがあった。

釜石がもつ開かれたローカル・アイデンティティの重要性に着目した先駆者として、一九五〇年代から六〇年代にかけて釜石市長をつとめた鈴木東民が挙げられる。東民は、釜石製鉄所が全盛を極めていた時代に、あえて製鉄業とは異なる民衆運動や漁民の歴史と自然環境の重要性を強調し、①中央政府や企業に対する独立心と世界への結びつき、②脱産業化と環境への配慮、③多様な住民の意思を反映した自己決定の文化を軸とする「開かれたローカル・アイデンティティ」の再構築を唱えた[15]。こうした思想的営みの存在は、釜石市を企業に従属するだけの単なる企業城下町ではなく、多様な価値観と独立心をもつ都市に育て上げた。そしてその伝統が、製鉄所の縮小と企業城下町的な産業集積の崩壊後における地域コミュニティの荒廃を食い止め、釜石が人口四万人の都市として存続することに寄与したのである。

一方、高炉休止にもかかわらず釜石製鉄所が残り、現在も工業生産額の面で釜石の地域経済に貢献していることの意味も、再評価する必要がある。製鉄所の合理化=縮小の衝撃を緩和し、そこで働く労働者と地域社会の暮らしを守り、「組織の希望」を切り開くべく、全力を尽くした労使当事者たちの努力は、やはり特筆すべきである。釜石製鉄所縮小の最初の契機となった東海転出（一九六四―七〇年）に際しては、多くの労働者が、釜石地域に対する愛着（=配転への否定的な感情）と、新しい仕事や昇進への期待（=配転への前向きな感情）の間で悩みながらも、最終的には愛着ある釜石製鉄所を残すため、という心意気で遠い愛知に旅立っていった[16]。こうした釜石を出て行った人々の釜石への熱い思いは、後述する高校同窓会調査の結果とも共通する。現在の釜石は、釜石に残った人々だけでなく、釜石から出て行った人々によっても支えられている。

釜石に残った人々もまた、釜石製鉄所を残すために努力を惜しまなかった。製鉄所の技術者たちは、釜石にしか作れない新しい技術・製品がなければ製鉄所がつぶされてしまうという強い思いのもとで、寝食を忘れて製品開発に挑み、現在の釜石製鉄所の主力製品であるスチールコードの開発に成功する[17]。さらに高炉休止の前後には、新日鐵の事業開発推進部（一九八七―九七年）が、製鉄所の合理化=縮小によって生じた一、〇〇〇人を超える従業員を、さまざまな新規事業、子会社、関連会社、誘致企業、他の事業所で吸収し、とにかく雇用を確保した。これも製鉄所縮小の地域経済に与えるショックを最小限に食い止めた点で、重要であった。市役所と新日鐵の努力により、一九八七年以降、釜石市では企業誘致が急ピッチで進むが、その決め手となったのは、①新日鐵保有の工場用地、②新日鐵の技術力、③深夜業を厭わず、モノ作りに真面目に取り組む良質な労働者という三つの要素であった。いずれも製鉄業の長い歴史の中で培われた遺産であり、この点についても釜石製鉄所の存在の大きさに改めて注目すべきであろう[18]。

二〇〇〇年代前半の釜石は、雇用面では依然として厳しい状況にあった。当該期における釜石市の事業所減少率と従業者数減少率は、いずれも岩手県内全市のなかで最大であり、釜石市の有効求人倍率は二〇〇二―五年の景気回復過程においても、低迷から抜け出せていない。商業事業規模もまた縮小傾向にあった[19]。しかし、衰退ないし停滞するイメージが強い釜石の中で、「一筋の光」は二〇〇五年以降における製造業の再生である。

一九九〇年代以降、釜石では、誘致企業の稼働により従来の鉄鋼業に特化した産業構造から、機械工業などいくつかの業種からなる多元的な産業構造への変化が進行してきた。そして二〇〇〇年代半ばになると工業製品出荷額（実質値）が上昇に転じ、製造業には再生の兆しがみえはじめた。また数は限られているが、元気な地元企業も育ちつつある。元気な地元企業は、①釜石地域以外の人々とのつながり（＝ネットワーク）を積極的につくろうとしている、②ビジネス・チャンスに対して、多少のリスクを冒してでも、積極的に挑戦する姿勢をもっている、③困難を乗り越えようとする姿勢がある、④技術を他者から積極的に学ぼうとしているといった共通点を持っている。こうした地元企業の成長には、情報提供の面でサポートしてきた岩手県釜石地方振興局、岩手県工業技術センターの貢献も大きい[20]。

以上のように二〇〇〇年代末には再生の兆しがみえていた釜石の製造業であるが、その本格的な再生のためには、解決すべき課題がいくつか残されていた。なかでも、誘致企業と地元企業の間でのネットワークの不在が、釜石地域経済の機会損失につながった可能性がある点は、看過できない。地域内での企業間ネットワーク形成にむけて、地元企業には誘致企業との取引に応じることができる技術・コスト水準の達成が求められている[21]。また二〇〇〇年代半ば以降の工業製品出荷額上昇の一つの推進力となった釜石製鉄所では、二〇〇〇年代後半には熟練労働者の世代交代にともなう技能継承が重要な課題になっていた。これらの課題を解決するためには、挑戦的な地元企業経営者の育成とともに、若い次世代のネットワークの創出とその活用が不可欠である[22]。

ところで、この間の釜石では、外部から与えられた見栄えのいい将来構想ではなく、身の丈にあった質実な将来構想（=「開発」政策）を、試行錯誤しながら、自分たちで作り上げてきた。その代表が市役所と地元企業のネットワークから生まれたエコタウン・プランである。現在、それが実を結び、釜石においてリサイクル関連事業の束が形成されつつある。エコタウン・プランの中心的な担い手となったのは、官民双方の若手（当時、四〇歳前後）のネットワークであった[23]。若い世代の活力が、地域の将来構想（=希望）の構築のためには不可欠であり、その希望の共有が地域再生の一つの突破口であることを、この事例は示している。

製造業とならび釜石のもう一つの重要産業である漁業もまた、水揚高の減少、水産工業の存立基盤の圧縮、漁業就業者数の緩やかな減少傾向と中心的な担い手の高齢化といった問題を抱えている。その一方で、釜石では、漁業者個々人の意欲の源泉としての希望と、それを集落・地域の共同性の枠内で安定的に制御するための自制の論理が、ともにしっかりと根を張っている。漁業者間では世代ごとに異なった志向がもたれているが、それらが相互にぶつかりあうのではなく、漁場をともに利用し、市場に共同して向かい合う者同士として、地域的なまとまりをもった職能集団が維持されている。自然環境（=漁場）を荒らさずに、漁業の持続可能性を担保するためには、こうした個々人の希望と地域の希望の調和が求められる。釜石では、この二つの希望が、自覚的というよりも、むしろ自然=漁場と集落内の漁業者総体との関係の素直な帰結として、調和を保ってきた[24]。釜石の漁業をめぐる客観的な情勢が急激に改善されることは期待できない。しかし釜石における漁業者の世代に応じた希望のもち方と、その希望を支える地域共同体の維持・再生産は、それ自体が緩やかに収縮する地域社会における一つの希望である。我々はそこに、個人の希望と社会の希望という、時として対立する二つの希望をつなぐための、ヒントを見出すことができる。

一方、政策的「開発」との関係では、二〇〇〇年代の釜石市で急速に社会資本整備が進んだ点が見逃せない。その筆頭は釜石港の整備である。釜石港はこれまでも、天然の良港であることに加え、新日鐵関連の荷役を通して歴史的に形成された労働慣行により、二四時間三六五日荷役体制が可能であった。その上、二〇〇七年に湾口防波堤が完成して港湾の安全性が著しく向上し、さらに公共バースも従来の一つから三つに拡張された。また二〇〇八年には高規格自動車道である仙人峠道路が開通し、機械工業の集積をもつ北上川流域との連絡が容易になりつつある。三陸縦貫自動車道も建設が進んでいる。それらは釜石にとって「希望の萌芽」であり、二〇一一年三月一一日の東日本大震災に際しては津波軽減やライフラインをつなぐ「命綱」にもなった。

現在の釜石市が、①高齢化の急速な進行と、それにともなう高齢単身世帯の比率の上昇、②雇用環境の厳しさにともなう経済的なリスクの高さと、女性が多くを占める非正規雇用の不安定性、③財政難による行政サービスおよび社会福祉の低下（釜石市民病院廃止など）といった、市民生活を脅かしかねないさまざまな社会的なリスクを抱えていることは否定できない。しかし釜石の市民も行政も、こうしたさまざまなリスクに立ち向かっている。

釜石の人々の日常的なトラブル経験と、それに対処する行動を素材として、市民の日常生活における希望のあり方を探ってみると、トラブルに遭遇した人々は家族・近隣・友人のネットワークに支えられて「希望」をつないでいることが判明した。市民アンケート調査によると、紛争当事者は親しい人々が自分の主張や立場を理解してくれることで、トラブルの行方について、明るい見通しや立ち直りのきっかけ（=希望）を見出している。その一方で、警察、行政機関、民間団体、法律家といった相談機関・専門家間のネットワークは不足している。つまり釜石では、公的ないし社会的なネットワークの不足を、私的ないし個人的なネットワークが補い、市民生活を支えているといえよう。今後は、家族・近隣・友人のネットワークに、専門機関・専門家のネットワークが重畳することで、より効果的なセーフティー・ネットを地域の中に構築することが望まれる[25]。

行政とならび、釜石における地域社会の担い手として期待されるのが、さまざまな住民活動である。釜石市は、市内各地区に生活応援センターを設置し、保健・医療・福祉・生涯学習の各サービスを総合的に提供する「地域生活応援システム」を始動する一方で、その活動を支える主体として地域住民への期待を強めている。ところが、住民活動の中心となる町内会、ボランティア団体やＮＰＯ法人は、岩手県下各地と比較して量的に少なく、また活動もあまり活発ではない。また担い手の高齢化や、住民自らが活動し、団体を運営してきた経験の不足という問題点も抱えている。しかしここにもいくつかの「希望の種子」は存在する。ＮＰＯなど住民の手による自主的な活動が起こりつつあり、行政も生活応援センターなどを通じて市民との連携を本格化している。一方、残る経験不足については、ＮＰＯやボランティア団体の活動経験が豊富な人物を、外部から釜石に呼び込む工夫が必要になる[26]。住民活動を地域内だけで完結するのではなく、積極的に外部とのネットワークを構築することが、問題解決のための一つの突破口になるかもしれない。

希望学・釜石調査の目玉の一つは、「釜石出身の方々の生活と意識に関するアンケート調査」(高校同窓会調査)という高校卒業後のライフコースについての包括的な調査を、当時、釜石市に所在したすべての高等学校(釜石南、釜石北、釜石工業、釜石商業)の卒業生を対象に実施した点にある。[27] そこで以下、この画期的な調査からみえてきた釜石市民ないし釜石出身者の意識と行動を、「地域の希望」との関係に注目しながら検討してみたい。

まず注目したいのは、「釜石を離れる」ことや、「釜石に戻る」ことが、地域の希望とどのように関係しているかという点である。東海転出から高炉休止にいたる釜石製鉄所の急速な縮小の過程において、釜石では、地元を離れていく個々の若者の希望を後押しすることが、市内を失業者で溢れさせないという意味で、地域の希望と一致していた。ところが一九九〇年代に入り、釜石製鉄所合理化が終了すると、若い世代を中心に釜石に留まる、ないし戻る人が増え、釜石市人口の社会減が収まってきた。特に一九六五―七七年生まれの世代では、釜石に残る若者や、一度出てもUターンしてくる若者が大幅に増えている。そのため釜石では、戻ってくる若者を受け入れるという形で、若者の希望と地域の希望が重なる余地が生じているのである。ただしこの可能性を、実現するためには、若者の職場が創出される必要がある。また戻ってきた若者の受け皿として、若者同士のネットワーク形成が急務である。[28]

Uターンによって釜石に戻ってきた人々は、希望を実現できるという予測、希望の実現に向けた具体的な行動、そのための協力者の有無についての数値が、釜石から出ていない人よりも高く、釜石外にいる人に近い。その理由の一つは、彼らが地域外部とのネットワークをもつ点に求められ、Uターン者の存在が、地域内外をつなぐ架け橋になることも期待されている。一方、他出していく若者にとって、釜石の存在が地域外で活動する場合の一種のセーフティー・ネットである点にも注目すべきである。Uターンの誘因として親と持家の存在が大きい点も、帰るところとしての釜石という、セーフティー・ネット機能の存在を示唆している[29]。

さらに性別による異同に着目してみると、釜石では男性よりも女性の方が、顕著に高い割合で地域の将来に対する希望を持っている点が注目できる。また地域の中におけるネットワークを形成する際にも、中心的な地域活動の担い手である女性の行動が鍵を握っている。その一方で、釜石では女性が家庭を支えるという役割分業意識が根強く残存し、雇用面でも女性は不安定な非正規労働に従事する場合が多い。こうした厳しい現実を克服しつつ、女性や若者といった従来、疎外されてきた人々を、地方政治や市民運動に積極的に巻き込むことが、地域の希望を生み出す原動力になる[30]。

また同窓会調査から、地域への誇りと個人の希望との間には、密接な関係があることが明確になった。希望の実現に向けて自ら行動し、支援を得ている釜石出身者ほど、釜石に誇りを感じている。「地域への誇り」の内容は、さまざまである。上の世代（一九三五―五四年生）は「鉄」への誇りを、その次の世代（一九五五―六四年生）は「ラグビー」への誇りを、若い世代（一九六五―七七年生）は「自然」への誇りを語る傾向が強い。さらに地域内外をつなぐ緩やかな連携が、釜石に対する誇りにプラスの作用をもたらすことも判明した。希望を支える要因として、収入、教育などの他、地域を越えた人々の適度な交流が重要であるといえよう。[31]

おわりに

以上、本章では、東京大学社会科学研究所が二〇〇六―八年度に実施した希望学・釜石調査の研究成果に依拠しつつ、二〇〇〇年代の釜石地域における地域再生にむけての取り組みを検討してきた。その結果、①地域内外でのネットワーク形成、②希望（＝将来構想）の共有、③ローカル・アイデンティティの再構築の三つが、地域の再生にとって重要な要素であり、この三要素を実現するためには「対話」が不可欠であるという仮説が浮かび上がってきた。そこで最後に、この仮説のうち、特に①を中心に釜石における地域再生の課題を指摘し、その解決にむけた問題提起を行うことで、むすびにかえたい。

二〇〇七年三月に、希望学プロジェクトが釜石市で開催した公開シンポジウムにおいて、橘川武郎は「釜石に希望はある、でももっとあるはずだ」と語った。個々のキープレーヤーが、あまりにも英雄的に行動し、それぞれが各々成果をあげているために、お互いにかかわりあう必然性が小さく、つながりが十分でない。また人口五万人未満の釜石市の範囲内でネットワークを完結させることは、さまざまな資源の不足をもたらすという意味で無理がある。つまり釜石では、地域内外のネットワーク形成が不十分なため、機会損失が生じている可能性が高い。さらに釜石のネットワークが有効に機能するためには、ネットワークの範囲をより広域に拡大して、釜石の内部では不足する要素を取り込んでいく必要がある。[32] そして有効なネットワークを形成するためには、個々の主体の希望をつなぎ、地域外部とのつながりを大切にすることが求められる。希望をつなぐために必要になるのが、やはり対話である。ネットワーク形成の前提となる主体間の相互認識は、対話の積み重ねによって深められる。また地域外部とのつながりは、単に不足する要素の補填のためだけでなく、外からの視点によって地域の人々が気付かない、釜石のメリットとデメリットを照射するという意味でも重要である。そのためには、地域外とのネットワークをもつ外部の人材の積極的な呼び込みが必要になる。このように地域内外でのネットワーク形成は、地域における希望の実現の重要な基盤となるであろう。

機械工業を主軸の一つとした新しい産業構造がみえてきた二〇〇〇年代以降、釜石ではネットワークの領域を機械工業が盛んな北上地方まで拡げる必要が生じた。さらにネットワークの広域化は、製造業のみならず、観光や商業といったサービス産業の活性化のためにも不可欠である。[33] また産業構造転換の過程において、釜石では独創的な企業活動を展開する企業家たちが育った。[34] ただし彼らの多くは、地域内においてはお互いにあまり接触がなく、むしろ域外とのネットワークのなかで活動していた。[35] その意味でも、域内と域外のネットワークをつなぐこととともに、域内ネットワークの形成やネットワークの広域化が、今後の釜石における産業振興の課題となるであろう。

こうした企業間関係と同様に、釜石では地域社会の中での社会関係や諸団体間の関係においても、自律的なネットワークの形成に課題があり、そのことが行政の役割を相対的に大きくしている可能性がある。釜石製鉄所全盛期の釜石では製鉄所従業員とそれ以外の人々との間に生活水準・生活スタイルの乖離がみられ、その「住み分け」が指摘されるほどであった。こうした企業城下町的な色彩は、製鉄所縮小の過程で急速に消滅した。ところがそれに替わりうる新たな社会関係はまだみえてきていない[36]。住民意識に関する調査によると、釜石では住民のボランタリーな団体への加入が他の同規模の都市と比べて低く、紛争解決に際しても、法律の専門家や専門機関より、むしろ家族や行政に依存する傾向があるという[37]。製鉄所という巨大な事業体との関係を軸に社会関係を構築してきた釜石地域にとって、その影響力の急激な縮小は社会関係の希薄化をもたらしたのかもしれない。しかしながら、さまざまな住民ネットワークの形成とその組織化は、地域振興の担い手の創出という意味で、釜石における今後の地域活性化にとって不可欠の要素である。

社会活動や企業活動に意欲的な個々人や個別企業が分立しているなかで、行政がその組織化に腐心している状態[38]。それが震災直前における釜石地域の実相であった。

＊＊＊

二〇一一年三月一一日、三陸沖でM9の大地震が発生し、釜石地域にも一〇mを超える大津波が襲来した。二〇一一年一一月末現在における釜石市の死者・行方不明者数は一、〇六一人（対人口比二・七％）であり、となりの大槌町は一、三二二人（同上八・七％）に上っている。また住宅・建物の被害（全壊＋半壊）は、釜石市で三、六四一棟、大槌町では三、七一七棟であった。震災直前に三九、五七八人を数えた釜石市の人口は、震災後に一、六七四人減少し、三七、九〇四人になった（二〇一一年一二月末現在、釜石市ＨＰより）。新日鐵釜石製鉄所や㈱ＳＭＣといった中核企業の被害は軽微であり、比較的速やかに復旧したものの、沿岸部に立地していた水産加工業、金属加工、造船業などは壊滅的な打撃を受けた。この未曽有の大災害によって、本章で検討してきた釜石の地域再生の構図は、どのように変化するのか／しないのか。長期的な視点でこの問題を考えていくことが、私たちの次なる課題である。

【注】

（1）以下の節は二〇〇六―八年度に実施した希望学・釜石調査の成果である中村尚史「序章――釜石で希望を考える」（東大社研・玄田有史・中村尚史編『希望学2　希望の再生』東京大学出版会、二〇〇九年）、中村尚史・玄田有史「はしがき――地域の希望を考えるために」（東大社研・玄田有史・中村尚史編『希望学3　希望をつなぐ』東京大学出版会、二〇〇九年）、中村尚史「地方の希望」（『社会科学研究』第五九巻第二号、二〇〇八年）のエッセンスをまとめたものである。したがって二〇一一年三月一一日に発生した東日本大震災直前の時期の釜石地域の状況を前提としている。ただし震災直前の時期における釜石地域の現状と課題を確認しておくことは、釜石地域の今後の再興を考えるための前提として、重要な意義をもつと思われる。釜石地域の震災からの復興過程の記録と、その再生への仮説構築が、我々にとっての次の課題となる。

（2）その成果は、新明正道・田野崎昭夫・鈴木広・小山陽一・吉田裕「産業都市の構造分析」（『社会学研究』一七号、一九五九年）として刊行され、産業地域に関する代表的な社会調査の一つとして高く評価されるとともに、その後の釜石研究の出発点となった（田野崎昭夫「釜石社会の変動と『釜石調査』」中央大学社会科学研究所研究チーム「地域計画の社会学的研究」編『地域社会の変動と社会計画』二〇〇七年、八―九頁）。

（3）一九七八年調査は田野崎昭夫編『企業合理化と地方都市』東京大学出版会、一九八五年として、また一九九八年調査は中央大学社会科学研究所研究チーム「地域計画の社会学的研究」（代表・田野崎昭夫）編『地域社会の変動と社会計画』二〇〇七年として、それぞれ刊行されている。

（4）新明調査との対比で福島大学グループの方法論を論じた兼田繁は、その特徴について独占資本と地域社会の関連を主としてマルクス経済学的な視角を軸に分析することにあると述べている（兼田繁「釜石研究の課題と概要――「中間報告」をまとめるにあたって」『東北経済』七二号、一九八二年、一七頁）。なお数多く発表されている福島大学グループの研究業績については、東大社研・玄田・中村編、前掲『希望学2 希望の再生』三〇一―三〇二頁、巻末文献リストを参照。

（5）広渡清吾「希望と変革」東大社研・玄田有史・宇野重規編『希望学1 希望を語る』東京大学出版会、二〇〇九年。

（6）玄田有史・宇野重規「はしがき――『希望を語る』ということ」（東大社研・玄田有史・宇野重規編『希望学1 希望を語る』東京大学出版会、二〇〇九年）。

（7）東大社研・玄田・中村編、前掲『希望学2 希望の再生』、巻末年表。

（8）釜石市役所『二〇〇五年 釜石市統計書』二〇〇七年、表六二。

（9）同前。

（10）加瀬和俊「釜石市における漁業」『社会科学研究』第五九巻第二号、二〇〇八年。

（11）法社会学者の佐藤岩夫が全国的な調査と並行して釜石市域で行った司法過疎調査によると、釜石の状況は地方都市の平均と一致していた（佐藤岩夫「地域の法律問題と相談者ネットワーク」『社会科学研究』第五九巻第三―四号、二〇〇八年）。

（12）ただし釜石の落ち込みは、下落率一三・七％という全国的な状況に比べると軽微である（二〇一〇年『工業統計調査』）。
(13) 本節は、中村・玄田、前掲「はしがき」に依拠している。
(14) 中村尚史「記憶の源流」東大社研・玄田・中村編、前掲『希望学2 希望の再生』第一章。
(15) 宇野重規「釜石市長としての鈴木東民」東大社研・玄田・中村編、前掲『希望学2 希望の再生』第三章。
(16) 青木宏之・梅崎修・仁田道夫「組織の希望」東大社研・玄田・中村編、前掲『希望学2 希望の再生』第二章。
(17) 同前。
(18) 中村圭介「企業誘致と地場企業の自立」東大社研・玄田・中村編、前掲『希望学2 希望の再生』第四章。
(19) 橘川武郎「地域経済活性化と第三次産業の振興」東大社研・玄田・中村編、前掲『希望学2 希望の再生』第六章。
(20) 中村圭介、前掲「企業誘致と地場企業の自立」。
(21) 同前。
(22) 青木・梅崎・仁田、前掲「組織の希望」。
(23) 中村圭介、前掲「企業誘致と地場企業の自立」。
(24) 加瀬和俊「家族自営漁業における希望と自制」東大社研・玄田・中村編、前掲『希望学2 希望の再生』第五章。
(25) 佐藤岩夫「地域住民のトラブル経験と相談・支援のネットワーク」東大社研・玄田・中村編、前掲『希望学3 希望をつなぐ』第一章。
(26) 大堀研「誰が釜石市を『つくる』のか」東大社研・玄田・中村編、前掲『希望学3 希望をつなぐ』第三章。
(27) 永井暁子「同窓会調査の概要とその重要性」東大社研・玄田・中村編、前掲『希望学3 希望をつなぐ』第五章。
(28) 西野淑美「釜石市出身者の地域移動とライフコース」東大社研・玄田・中村編、前掲『希望学3 希望をつなぐ』

第六章。

(29) 石倉義博「地域からの転出と『Uターン』の背景」東大社研・玄田・中村編、前掲『希望学3 希望をつなぐ』第七章。

(30) 土田とも子「釜石の女性を取り巻く現状と課題」東大社研・玄田・中村編、前掲『希望学3 希望をつなぐ』第八章。

(31) 玄田有史「釜石出身者の誇りと希望を考える」東大社研・玄田・中村編、前掲『希望学3 希望をつなぐ』第九章。

(32) 橘川武郎「地方における希望――釜石市の経済活性化をめぐって」玄田有史・中村尚史編『釜石調査公開シンポジウム「釜石に希望はあるか」全記録』東京大学社会科学研究所研究シリーズ二五号、二〇〇七年、九七―一〇〇頁

(33) 同前。

(34) 中村圭介、前掲「企業誘致と地場企業の自立」。

(35) 辻田素子「地域産業の振興に『希望』はあるのか」『日経グローカル』二〇〇七年一月号、橘川、前掲「地方における希望」。

(36) 加藤裕子「地方都市における社会関係」中央大学社会科学研究所研究チーム「地域計画の社会学的研究」編、前掲『地域社会の変動と社会計画』。

(37) 佐藤、前掲「地域の法律問題と相談者ネットワーク」。

(38) 橘川、前掲「地方における希望」。

第六章　東北地方経済史の新視点

白木沢旭児

はじめに

東日本大震災以来、東北とは何か、を問う研究が盛んに行われるようになった。そのなかでは東北が国内では植民地の役割（原料供給地）を果たしている、という見解が多くみられる。例えば、東北経済史を研究してきた岩本由輝は樺山紘一との対談で次のように語っている。

東北はその時期（明治十年代：引用者注）、辺境とはいっても、後進地という暗いイメージよりむしろ溌剌としたフロンティアの意味合いをもたされていたわけです。ところがその後、工業化は京浜や阪神での工業地帯形成というふうに進んで、結果的には東北は食糧供給地と化し、そこから、今日イメージされるような東北になっていく。イギリスなど先進諸国が食糧生産の場を植民地として持ったのと同様に、明治政府は米の生産を東北に負わせていった。東北はいわば国内に配置された植民地だったといえる。そのイメージができあがるのが明治三十年代……。（高田・岩本・樺山・

米山 二〇〇三、一一頁）

一方では、高度成長期以降現在に至るまで続いてきた、主として南東北の工業化の進展を高く評価する見解もみられる。春季総合研究会では、各分野の第一人者による四つの報告が行われた。本章は、これら四つの報告に即して当日行ったコメントに加筆したものだが、特に東北経済史を「国内植民地」として見ることの妥当性について考察してみることにしたい。

一．「米と繭と馬の経済構造」――大瀧真俊報告をめぐって

大瀧真俊「軍馬資源政策と東北馬産――国家資本依存型産業構造の形成――」（本書第一章に改題の上収録）は、東北地方農業史に新たな歴史像を提示しようとした意欲的な報告である。

東北地方農業の歴史的特質を考えると、戦前日本農業の典型的タイプである「米と繭」をもって代表させる見方が通説である。岩本由輝は、水稲単作地帯として米の増産が進んだことと、「水稲単作の進展と並ぶような形で」山形県では桑園面積の急速な増大をみたこと、鋏状価格差が強まるなかで原料供給地として繭を供給するにいたったことを明らかにしている（岩本 一九九四、七〇―七二頁）。おそらく、岩本の研究に示されたような東北地方農業の歴史的特質は、疑う余地もないものと思われる。ところが、こうした通説的理解に対して、大瀧は、新たな東北農業像を提唱している。「米と繭」に加えて「馬」の果たした役割の大きさを主張しているのである。春季総合研究会のレジュメには「農業部門：米と繭中心」としたうえで、「この二つと比べて「馬」の産額は少ないが……次の点に注目」

「米作に対する畜力・厩肥の供給、自給経済効果を合わせると養蚕に匹敵」「養蚕：南東北・中央民間資本、馬産：北東北・国家資本、という対称性→「馬」を対象とすることで、米・養蚕とは異なる東北農業開発の様相が明らかに」とされている。大変重要で興味深い指摘であり、米と繭に加えて、とりわけ北東北については馬も視野に入れなければならない、との主張にはまったく同感である。

大瀧は、この主張の根拠として馬の産額と繭の産額とを比較している。すなわち一九二五年の東北六県の米生産額は三億四、四四二万円、繭生産額は九、一六四万円、馬産額（家畜市場における売買のみ）は六八八万円であった[1]。ただし、米と繭は自給部分（自家消費部分）をも含む生産額なので、これと比較するために馬についても自給部分（自家消費部分）を加味しなければならない。そこで大瀧は、「馬一頭から年間約二五〇円（使役一一三円、厩肥一三七円）の自家収入が得られたとされる[2]」ことを根拠に、この金額に一九二五年の東北六県の成馬頭数二九・六万頭を掛けて約七、三九三万円という数字をはじき出す。先に見た家畜市場における売買分の六八八万円と合わせると馬生産額推計値（自給部分を含む）は約八、〇八一万円に達することになり、繭生産額に匹敵する規模であったことが明らかになったわけである。

この推計方法は間違ってはいないように思われる。あえて疑問を提示すると、米生産額、繭生産額はいずれも自給部分を含むとはいえ、やはり米の過半と繭の大部分は商品化され現金収入となっていたはずである。これに対して、馬生産額は、家畜市場の売買のみで家畜商による庭先取引を含まない、という資料的制約があるにせよ、大瀧推計では八・五%という極めて低い商品化率に留まっている。北東北の馬産経営は、商品化率の極めて低い自給的性格であった、ということになるが、果たしてそうなのだろうか。言い換えると、馬産農家の経営構造はどのようなものだったのだろうか。

実は、この疑問に対する回答が大瀧の著書のなかにあるので紹介しておこう。帝国馬匹協会が一九三二年に行った農馬経済調査の結果によると、東北馬産三県の軍馬生産農家一七戸、農馬生産農家一六戸の一頭平均収入のうち現金収入に当たる産駒売却代は軍馬では二四〇・六円、農馬では八六・四円となる。ちなみに自給部分（自家消費部分）に当たる「厩肥代」、「使役労銀」は軍馬で一二六・五円、農馬で一五〇・四円となり、収入の現金比率を計算すると軍馬で六五・五％、農馬で三六・四％となり、加重平均は五四・五％となる（大瀧 二〇一三、一九六―一九八頁）。すなわち馬産の商品化率は五四・五％であり、おそらく米に匹敵する程度であった可能性がある。[3] もちろん、農馬経済調査は、サンプル数の少ない調査であり、『農家経済調査』同様、上層への偏りが想定されることと「産駒売却」は果たして毎年見込んでよいものかどうか、など資料的制約はあるものの、馬産の商品化率（現金収入）を推計する方法はまったくないわけではないようである。ともあれ「米と繭と馬の経済構造」として東北農業の歴史的性格を考え直そうとする大瀧の主張は十分傾聴に値するものと思われるのである。

東北農業を「米と繭と馬」の三つの視角からとらえ直すと、昭和農業恐慌も再検討されるべきだろう。本書第一章には「軍馬景気に賑ふ県南三郡　十八日から三日間　湯澤定期市場に開設」[4]という見出しの『秋田魁新報』記事が掲載されている。また、大瀧の著書には「買上予想拾万円　軍馬インフレ現出　歳末を控えて窮乏の農村　生色よみがへる」[5]「微笑む農民の顔　横手軍馬購買市場　きのふから大賑ひ」[6]が掲載されている（大瀧 二〇一三、一九九頁）。昭和農業恐慌のさなか、しかも東北大冷害の年も含めて軍馬景気が北東北には現出していたのである。したがって、大瀧の問題提起を受け止めることにより、「米と繭の経済構造」を前提に、水稲単作地帯、原料繭供給地としてのみ東北農業を規定するわけにはいかないこと、馬産を正当に評価することにより恐慌期・凶作期における東北農業経営の評価も変わらざるをえないものと考える。

二　出稼ぎ供給地としての東北──川内淳史報告をめぐって

川内淳史「人口問題と東北──戦時期から戦後における東北「開発」との関連で──」（本書第二章）は、過剰人口問題という一貫した視角から戦前・戦時・戦後の東北地方の位置づけを検討した報告である。報告では、昭和恐慌期には東北の過剰人口問題がクローズアップされ、その解決方法として満洲移民が提唱されるものの、これに反対し東北に豊富にある国有林野の開放を求める見解があったことを紹介し、戦時期には人口問題をめぐる東北の位置づけが人的資源の「宝庫」という見方に転換したこと、さらに戦後は過剰人口問題が再到来し京浜地方への出稼ぎの供給源となったことを鮮やかに示した。

とりわけ過剰人口問題をめぐる満洲移民推進論と東北域内開発論の対立という事実は、興味深いものがあり東北の特質を考えさせられる問題であった。川内報告では、戦後はふたたび過剰人口問題が顕在化したとして、京浜地方への出稼ぎや集団就職の太い流れをもってこれを実証していた。東北の過剰人口問題は、戦前以来長きにわたって継続した問題である。満洲移民について、表１「府県別満洲開拓団員数」によれば、相対的に東北六県は多くの移民を送出していた。ただし、満洲移民の総数それ自体は、「百万戸移民送出」のかけ声にもかかわらず、二十数万戸に留まり、これが東北過剰人

表１　府県別満洲開拓団員数

順位	府県	団員数
1位	長野県	31,264
2位	山形県	13,252
3位	宮城県	10,180
4位	熊本県	9,970
5位	福島県	9,576
6位	岐阜県	9,494
7位	新潟県	9,361
8位	高知県	9,151
9位	東京府	9,116
10位	秋田県	7,814

出典：長野県開拓自興会満洲開拓史刊行会編『長野県満洲開拓史総編』1984年、309頁。

口を解消したとは評価できないであろう。ただ、「出稼ぎ」や「集団就職」という形での社会的人口移動が戦後特有の現象であるかのようにとらえられていることには若干の疑問を感じた。東北人の出稼ぎや移民の流れは歴史的に遡ると北海道・樺太を主な対象として連綿と続いていたことを指摘しておきたい。

近世については評者の知識が乏しいので、近代以降に限定するが、例えば大正期に樺太庁が行った漁村経済調査によると、以下のようなことが判明する。樺太西海岸の野田郡野田町大字野田字浜町（一九二三年三月調査）では漁業者総戸数二六戸のうち本籍別には山形県一三戸、青森県四戸、北海道三戸、石川県三戸、秋田県一戸、富山県一戸、福井県一戸という分布であった（樺太庁内務部 一九二五、一頁）。つまり山形、青森から樺太に移住して漁業を営んでいるものが多数いたわけである。さらに、彼ら漁業者が鰊漁、鱈漁などの漁期に多数の漁夫を雇用していたが、それは「野田ニ於ケル漁業者ハ山形県庄内地方出身者多キ関係上同地方ノモノ多ク漁業者四戸ニテ漁夫三十三、四人……」（樺太庁内務部 一九二五、一二頁、句読点は補った）という状況であった。

同じく西海岸の真岡郡蘭泊村大字蘭泊字蘭泊（一九二四年三月調査）では、漁業者総戸数二二戸のうち本籍別には北海道七戸、山形県七戸、青森県三戸、福井県二戸、秋田県一戸、福島県一戸、石川県一戸という分布であった（樺太庁内務部 一九二五、八三頁）。漁期の漁夫雇い入れについては本部落漁業者ノ雇入ルル漁夫ノ地方ハ主トシテ蘭泊居住者ニシテ漁夫ヲ稼業ナスモノ多数アリ、其出生地ハ各地方ノモノアリト雖モ半数以上ハ山形県庄内地方ナリ、其他同地方ヨリ年々出稼漁夫トシテ渡来スルモノ及稀ニ北海道及秋田方面ノモノ二、三名ヲ見ルコトアルニ過キス（樺太庁内務部 一九二五、九四頁、句読点は補った）。

という状況であった。すなわち蘭泊には漁業者（経営者）二二戸に加えて「漁夫ヲ稼業ナスモノ」が多数居住しており、彼らの過半は山形県庄内地方出身であった。さらに季節的に出稼ぎとして渡来するものも同地方からが多かった、ということである。

樺太庁内務部（一九二五）を通読すると、漁業者（経営者）の本籍は北海道、東北、北陸であり、漁夫の供給源は樺太内、北海道、東北である。樺太漁業は、東北からの移民および出稼ぎをその主たる担い手として成り立っていたのである。北海道漁業についても、ほぼ同様のことが言えるだろう。これを、東北の側から見ると、戦後の京浜地方への出稼ぎ、集団就職という現象がみられる以前の時代には、北海道漁業、樺太漁業への労働力の供給という社会的な人口移動が存在したわけであり、東北地方の過剰人口問題は近代（おそらく近世に始まる）に一貫した現象だったのではないだろうか。

ところで、満洲移民に対比すると北海道・樺太移民（出稼ぎ）と京浜地方への就職・出稼ぎに共通点があることに気づかされる。出身を同じくする者による縁故渡航という形態である。最も満洲移民も分村移民は出身地を同じくする者の渡航といえるが、政策的に奨励（強制）された側面が否定できない。東北が、長い間過剰人口、余剰労働力の供給源であったこと、縁故をたよりに移動のルートが作られていたことは重要な特徴といえるだろう。

三．南東北はなぜ工業化しえたのか――山川充夫報告をめぐって

山川充夫「高度成長期における東北地方の電源・製造業立地政策」（本書第三章）は、長年にわたり東北地域経済を調査・研究してきた山川の集大成とも言える論考である。ここでは本書収録論文の以下の指摘に注目したい。

東北工業の主軸が基礎素材型から加工組立型に移行することによって何が起きてきたのであろうか。工業立地論的に言えば、それは原料因子指向から労働因子指向への転換であるが、それは東北地域における低賃金労働力の活用であった。板倉（一九八八）によれば、高度成長期において東北地域は人口一、〇〇〇人に対する工業従事者比率として測られる工業集積率は一九五五年の二三・三（全国五五・六）から六六年四六・〇（同九七・七）、七三年七三・七（同一〇五・六）へと高まったものの、全国比（一〇〇％）での労働生産性は、一九五五年七九・四％、一九六六年六五・六％、一九七三年六一・四％へと大きく低下していった（本書第三章、一〇四頁）。

川内報告が紹介した戦時期の東北開発論は、東北の未開発資源に着目しており、原料因子指向を主

とし、過剰人口に着目した労働因子指向を従とする関係がみられた。戦後、高度成長の過程で東北工業は、電気機械工業を典型とする加工組立型が増加し、工業化が果たされていった。このことが工業集積率の上昇に示されている。ところが、労働生産性は低下する一方であった。山川が先の引用文で参照していた板倉（一九八八）によると、労働生産性は付加価値生産性を用いているので、東北は工業集積が進んだ過程で付加価値額はさほど上昇しなかった（労働者数は増加した）ことが想定できる。また、これにともなって賃金水準も表2の通り、北東北はもとより工業化が進展した南東北においても全国水準からの格差は明瞭であった。

表2　工業従業者の賃金水準の地域間格差

	1970年	1980年	1990年	1993年
北東北	66.2	66.5	63.1	58.8
南東北	71.8	74.3	77.0	79.6
関東内陸	83.4	90.8	97.1	98.5
関東臨海	117.8	117.8	118.4	116.9
全国	100.0	100.0	100.0	100.0

出典：末吉健治『企業内地域間分業と農村工業化―電機・衣服工業の地方分散と農村の地域的生産体系―』大明堂、1999年、p.46。原資料は通商産業大臣官房統計部編鍵工業統計表』各年版。

南東北の場合、こうした特徴を最もよく示しているのが、内陸農村地帯に工場（下請工場も含む）を多数展開した電気機械工業のケースである。山形県最上地域に多数設立された電気機械工場を調査した末吉健治の研究（末吉 一九九九）によると、下請企業の従業員は表3の通りであった。表示された各工場の数値を合計すると総従業員数一、四七七人、うち女子は一、一一一人であり七五・二％を占めている。女子比率は一次下請では七三・四％だが、二次下請では八四・五％に上昇する。ちなみに、一工場あたり（表中のA3、M1、p3は分工場を加算した）の従業員数は一次下請では一二三・八人、二次下請では二一・七人となる。農家率も判明している限り、高いことがわかる。

このように、電気機械工場は農家の女子労働力を求めて東北農村に立地していたのである。末吉は、これらの工場一つ一つを訪ねて調査をしており、農村工場の様相を詳細に伝えている。

最上地域内での賃金格差の利用は、下層の下請企業が一集落に一ないしは二工場の割合で立地し、通勤範囲の狭い農家主婦をいわば独占的に利用することによって可能になっている。……二次下請企業であるa2製作所の場合、経営主が自ら各農家をまわり主婦労働力を集めた。同様にk2電子の場合も、自集落内の農家主婦を多く利用している。さらに同社では、出勤率が低いために勤務時間を柔軟にしており、ときには午後六時から一二時に働くものもある。このように、下請企業はきめ細かな配慮のもとに、主婦労働力を農家より引出しているのである（末吉 一九九九、一一一―一一二頁）。

「自集落」という語を用いているのは、k2工場の経営主が元農家で集落メンバーだからである。最上地域の電機下請工場の多くは農家による創業であり、機械は親会社から貸与され、経営主は二―三ヶ月の技術研修を済ませるだけで創業しているという（末吉 一九九九、九五頁）。

表３　最上地域の電機工業における女子従業者数

＜１次下請＞				＜２次下請＞			
企業記号	従業者数（うち女子）	平均年齢	農家率	企業記号	従業者数（うち女子）	平均年齢	農家率
K1	91(60)	33	90	k2	18(15)	37	100
A1	148(110)	35	57	k5	15(13)	40	40
A2	199(103)	31	-	a2	12(10)	-	100
A3	65(56)	35	80	a3	37(27)	-	-
B1	45(42)	35	-	a4	7(5)	-	-
M1	248(201)	33	-	m1	20(19)	36	-
M2	60(41)	42	33	p2	43(40)	31	7
M3	31(26)	36	90	p3	39(33)	38	76
P1	86(74)	39	80	p7	24(22)	-	-
E1	265(196)	35	72	p8	8(7)	-	-
				e2	16(11)	46	100

出典：末吉健治『企業内地域間分業と農村工業化――電機・衣服工業の地方分散と農村の地域的生産体系』大明堂、1999年、p.111

このように南東北の工業化の進展には農家の存在が不可欠であった。工場を創業した経営主は脱農しているが、その家族は農業を続けているケースもあり、何よりも依拠している労働者は農家の主婦である。仮にこの地域の農業が衰退し、農家が廃業していくとすると、電機下請工場も存立できなくなる可能性があると考えられる。農業・農村の持続を前提とした工業化であることは大いに注目すべき事実だろう。

四．ネットワーク分析の有効性――坂田一郎報告をめぐって

坂田一郎「ネットワークの視点でみる東北地域の産業構造の発展と政策」（本書第四章）は、ネットワーク分析の手法をもって自動車を除く山形のものづくりクラスターを分析・検証したものである。その結果、親会社とのネットワークが強い東北エプソンと地域ネットワークの中心に位置する東北パイオニアというように山形に立地する工場でも、それが形成するネットワークには差異があることを明らかにしている。

ネットワーク分析とは、何を明らかにすることが可能で、何を明らかにできないのか、ということが気にかかった。坂田が報告で用いるのは取引ネットワーク（取引関係）である。おそらく原料調達や製品販路、あるいは資金調達先などを想定すればよいのであろう。労働者に関する事実は報告中にはなかったのだが、先にみたように東北農村に立地した工場は、農村低賃金労働力を求めていたことが知られている。労働者の雇用も労働力の取引とみなせるであろうし、「経営主が自集落をまわり農

家主婦を集める」というのは農業集落という地縁的ネットワークを最大限に生かした行動であろう。歴史を遡のぼれば、地縁的ネットワークにより北海道・樺太に赴き漁業労働に従事していたわけである。ネットワーク分析において、このような集落ネットワーク、地縁的ネットワークというものを組み込むことができるのだろうか。また、農村立地工場は、農家主婦を媒介として農業部門と結びついている。また農村立地工場の経営主はもともと農家であり工場用地はもともと農地であったことから、資本も農業部門と結びついている。原料・製品・資金における取引ネットワークが形成されていても、農業部門とのこうした関係がなくなると農村立地工場は存続できなくなるのではないだろうか。

おわりに

本章をまとめるに際して、東北論にしばしば指摘される東北の国内植民地としての性格について、ひとこと述べておきたい。「国内植民地」という語は、歴史学あるいは経済史の分析概念として有効なものなのだろうか。確かに、東北において農業部門の大きいこと、食糧供給地としての役割、工業開発の遅れ、進展したとみなされる工業化についても低賃金労働力を最大の魅力とするような工業化であったこと、など歴史上にあらわれたさまざまな事実は「国内植民地」という表現に合致するようにも思われる。しかし、冒頭に引用した岩本の文章（対談記録）は、近代における工業化・産業化の進展にともなって、あたかもイギリス帝国における海外植民地のような役割を果たすようになった、と言葉を厳密に用いている。岩本が、東北地方の経済的な窮乏の根拠としているのが農工間の鋏状価格差の存在である。[7] また、本書第三章の山川論文に代表される経済地理学の成果を見ると「植民地」という用語を用いずに経済合理的に低賃金構造を見事に説明しているように思う。「国内植民地」という用語を使用する場合、何をもってそのようにみなしたのか、ある程度厳密な定義が必要であろう。

ちなみに、北海道は「内国植民地」とされているが、その根拠とされているのは、もともと先住民のみが定着していた島に近世以降移民として渡った和人が定住することによって作られた移民地であること、それにともなって近代における参政権、地方自治制、財政制度などにおける「内地府県」との制度上の区別（差別）が存在していたこと、[8] など明らかに「内地府県」とは異なる制度と社会が存在していたことであった。北海道の制度と社会は「内地府県」よりもむしろ樺太に近似している。こうした北海道と東北を比較すると、明らかに東北は本国（内地）であって、植民地的性格はほとんどないように思われる。

「開発」という歴史的現象を考える際にも、本国の開発と植民地の開発とでは、その性格・規模・速度が異なるように思われる。戦前における朝鮮、台湾、満洲、戦後における北海道の開発は、地権者の少なさ（弱さ）および地価の低さが用地買収をたやすくしており、地元権力（地方政府、地方議会）の弱さと相まって国家資金による大規模開発が急速に進められた。これに対して、日本海を挟んだ対岸の北陸地方の港湾建設は、各県の予算獲得競争に収拾が付けられず、平等・少額の予算を配分された各港湾は微々たる港湾修築を行ったに過ぎなかった。[9] 戦時期東北振興事業の低調さと戦後東北地方開発の停滞は、むしろ東北が植民地的ではなく、本国（の辺境）であったことの証左ではないだろうか。

【注】

(1) 原資料は『第二次農林省統計表(大正十四年)』。

(2) 栗山光雄「産馬界の現状を憂ふ(三)」『馬の世界』第四巻第六号、一九二四年六月を出典として示している。

(3) 時期は下って一九三八年の事実ではあるが、米の商品化率は全国で五四・三%、東北六県では六三・五%であった(白木沢 一九九九、三四一頁)。原資料は農林省『第十五次農林省統計表(昭和十三年)』である。

(4)『秋田魁新報』一九三四年九月二六日夕刊

(5)『秋田魁新報』一九三三年一一月二九日朝刊

(6)『秋田魁新報』一九三四年一一月一五日夕刊

(7) 引用した岩本・樺山の対談では、二人は東北を「辺境」として論じており、イギリスにおけるスコットランドやアイルランドとの比較もなされている。

(8) 北海道における衆議院議員選挙法の施行は、内地府県に一四年遅れての一九〇四年のことであり、地方自治制たる市制・町村制は適用されず、内地府県とは別の北海道一級町村制、北海道二級町村制が施行されていた(関・桑原・大庭・高橋 二〇〇六、鈴江 一九八五)。また、北海道には内地府県と異なり法人格が与えられず、かわりに「北海道地方費」に法人格が付与されていた(藤田 一九七七)。もっとも地方自治体としての北海道庁の不完全性は、国費を投入した北海道地域開発には適合的であった。すなわち戦前期の北海道拓殖事業は、国費と北海道地方費とを合わせて行われ、北海道内に配置された北海道庁職員には地方費雇用職員のほかに多数の国費雇用職員がいた。国費と地方費双方を混合して用いることが開発官庁たる戦前北海道庁の最大の強みであった。戦後は北海道開発庁・北海道開発局・北海道(法人化され、内地と同様の地方自治体となった)三者の関係に再編され、大規模な国費投入の体制は維持された(山崎 二〇〇六、平工 二〇一一)。

(9) 一九三〇年代に進められた朝鮮・羅津港建設の過程は、地権者をはじめとする地元住民の権利と意向が無視されることによって、大規模開発が急速に進むことを明らかにしている(広瀬 二〇一〇)。これとは対照的に日本海側諸港湾の大規模開発は遅々として進まなかったのである(芳井 二〇〇〇、白木沢 二〇〇八)。

【参考文献】

板倉勝高『日本工業の地域システム』大明堂、一九八八年
岩本由輝『東北開発一二〇年史』刀水書房、一九九四年
大瀧真俊『軍馬と農民』京都大学学術出版会、二〇一三年
樺太庁内務部『漁村経済調査書　上』一九二五年
白木沢旭児「戦前期の日満交通路と福井県――『日本海湖水化』の時代」『福井県文書館研究紀要』第五号、二〇〇八年
白木沢旭児『大恐慌期日本の通商問題』御茶の水書房、一九九九年
末吉健治『企業内地域間分業と農村工業化――電機・衣服工業の地方分散と農村の地域的生産体系』大明堂、一九九九年
鈴江英一『北海道町村制度史の研究』北海道大学図書刊行会、一九八五年
関秀志・桑原真人・大庭幸生・高橋昭夫『新版北海道の歴史　下　近代・現代編』北海道新聞社、二〇〇六年
高田宏編、岩本由輝・樺山紘一・米山俊直『対話「東北」論』刀水書房、二〇〇三年
平工剛郎『戦後の北海道開発――体制の成立過程と地域課題への取り組み』北海道出版企画センター、二〇一一年

広瀬貞三「植民地期朝鮮における羅津港建設と土地収用令」『環日本海研究年報』（新潟大学）第一七号、二〇一〇年
藤田武夫『日本地方財政発展史』文生書院、一九七七年
山崎幹根『国土開発の時代——戦後北海道をめぐる自治と統治』東京大学出版会、二〇〇六年
芳井研一『環日本海地域社会の変容——「満蒙」・「間島」と「裏日本」』青木書店、二〇〇〇年

第七章　いわき市小名浜アクアマリンパークの地域振興
——大震災・原発事故とその後

小島　彰

はじめに

いわゆるアクアマリンパーク[1]とは小名浜港一・二号埠頭一帯を示し、港湾管理者と地域を取りまとめる「小名浜まちづくり市民会議[2]」が賑わい空間として管理運営協定を結び利用促進を図ってきた歴史的産物であり、愛称である。その結果、多種多様なイベントが開催され、年間約二五〇万人が訪れる東北地方のなかでも有力な交流スポットとして成長してきた。港オアシスでもある同パークには、海洋水族館「アクアマリンふくしま」（二〇〇〇年）、第三セクターの観光物産館「いわき・ら・ら・ミュウ」（社長：いわき市副市長　一九九七年）、小名浜の食テーマ館「小名浜美食ホテル」（二〇〇八年）が立地し、それぞれが特色ある運営を行うことで、地域全体に経済的効果をもたらし、文化的にもさまざまな波及効果を生み出してきた。

ところが二〇一一年の東日本大震災によって、アクアマリンパークは壊滅的打撃を受けた。三施設の一階部分は破壊的被害を受け、「いわき・ら・ら・ミュウ」と「美食ホテル」ではテナントのうちかなりの店舗が撤退した。その後の東京電力福島第一原発の事故により、甚大な風評被害を余儀なくされたのである。[3]

この大震災と原発事故というダブル災害の中で、三事業体は懸命の努力によりともかくも震災前の状況に回復しつつあった。震災後二年半を経て、震災前の約七〇—八〇%まで回復・復興しつつあるなかで、二〇一三年夏に、東京電力は放射性物質を含む汚染水を海洋に突然、投棄するに至った。それによって、首都圏観光会社は観光物産センター「いわき・ら・ら・ミュウ」への立ち寄りを軒並みキャンセルし、アクアマリンや美食ホテルを含むアクアマリンパークへの観光客数は急減した。さらに、二〇一二年春、イオングループは震災・原発事故からの復興支援を旗印として、アクアマリンパークに近接する福島臨海鉄道貨物ターミナル敷地に、つまり「小名浜美食ホテル」直近にイオンモールを出店することを表明したのである。

福島県が出資する海洋水族館、いわき市が出資する観光物産センター、民間資本による美食ホテルというアクアマリンパークの三事業体や地域の商業・観光施設は、この出店によっていかなる影響を被るのか。小論の課題はアクアマリンパークにおける震災・原発事故からの復興過程を跡付けつつ、イオンモールの出店が港を生かしたまちづくり・賑わい空間の再建にどのような影響をもたらすのかを検討するものである。

一．小名浜地域の特徴と観光

本節では、第一に、小名浜地域の特徴を概観し、第二に、いわき地区が福島県の観光の中で占める位置を考察するものである。

(1)小名浜地域の特色

いわき市小名浜地域の特徴は何か。そこには「東北の縮図」という特徴がある。まず、近隣に火力発電所（常磐共同火力）があり、石油化学系の工場群が控え、漁港と工業港、臨海鉄道をもっている。さらに、東北の地域にはあまりみられない特徴としては近隣に有力な温泉地（湯本温泉とスパ・リゾートハワイアンズ）を抱えているという点である。小名浜港は古くから漁港として栄え、江戸時代には東回り海運の良港として発展し、磐城平藩などの藩米の積み出し港であった。その後、明治期に小野田炭鉱と小名浜港間に軽便鉄道が敷設され、石炭の積出港となっていた。第二次世界大戦後は工業の発展とともに、重要港湾（一九五一年）、外国貿易港（一九五六年）、一九六四年には新産業都市の指定を受け、東北屈指の臨海工業地帯として発展してきた。

小名浜港の一号埠頭は、いわき市観光物産センター「いわき・ら・ら・ミュウ」と遊覧船の発着所、二号埠頭には東北最大級の水族館「アクアマリンふくしま」、三角倉庫を改造した「小名浜美食ホテル」、「アクアマリンふくしま分館」（震災前はイベントホール潮目交流館）が、三・四号埠頭は石炭・化学薬品を取り扱い、五・六号埠頭は多目的国際ターミナル、七号埠頭や藤原埠頭、大剣埠頭は鉱物資源、木材、自動車を取り扱っている。さらに、三号埠頭の先に国際貨物ターミナルとして小名浜東港「ポートアイランド」が現在建設中である。

このエリア内には、石油・木材・金属・化学・電力関係の有力企業がひしめいている、㈱クレハ、サミット小名浜エスパワー㈱、小名浜石油㈱、堺化学工業㈱、小名浜合板㈱、小名浜材木工業団地、日本海水㈱、小名浜製錬㈱、日本化成㈱、東邦亜鉛㈱、東京電力㈱小名浜コールセンター。

このように小名浜地域は漁港・工業港・商港をもつ東北地方のなかでも有力な臨海工業地帯である。同時にまた、有力な観光拠点である、この点は次に検討する。

(2) 観光地としての小名浜

では、小名浜地域の観光地としての位置はどうなのか。

まず、アクアマリンパークの三施設のアクアマリン、いわき・ら・ら・ミュウ、小名浜美食ホテルには年間約二五〇万人前後が訪れている。アクアマリンふくしまは年間入場者数が約九〇万人前後である。アクアマリンふくしまへの来場者は小名浜美食ホテルなどへ買物や食事のために回遊する。いわき・ら・ら・ミュウは首都圏や北関東地域から東北方面（福島、山形、宮城、岩手県等）観光への重要な中継地点であり、多数の観光バスはそこで買物・休憩・食事などのために立ち寄る。その立ち寄り客は美食ホテルにも回遊する。

このアクアマリンパーク周辺の宿泊地は、湯本温泉、スパリゾートハワイアンズがあり、大震災によって大きなダメージを受けたものの、順調に回復している。スパリゾートハワイアンズは新館を増築し、首都圏から直行の高速バスを走らせ、多くの観光客を引き寄せている。

この地域の周辺には、いわき市のランドマークの一つであるマリンタワーをもつ三崎公園があり、ここは太平洋が一望できる名所である。その北には美空ひばりの名曲が流れる塩野崎灯台があり、また、北茨城市には岡倉天心の思索の地である五浦六角堂がある。また、レジャーボートの係留施設であるサンマリーナ、ゴルフ場、旅館・ホテル、豊富な海の幸を食することのできるレストランや飲食店が集まっている。

このように背後地を含む小名浜地域は東北地方のなかでも最も有力な観光スポットである。〈表１〉は福島県内の観光客入込数を示したものである。二〇一〇年、いわき地区は会津、県北に続き第三位であった。例年はほぼ第二位、

表１　観光圏域別入込数

（単位：千人、％、地点）

圏域	24年a			23年b	22年c	伸率（ab比較）	伸率（ac比較）
	人数	構成比	地点数	人数	人数		
県北	9,406	21.2	79	7,850	10,923	19.8	△13.9
県中	6,354	14.3	65	5,131	8,253	23.8	△23.0
県南	2,698	6.1	36	1,985	3,014	35.9	△10.5
会津	14,386	32.4	98	13,030	15,147	10.4	△5.0
磐梯・猪苗代	5,585	12.6	33	4,997	5,484	11.8	1.8
会津西北部	2,710	6.1	21	2,529	2,952	7.2	△8.2
会津中央	6,090	13.7	44	5,504	6,711	10.6	△9.3
南会津	3,021	6.8	27	2,354	3,691	28.3	△18.2
相双	1,395	3.1	40	1,153	5,384	21.0	△74.1
いわき	7,199	16.2	29	3,708	10,767	94.1	△33.1
計	44,459	100.0	374	35,211	57,179	26.3	△22.2

出典：福島県商工労働部・観光交流局観光交流課（平成25年）

もしくは僅差で第三位と上位にある。震災後の二〇一一年は、五七〇〇万人から三五〇〇万人と大幅に落ち込み、二〇一二年に約一〇〇〇万人の回復を見せている。

次に、〈表2〉は観光客入込数の多い観光地を示したものである。磐梯高原、あづま総合運動公園に続いて、いわき・ら・ら・ミュウとスパリゾートハワイアンズがそれぞれ第三位、第四位である。二〇一一年から二〇一二年にかけて、それぞれ二七〇%、三八〇%と急激な回復を見せている。分野別にみると、二〇一二年に湯本温泉は、温泉・観光分野では、飯坂温泉(八五六、二三一人)や磐梯熱海温泉に続いて第四位(四二八、二二〇人)、スポーツ・レクリエーション分野で、スパリゾートハワイアンズはあづま総合運動公園に続いて第二位(一、七〇四、六七八人)。都市型観光分野――買物・食――ではいわき・ら・

表2　観光客入込数の多い観光地

(単位:人、%)

順位	圏域	市町村名	観光種別	調査集計地点	24年	23年	伸び率
1	磐梯・猪苗代	北塩原村	自然	磐梯高原	2,398,421	2,045,000	17.3
2	県北	福島市	スポーツ・レクリエーション	あづま総合運動公園	1,807,716	1,139,247	58.7
3	いわき	いわき市	都市型観光	いわき・ら・ら・ミュウ	1,774,500	474,300	274.1
4	いわき	いわき市	スポーツ・レクリエーション	スパリゾートハワイアンズ	1,704,678	351,645	384.8
5	会津中央	会津美里町	歴史・文化	伊佐須美神社	1,397,500	1,352,000	3.4
6	会津西北部	喜多方市	歴史・文化	喜多方市街	1,084,827	1,024,583	5.9
7	県北	福島市	自然	スカイライン	920,798	735,638	25.2
8	磐梯・猪苗代	磐梯町	その他	道の駅ばんだい	863,127	819,112	5.4
9	県北	福島市	温泉・健康	飯坂温泉	856,231	948,276	△9.7
10	県中	郡山市	スポーツ・レクリエーション	郡山カルチャーパーク	844,358	551,748	53.0

出典:福島県商工労働部・観光交流局観光交流課(平成25年)

ら・ミュウは第一位（一、七七四、五〇〇人）である。

このようにいわき地区、小名浜とその周辺地域は大震災にもかかわらず順調な回復を見せていることがうかがえよう。

二　小名浜まちづくり市民会議の活動

一九九〇年代以降、全国的にまちづくり、村おこしなど多種多様な取り組みがなされてきた中で、小名浜地域でもこのような取り組みが行われた。

二〇〇〇年、環境水族館アクアマリンのオープンを機に小名浜まちづくり市民会議が発足した。目指すべきテーマは「港とまちを結ぶまちづくり」である。各種団体、企業、市民を結集して（発足時、個人会員一六〇人、団体会員三〇団体、企業四五社）、楽しく、できるところから、具体的に、お金をかけずに知恵をだし、情報の共有をはかりながら進めてきた。

まちの将来像を考えるためのグランドデザインを柱として、小名浜スタンプクラブ事業、まちなかコンサート、まちなか案内人事業など一三のプロジェクトを立ち上げてきた。委員会構成は、「まちなか活性化委員会」「潮目の委員会」「歴史と文化づくり委員会」「まちなか案内人委員会」の四委員会である。まちづくりの活動は多様・多彩であり、総合的である。

とりわけ、重要な観点は市民と行政との連携・共同作業を進めるという点にある。その最初の事業が小名浜港一・二号埠頭広場「愛称：アクアマリンパーク」の管理運営である。市民が港とのかかわりを深めることで、アンタッチャブルであった港湾区域を市民にひらかれた憩いや賑わい空間として、また地域資源として活用したいという想いから、二〇〇一年七月に県との間に管理運営協定を締結し、市民団体がソフト的な管理運営を行うという新しい試みがスタートした。この仕掛けにより、当時年間二〇〇万人を超える観光客が訪れるアクアマリンパークにおいて、定期的にフリーマーケットが開催されるなど、さまざまなソフト事業が可能となった。

第二は、二〇〇二年九月開校の「小名浜港まち大学」である。小名浜固有のテーマでもある港とのかかわりの新しい形を追求した。「小名浜まちづくり市民会議」のまちづくり活動への多くの市民への理解や、行政と市民がまちづくりの知識を共有することで、港まちづくりの新しい一歩を踏み出すために、八〇名余の市民が参加する市民教養講座として、港の成り立ちや利活用、小名浜の歴史文化、ウォーターフロント開発など港を切り口に多様な視点から学ぶ講座とした。なお「港まち大学」の試みにおいて国土交通省の協力のもとに、国・県・市・市民会議の四者協同の大学の企画運営というスタイルを確立した。

第三は、市民会議がまとめたグランドデザインを単に市民団体の構想に留め置くことなく、市民の手によるまちづくりの成果を形にするために、二〇〇二年いわき市との「まちづくりパートナーシップ協定」を締結し、共同歩調によるまちづくり活動を展開することとなった。この協定は、都市計画マスタープラン地区まちづくり計画の策定にともない、行政と市民との共同作業を展開するもので、いわき市にとっても市民会議にとっても、新しい挑戦となった。計画の策定に当たり市民会議のスタンスとしては、機能論から構成されるグランドデザインをより個別具体的な計画へと練り上げるとともに、それぞれが実現へ向けた作業のステップとすべく「アクションプログラム」を策定した。ここでまとめた計画を行政計画へと反映しようとしてきたが、行政と市民サイドでも、まったく新しい取り組みであり、その作業は試行錯誤の連続であったという。その結果生まれた報告書では、グランドデザインで示された一三のゾーンを、港湾背後地・緑の大通り・まちなか商店街・横町及び支所周辺・小名川古湊の六つのエリアに分類し、港とまちを複合的にあるいは総括的にとらえ、それぞれの個別具体的な機能とイメージを提案してきた。

この計画の実現へ向けては、市民運動としてすでに動き出しているプログラムもあるが、実際には、二〇〇三年度に市民会議の事業組織をアクションプログラムの実現のための組織へと再編成した。市民会議もボランティア団体から、責任ある戦略的まちづくり団体へと脱皮を図ってきた。

最後に、前述したアクアマリンパークの管理運営協定の締結は次節で述べる公設民営の小名浜美食ホテル[4]に結実した。また、このまちづくり構想の最大のねらいは市民会議のキャッチコピーでもある「〝港・人・まち〞つなぐ小名浜の夢……」に表現されるがごとく、福島臨海鉄道貨物ターミナルでさえぎられている港とまちをつなぐことにこそある。その夢が別様な仕方で実現されるかもしれない。すなわち、美食ホテルの向かい側に予定されているイオンモールの出店である。この点は次節で詳論したい。

このような港とまちの賑わいを創出する市民会議の運動は、港を活かしたまちづくりという点で国土交通省より表彰されるように画期的なまちづくりである。市民会議の運動はかなりユニークであり、全国的にも類例をみないものである。例えば、小名浜スタンプ事業では居酒屋やタクシー利用でもスタンプがもらえる仕組みをつくり、まちなか案内人は地理的に不安な観光客に丁寧に案内し、さらに、港まち大学では小名浜港の歴史と文化を探り、市民団体といわき市とのパートナーシップ協定締結などは類例を見ないものである。また、市民会議のメンバーが事実上開催・運営している小名浜花火大会は例年、五―六万人の集客力をもっている。それらの活動は全国のまちづくり・むらおこしの活動から多くの経験・教訓をくみ取っていると評価できる。

三．アクアマリンパークとイオンモール

(1)東日本大震災・原発事故と小名浜美食ホテル

前述したように国・福島県・いわき市・倉庫所有者との協定にもとづき生まれた「小名浜美食ホテル」はアクアマリンパーク三事業体の中で唯一民間経営である。二〇〇八年、アクアマリンパークの中央部に位置する旧民間倉庫を公設民営型として再開発したものである。すなわち、国・福島県が外周の倉庫を改修し、株式会社が内部の商業施設を約一億円かけて改装したものである。

大震災以前は、直営店五店(飲食四店、物販一店)、テナント八店(物販)から構成されていた。しかし、大震災と津波により、一階部分は壊滅し、テナントは全面撤退し、全従業員・パート・アルバイトは全員解雇を余儀なくされた。

その後、まもなく再オープンし、全店舗を直営化した。二階には飲食二店、物販一店、一階はフードコートと物販店としたのである。客数は大震災前と比べると、約七〇%の入込数だったが、新たに

地域で取り組んでいるカジキのブランド化に取りかかり、カジキメンチを各地のデパート等の物産展にもち込むという積極営業を図った。カジキメンチは、NHK大河ドラマ『八重の桜』の俳優が、この美食ホテルで食したことがテレビ報道され（二〇一三年七月）、以降爆発的に売れるようになった。同時に、自社製品開発として「カニピラフ」等のプライベートブランドを開発し、外商部門を強化してきた。

このようなビジネスモデルの構築により二〇一三年には二〇一一年比で売上高一五〇％を達成した。隣接する「いわき・ら・ら・ミュウ」は、やはり津波により一階部分は壊滅し、テナントは一部撤退し、その空きスペースは「キッズ・ルーム」として人気を集め、二階の撤退スペースは大震災・津波関係の展示室となっている。そのいわき・ら・ら・ミュウの二〇一三年の売上高は二〇一二年比でも、震災前比でも下回っている。

〈表3〉は、震災前後の三事業体の入込数を示したものであり、〈表4〉はこの地区の最大のイベントである小名浜花火大会の有料桟敷席の販売状況を示したものである。震災前からするとおよそ七〇％の回復であった。

しかしながら、このようなアクアマリンパークの回復に水を差したのが、二〇一三年夏季の東京電力福島原子力発電所の汚染水の海洋投棄である。津波と原子力風評被害からやっと復調の兆しがみえ始めた中での出来事により、首都圏の観光客からはいわき市・小名浜地域は「危ない地域」だと思われた

表3　アクアマリンパーク3施設入館者数

	H22	H24	H25
小名浜美食ホテル	889,308	169,292	209,511
いわき・ら・ら・ミュウ	2,033,300	1,774,500	1,766,100
アクアマリンふくしま	924,777	517,575	588,510
うおのぞき館	16,450	35,215	56,582

出典：アクアマリン三者協議会資料（H 26 年）

のである。

(2)小名浜地域へのイオンモールの出店

放射能汚染水の海洋投棄は、沿岸漁業はもとより小名浜地域の復興に明らかにマイナス効果をもたらした。ところで、二〇一六年四月オープンを予定しているイオンモール出店はアクアマリンパークと小名浜地域にどのような影響を与えるのだろうか。

はじめに、イオンモールの出店の概要をみておこう(図1参照)。イオンは二〇一二年の春、突然ともいうべき出店を表明した。場所は小名浜美食ホテルの道路を挟んだ向かい側の福島臨海鉄道貨物ターミナルの敷地である。「いわき市のみならず、東日本復興のシンボルとなる、活気溢れる都市拠点づくり」をキャッチフレーズに、そこを「いわき〝絆〟プレイス」と位置づけている(小名浜港背後地──都市センターゾーン──開発事業協力者募集事業企画提案書、イオンモール株式会社、二〇一一年一二月一九日)。二〇一六年四月オープンの予定で、敷地面積四一、四七三平方メートル、建築面積二七、八一一平方メートル、延べ床面積一〇八、八七〇平方メートル、店舗面積三四、四七〇平方メートル(一階と屋上駐車場、二─四階店舗)、年間入込数一〇〇〇万人である。

そこには四つの機能をもたせている。第一は「Activation」、第二は「Communication」、第三は「Life Support」、第四は「Promotion」、である。

表4　小名浜花火大会桟敷席販売状況

年	販売件数	売上実績(円)
H 22	3,150	14,448,000
H 24	643	6,430,000
H 25	2,389	10,971,000

出典:アクアマリン三者協議会資料(H 26 年)
*H 23 年は桟敷席を設けていない。
H 22 年とH 25 年は同数の桟敷席である。

第一の機能は、ショッピング・遊び・癒しなど、多くの人々が集い、出会い、さまざまな体験が生まれるマルチ・エンターティメント・モールによる広域集客を実現することにある。さらに、地区全体の回遊性の強化を目指し、既成市街地とアクアマリンパークをつなぐデッキの創出、福島臨海鉄道の旅客化をはじめとする公共交通や市街地回遊の拠点整備をサポートする。

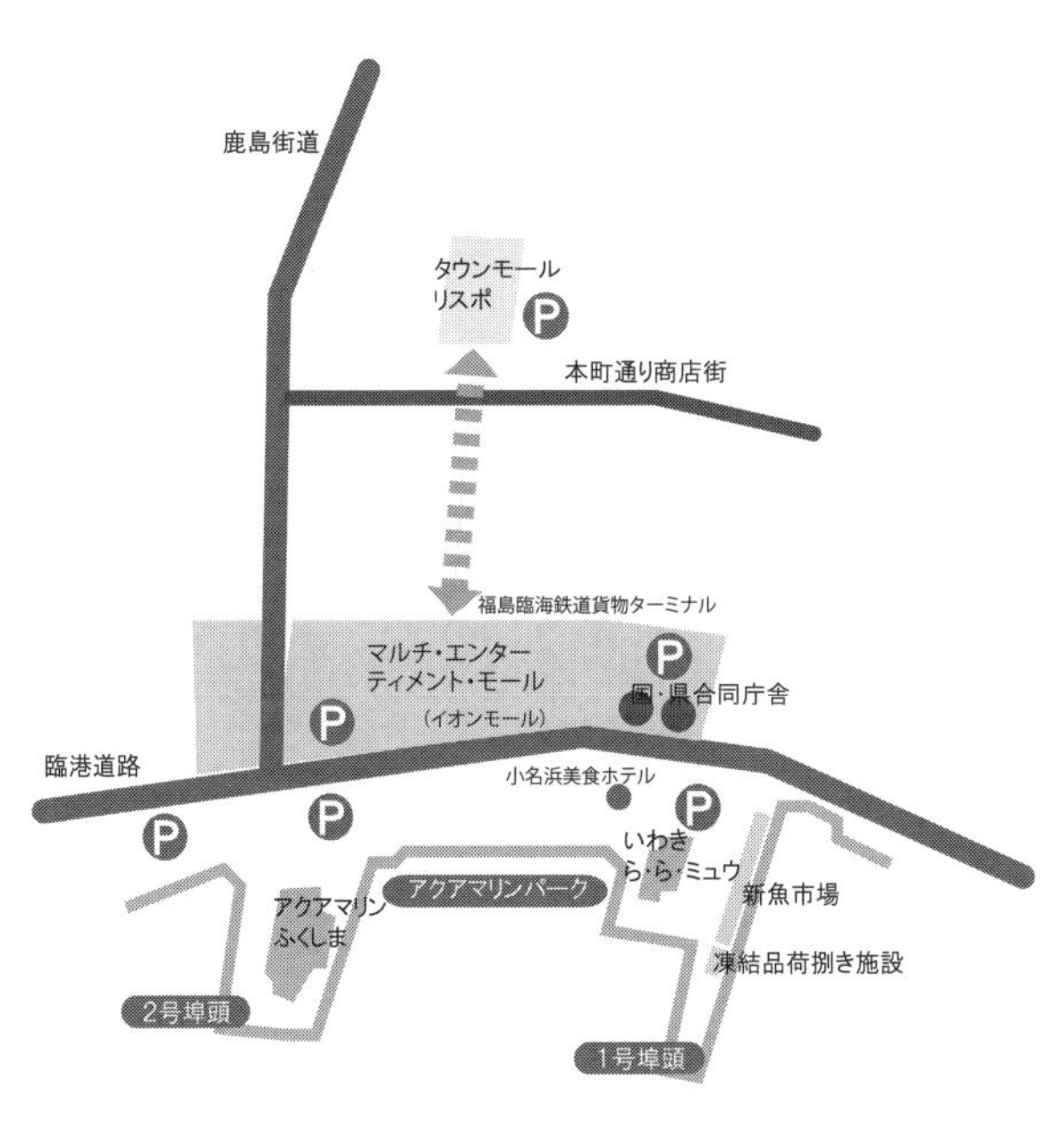

図1　小名浜港背後地　復興イメージ図（案）

第二の機能は、市民・観光客の交流サポートと憩いの場の実現を掲げ、周辺集客施設、既成市街地等と連携した生活者参加型のコミュニティイベントの開催や、海の景観を活かしたオープンカフェやフードコート、レストスペースなどの交流と憩いの場を提供する。

第三の機能は、自治体や地域住民、周辺施設と連携した防災訓練の実施、避難場所としての開放、生活・救援物資やトイレの提供をはかる。地域の日常生活を支えるサービス施設やコミュニティ施設を導入する。

最後に、小名浜地域・いわき市の観光プロモーションを掲げ、周辺集客施設や漁港区、既成市街地、湯本温泉等の市内観光施設や祭り等との連携による観光情報の発信、地元商店街をはじめとする地域マネーWAONの導入、そして、地元の〝食〟や文化の情報発信とライフスタイルの提案を目指し、地域ブランドの発信や開発支援、販売促進を目指している。

加えて、いわき市は小名浜地域においていわき市復興のシンボル事業として区画整理事業や津波復興拠点事業を進めており、イオンモール出店にあわせて港とまちをつなぐ動線の整備を検討している。仮称『竹町汐風通り』と呼ばれる動線は、アクアマリンふくしま、いわき・ら・ら・ミュウ、ショッピングモール等港を中心とするゾーンを訪れる人々をまちに誘引する軸の形成となる。つまり、福島臨海鉄道貨物ターナミルで遮断されていた港とまちがつながり、回遊することができる画期的な軸となりうるのである。

以上のように、いわき〝絆〟プレイスとしてのイオンモールの提案は総合的包括的である。最近のイオンモールの出店は幕張メッセにみられるようにまちづくりの総合的なデザインのもとに進められており、小名浜のケースもそうした路線上に位置づけられるといえよう。

(3) イオンモールの出店の影響

ところで、地域住民・商業者にはどのような問題が発生するのだろうか。

地域社会への影響という点では、一般的にはまちなかへの交通渋滞、ゴミ問題、中心市街地の商業への影響などが考えられる。二〇一四年一月、小名浜後背地再開発問題で小名浜まちづくり市民会議によるイオンモールについての説明会が開催された。イオンモール及びいわき市役所の関係者が、市民会議のメンバーや商店街の人たち向けに計画の概要を説明したのである。投資額一、五〇〇億円、来場者数年間一、〇〇〇万人、二、〇〇〇人の地元雇用を掲げているが、イオンモールの出店はあまりに急すぎたため説明会に参加した市民からはいくつかの疑問が投げかけられた。

中心となるマルチエンターティメントモールは、一階は駐車場、二―四階の三フロアがモールで、二階は生鮮食品を扱う店舗や飲食店が入り、三階はホビーやカルチャースペースで、CDショップやインテリアショップ、書店、雑貨店がはいる。四階はキッズコーナーやスポーツ用品店を計画しているという。五階にはシネマコンプレックスと開かれたイベントホールを予定している。

小名浜地域の商業施設や飲食店・サービス業などへの影響はかなり大きい。商業という点では最も隣接する小名浜美食ホテルやいわき・ら・ら・ミュウの物販店、市街地のリスポ（地元商店街のショッピングモール）、さらに、鹿島街道沿いのエブリア[5]への影響が予想される。リスポの場合は衣料品分野では年齢層がかなり異なるので競合しにくいと考えられるが、いわき市内最大のショッピングモールのエブリアとは競合するだろうと予測される。また、飲食店の場合も、美食ホテルやいわき・ら・ら・ミュウ、市街地の多くの飲食店にはかなりの影響を与えることになるだろう。

さらに、来場者数一、〇〇〇万人を掲げていることから、おそらく商圏は一〇〇キロメートルを超えるものと推測され、商圏内市町村の商業・飲食・サービス分野にも影響を与えることになろう。

おわりに

すでに論述したように小名浜地域は東北地方のなかでも有力な工業地域であり、観光拠点である。二〇一一年の大震災・津波・原発事故と続く被災の中で、かつてのような賑わいを取り戻すべく、いわき・ら・ら・ミュウ、アクアマリンふくしま、小名浜美食ホテルという三事業体は懸命な復興努力を続けてきた。また、小名浜まちづくり市民会議は、この地域を「港を活かしたまちづくり」の拠点として位置づけ、指定管理者制度を活用しつつ、公設民営型の新しい試みを展開してきた。しかしながら、その市民会議が目指しながらも実現しえなかったことは、〝港とまちをつなぐ〟ことであった。

今回のイオンモールの出店は、いわき市の区画整理事業とも相まって、港とまちがひと続きになる、市民会議からすれば〝夢〟の実現になるであろう。アクアマリンパークの賑わいとは観光客はもとより本来的には地域住民にとってこそ意味があるといえる。

小論はイオンモールの出店と区画整理事業の展開、地域社会にあたえる影響等、今後の帰趨については推定の範囲を超えるものではない。長年、この地域の活性化を目指してきた小名浜まちづくり市民会議と、地域の商業者、飲食・サービス業者、宿泊施設関係者、地域住民との協働のまちづくりこそが期待される。

【注】

（１）拙稿「いわき市小名浜の街づくり再建について」（『福島大学地域創造』「地域の窓」第二五巻第一号、二〇一三年九月）。

（２）小名浜まちづくり市民会議の初代会長は里見潤氏である。

（３）いわき市北部は東京電力福島第一原子力発電所の三〇キロメートル圏内に入っている。アクアマリンパーク内の空間放射線量は福島市のおよそ四〇％減程度の低さである。

（４）小名浜美食ホテルは、株式会社アクアマリンパークウェアハウス（代表取締役社長：鈴木泰弘）の経営による。

（５）エブリアは開業当初の一九九五年、ダイエーが核店舗であったが、二〇〇六年にダイエーに代わりヨークベニマルが入り、約九〇の小売業者から構成されるショッピングセンターである。ヨークベニマルのほかには、スーパースポーツゼビオ、専門店街エリアには、みよしエブリア店、ハーニーズ、ダイソー、ウェルシア、二三区などが入っている。商業施設面積二九、一八六平方メートル。

【参考文献】

小島彰「いわき市小名浜の街づくり再建について」『福島大学地域創造』「地域の窓」第二五巻第一号、二〇一三年九月

鈴木孝之『イオングループの大変革』日本実業出版、二〇〇二年

第八章　低賃金労働力供給基盤としての東北の農業・農村

安藤光義

はじめに

本章は、高度経済成長期から第一次石油危機後の低成長期、平成のバブル経済期まで、東北の農業・農村が日本資本主義の蓄積構造にどのように組み込まれていったのかを[1]、農家労働力と農地の二点に絞って、その統計的な数字を示すことを課題とする[2]。ここで描こうとする内容の概略は次のようなものである。

すでに周知のことだが、東北の農家は出稼ぎ労働力の供給源であり、昭和四〇年代までは建設業を中心とする大量の低賃金労働力を太平洋ベルト地帯に向けて送り出していた[3]。これが農村地域工業等導入促進法などによる工場の地方分散によって、南東北と北東北という地域格差を残しながらも、東北でもあとつぎ層を中心に次第に在宅通勤兼業が一般化していく。この地域格差は、道路・鉄道などの産業基盤整備的な色彩を強く持った公共投資の違いによるものであり、東北の地域経済開発は公共投資の露払いの後に民間投資が登場する格好で進められていたのである[4]。その動向は農地転用の推移にも反映されている。

その結果、形成された地域経済は「加工工業の末端部分（部品・組み立て・弱電等）が地方分散工場として東北に進出・立地し、それらが中央資本の子会社・下請け会社として位置するから、東北地元資本の生産機能の直接動因に連携していかない」という限界を有しており、「豊富な資源＝安い地価・安い労働力を目当て」にした工場進出は「必然的に農業との矛盾を引き起こさざるをえなくなる」という問題を抱えていた[5]。また、在宅通勤兼業といっても「農業から『ヘソ』の緒の切れない兼業従事者＝半プロ層[6]」であり、家族総働きを前提に家計が支えられる構造であった。ただし、切り売り労賃の寄せ集めながらも兼業農家は一時的に「安定」した存在として滞留することになる[7]。この東北の経済成長は歪な構造の地域経済をもたらすことになったが、図１のように「発展なき成長[8]」という「安定」状態が一時的にせよ実現していたことも一面の事実であった。これは「財政資金の傾斜配分と労働集約的工業の進出などによって、移動の困難さから地域内に滞留し、農業や地場産業などの部門で遊休化しつつあった労働力に新たな雇用機会が追加され、その結果増大する所得・賃金が消費過程を通じて地域の第三次産業や民間住宅建設部門、消費財工業の市場を拡大し、資金の域内循環を活発にすることを通して成長することができた[9]」ということであ

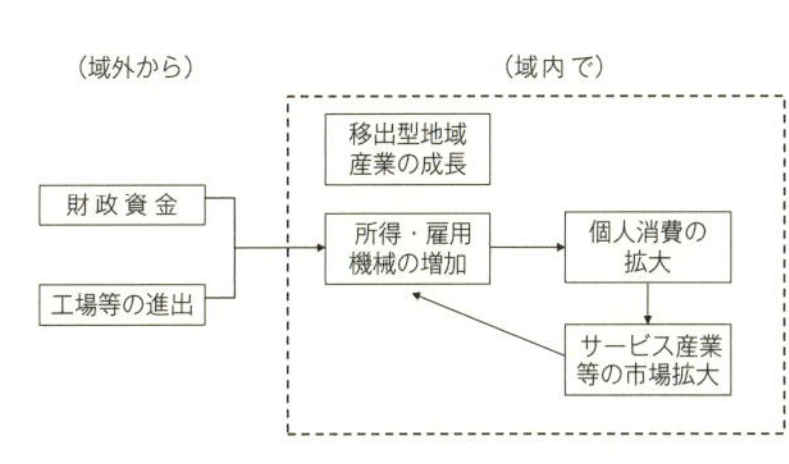

図１　地域経済の成長のしくみ

出典：安東誠一『地方の経済学』日本経済新聞社（1986）、79ページから引用

った。問題は、これが単なる低賃金労働力の利用と「さまざまな周辺部門の、相互に関連のないよせあつめ[10]」を超えて、意味のある産業集積となり、何らかの価値を生み出すような内実をともなう「発展」に脱皮し得るかどうかである。

以下では、こうした認識のもと、平成の初めまで東北が歩んできた道のりを辿り直すことにしたい。

一．農家労働力の吸引・包摂

東北の農家は低賃金労働力の供給基盤として――当初は出稼ぎ労働力として資本に吸引される格好で、その後は進出企業に在宅通勤型の賃金労働者として広範に包摂されることで――機能してきた。また、不況時には失業者を迎え入れる社会的安全弁としての機能も有していた。ここでは、それを農家就業動向調査の数字を使って確認する。

(1)出稼ぎ労働力としての吸引

最初に出稼ぎ異動の推移からみていこう[11]。出稼ぎ労働力の大半は男性なので男性の動きをみることにした。東北の出稼ぎ異動を示した図2からわかるように、出稼ぎ異動は一九六〇年代半ば（昭和四〇年代初め）から一九七〇年代前半（昭和四〇年代半ば）にかけて急増し、一九七二年（昭和四七年）にピークを迎えるが、第一次石油危機による高度経済成長の終焉とともに急減し、一九七五年（昭和五〇年）以降、緩やかな減少が続いている。出稼ぎ労働力の多くは三五歳以上であり、一九七〇年代前半の膨張期には三五歳未満の者も増えるが、それ以降は減少し、三五歳以上が出稼ぎの主力となっていく。その結果、時間の経過とともに①と③が差を縮めながら変動の形が一致するようになってきている。

出稼ぎの大半を占めるのが建設業である。一九七三年（昭和四八年）の第一次石油危機以降、①と②の乖離が急速に縮まり、一九七五年（昭和五〇年）以降の漸減局面に入ると、両者の変動はパラレルなものとなっていく。低成長期に入って出稼ぎ＝建設業という関係が確立することになったのである。そして、②と④の動きが一致するようになり、三五歳以上が建設業出稼ぎの大半を占め、その高齢化が進むことになる。一九七九年（昭和五四年）までは建設業出稼ぎは四〇代（⑤）が五〇代以上（⑥）を上回っていたが、それ以降は逆転し、四〇代は減少、五〇代以上が増加している。若年層は在宅就職へと移行したため出稼ぎ労働力の追加補充はされなくなる。その結果、高度経済成長期の出稼ぎ労働力は専ら建設業部門に残存してそのま

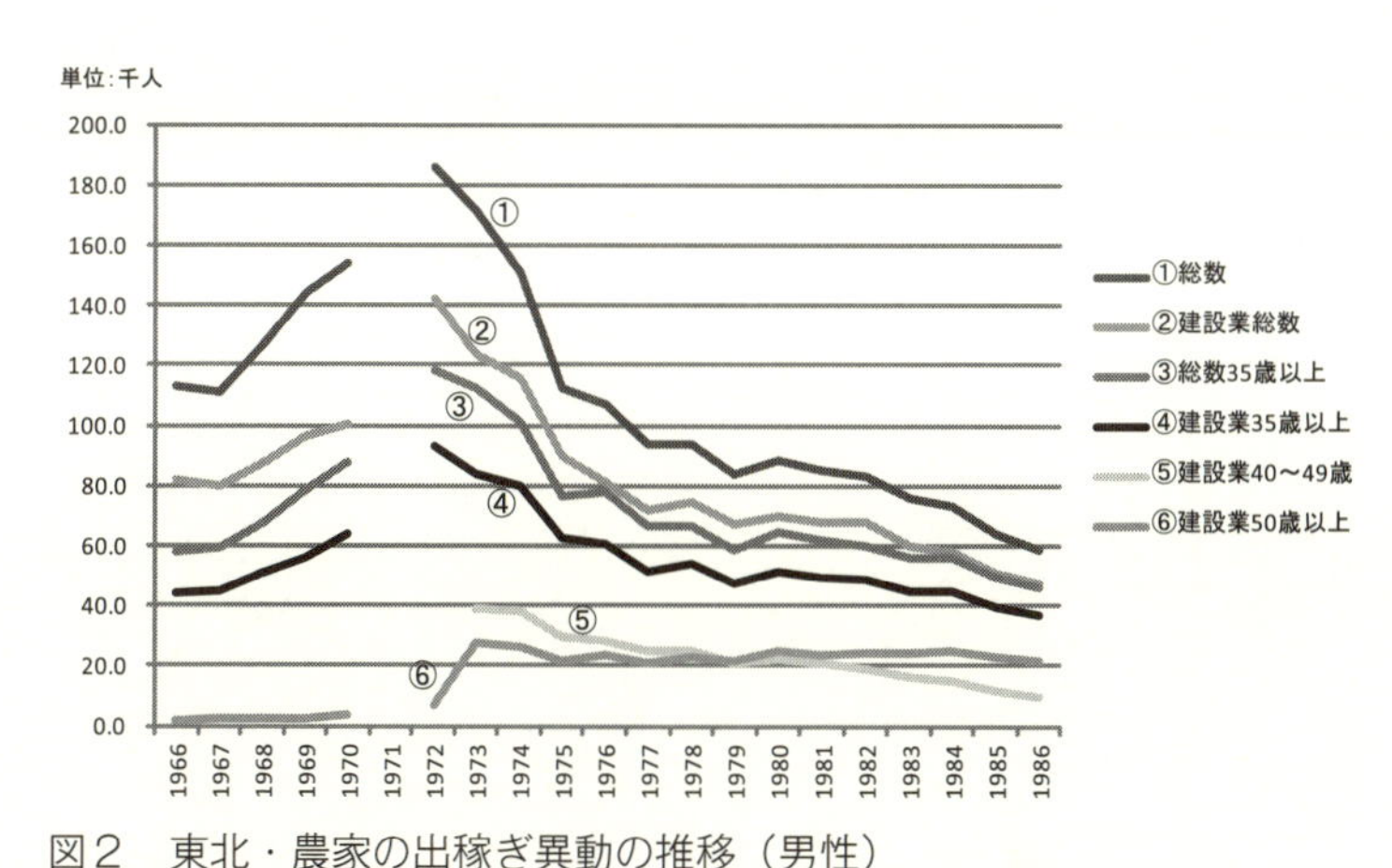

図２　東北・農家の出稼ぎ異動の推移（男性）

出典：農林水産省「農家就業動向調査報告書」各年　注：1971 年のデータは欠落している。

存在となっていったのである。[12]

ま高齢化し、時代から取り残され、やがて忘れられた

(2) 在宅労働力としての包摂

次に農家世帯員の賃金労働者としての包摂のされ方の変化をみることにする。着目するのは農家世帯員の就職・離職という異動である。この異動には人口異動をともなうもの（就職転出・離職転入）と人口異動をともなわないもの（在宅就職・在宅離職）に分かれる。農家就業動向調査における「就職」は「勤務者以外の世帯員が六ヵ月以上の期間にわたる予定で自家農業以外の他産業（自営兼業を除く）に新たに就業した場合」を、「離職」は「六ヵ月以上の期間にわたる予定で他産業（自営兼業を除く）に就業していた者がそれをやめて、勤務者以外の世帯員となった場合」を意味する。また、「一定の勤務先に就業していなくても、ふだん、農業やその他の自営兼業に従事していたり、何も仕事をしていなかった人が、日雇いや臨時雇いの仕事をふだんの状

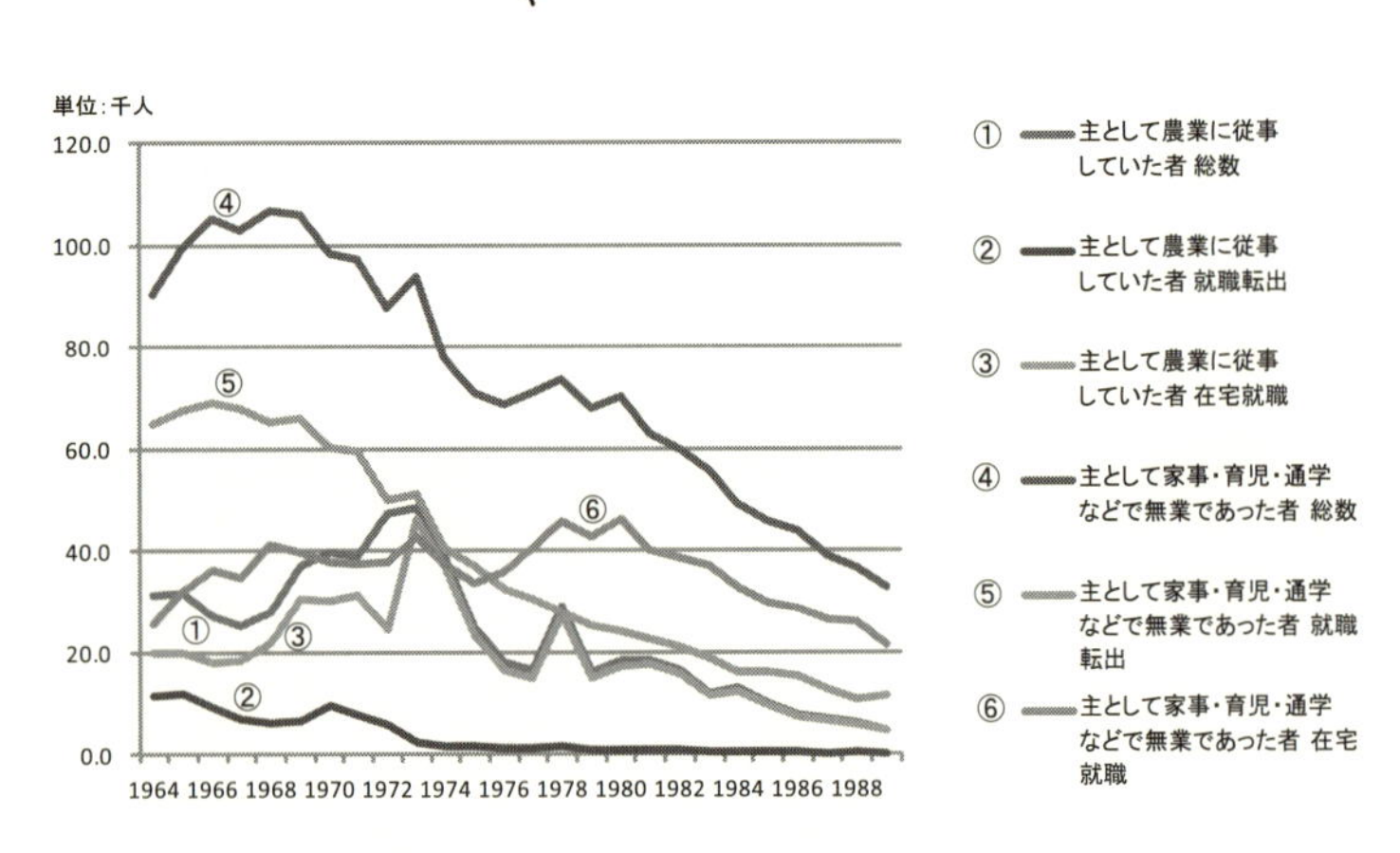

図３　就職前の就業状態別にみた農家世帯員の動向（東北・男女計）
出典：農林水産省「農家就業動向調査報告書」各年

態として常にするようになった場合は在宅就職に含め、逆の場合は在宅離職に含め」られている。

図3は東北の男女総数の変化を示したものである。主として農業に従事していた者が農業以外の産業に就業した者の推移（①）をみると、昭和四〇年の転形期不況の時期にかけて下がってはいるが、高度経済成長を背景に一九七三年（昭和四八年）の第一次石油危機までは増加が続いている。しかし、その後は急減して二万人を割り込み、一九七八年（昭和五三年）に一時的に跳ね上がるものの減少し、バブル経済の頃には数千人レベルにまで縮小している。彼らの就職だが、昭和三〇年代は就職転出②が一定数を占めていたが、第一次石油危機以降は大きく数を減らし、ほとんどネグリジブルなものとなってしまい、ほとんどが在宅就職（③）となり、①と③はほぼ一致することになる。高度経済成長期の旺盛な労働力需要は農業従事者を農業から引き離し、都市部へ吸引するほどの力を発揮していたが、低成長期への移行にともない、資本の吸引力は弱まり、農業従事者の賃金労働者化は専ら在宅就職形態となり、その数も大きく減少していったのである。

量として圧倒的に多いのは、家事・育児・通学などで無業であった農家世帯員の就職である（④）。高度経済成長期には毎年六万人以上が就職のため農家から転出しており（⑤）、都市部へ労働力を供給していたが、一九七〇年（昭和四五年）の農村地域工業等導入促進法制定以降、明確な減少傾向に転じ、やはり一九七三年（昭和四八年）の第一次石油危機によってその数は減少の一途を辿り、一九八〇年代には二万人を切ってしまう。これに代わるのが在宅就職（⑥）である。低成長期に突入した当初は一時的に減少するが、昭和五〇年代には就職転出（⑤）を上回り、一九八〇年代前半にかけて増加し、④とパラレルな動きを示すようになっていく。ただし、その数は減少を続け、一九八八年（昭和六三年）には二万人近くまで減っている。東北の農家は、高度経済成長期の就職転出から低成長期の在宅就職へと形態を変化させながら、低賃金労働力を供給し続けてきたが、次第に枯渇し、その数は減少の一途を辿ってきたのである。[13]

過剰人口のプールとして東北の農業・農村が機能し続けることができるかどうかは、あとつぎが在宅就職し、農家数が維持されることが条件となる。その点を図4で確認しておきたい。これは男子あとつぎの就職・離職の異動を示したものである。なお、ここでいう「あとつぎ」とは「調査年度の一月一日時点で一四歳以上の男子世帯員のうち次の代でその家の世帯主になる予定の人」を意味する。全体的なトレンドは図3と類似しているところが多いが、家事・育児・通学などで無業であったあとつぎの就職は、昭和四〇年代前半でも就職転出（⑤）と在宅就職（⑥）は肩を並べて増加しており、早い段階から在宅就職が多く、一九七〇年（昭和四五年）以降就職転出を上回って増加していく。ただし、一九八〇年代になると就職転出は下げ止まるが、在宅就職は減少しており、これが男性あとつぎの同居する兼業農家の減少要因の一つと

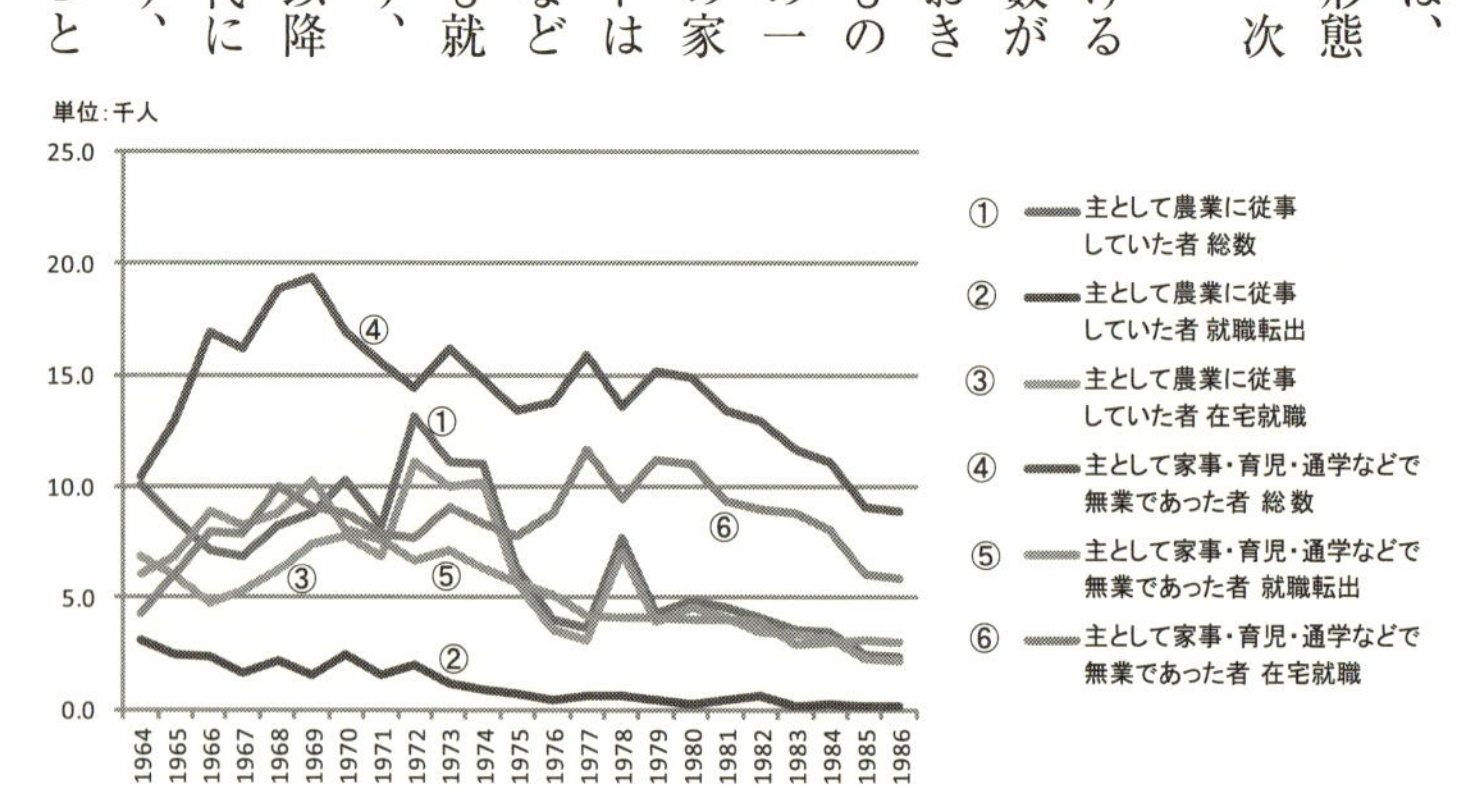

図4　就職前の就業状態別にみた男性あとつぎの動向（東北）
出典：農林水産省「農家就業動向調査報告書」各年

なり、やがて東北の農業・農村は低賃金労働力のプールとしての役割を果たせなくなっていったのである。

(3)社会的安全弁としての農業・農村

第一次石油危機後の低成長期に「中高年の農業還流」現象[14]が確認されたように、一九八〇年代半ばまで農家は失業者を受け入れる社会的安全弁としての役割を担ってきた。これを男性の離職後の就業状態の推移を示した図５をみながら確認しておきたい。

農家の離職者数（①）は景気変動の影響を受けて増減――景気が悪化した時に離職者を抱え込み、景気が好転するとその数が減る――を繰り返しながら、一九八三年をピークとして、急速に減少し、平成に入る頃にはそうした役割を終えることになる。昭和三〇年代から昭和四〇年代前半にかけて（一九六〇年代）は、離職転入（②）が在宅離職（③）を上回っており、農家は都市部の失業者の受け入れ先となっていた。ただし、主として農業に従事するようになった離職転入者の推移（⑤）と離職転入者数の推移（②）との乖離は大きく、帰郷したとしても彼ら

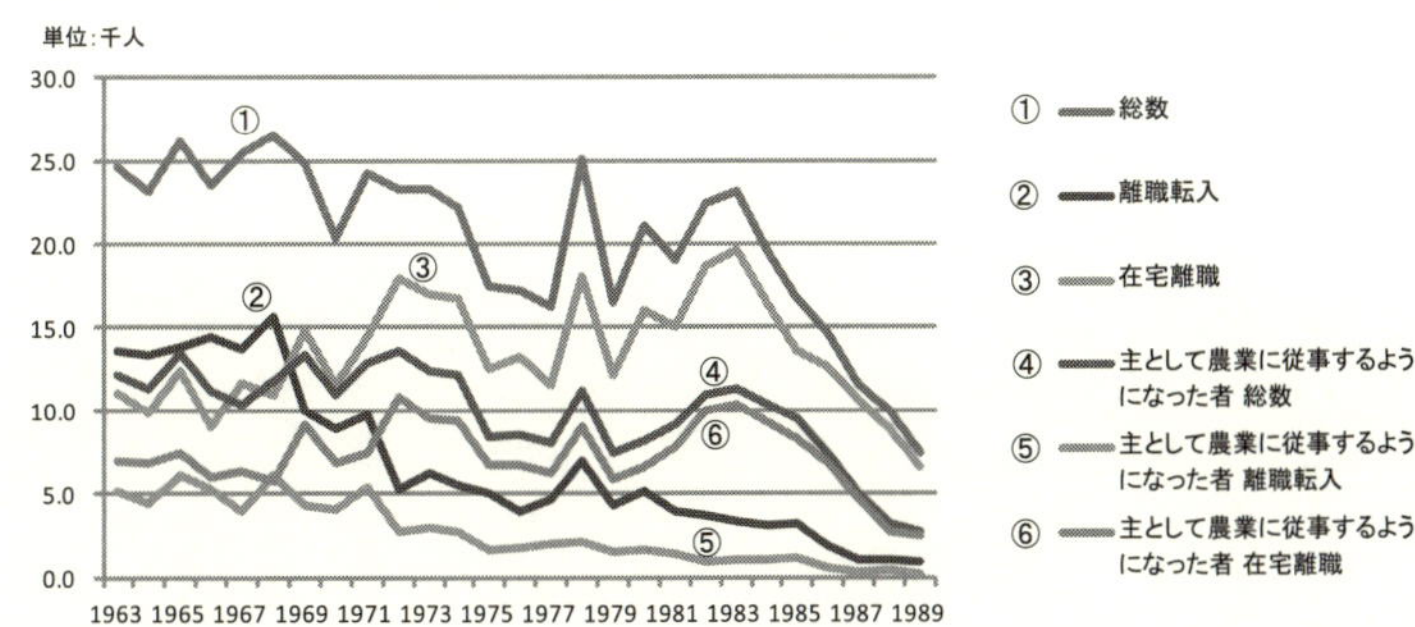

図５　農家世帯員・男性の離職後の就業状態（東北）
出典：農林水産省「農家就業動向調査報告書」各年

は必ずしも農業に従事せず、景気が回復すれば再び都市部へと向かっていったのである。これが昭和四〇年代以降は逆転し、離職転入（②）は減少の一途を辿る一方、在宅離職（③）が農家の離職者の大半を占めるようになり、低成長期を通じて、①と③とはパラレルな動きを示すようになっていく。だが、③と⑥の間には開きがあり、離職転入者と同様、この在宅離職者は必ずしも農業に従事するようになるわけではない。離職（失業）と農業従事との関係は、紙幅の関係で図を省略したが、世帯主の方が強く（離職後、主として農業に従事するようになる）、あとつぎで弱い（離職しても主として農業に従事するようにはならない）という違いが存在している。この点はともかく、一九八〇年代半ばまで東北の農業・農村は潜在的過剰人口を抱え込む役割を果たしていたのである。

二．農地の転用と開発

(1)都府県と比較した東北の特徴

東北の農地転用は同じ都府県でも性格が異なり、住宅用地だけでなく道路等用地が農地転用を牽引している点に特徴がある。これは公共事業主導で開発が進められてきた結果である。また、鉱工業用地の転用は都府県では昭和四〇年代（一九六〇年代後半から一九七〇年代前半）にピークを迎えるが、東北は低成長期も一定面積の転用が続くだけでなく、一九八〇年代後半から一九九〇年代に再び増加している。こうした農地転用は譲渡所得税の節税のための代替地取得と結びつき[15]、自作地売買面積を増加させるが、兼業化と高齢化による離農・脱農が早くから進んでいた都府県では自作地売買面積が早い段階から減少していったのに対し、兼業条件が不安定な東北では農家の農地取得意欲はなかなか衰えず、自作地売買面積の落ち方は遅れることになった。

以上は都府県と東北の農地転用の推移を比較するとはっきりわかる。「農地の移動と転用」から作成した図を用いてこの点を確認することにしよう。

図6は都府県のそれを示したものだが、一九六〇年代半ば以降は転用面積（①）が自作地売買面積（⑥）を一貫して上回っている。「農地価格の土地価格化[16]」により農業収益で農地を購入していく力が弱体化したところを代替地取得がカバーしていたが[17]、農家の営農意欲の低下によって農地は「売りっ放し」となり、①と⑥は大きく開いていく。農家が農地を購入しなくなるということは「農地は自分の代では減らさないで維持する」という規範の喪失を意味しており、「家産」としての農地という観念が失われていったとしてよい。

転用の内容をみると、一九七〇年（昭和四五年）からの減反によって植林転用（⑤）が増大した時期を除けば住宅用地（②）が最も多く、住宅主導の農地転用というのが基本的な

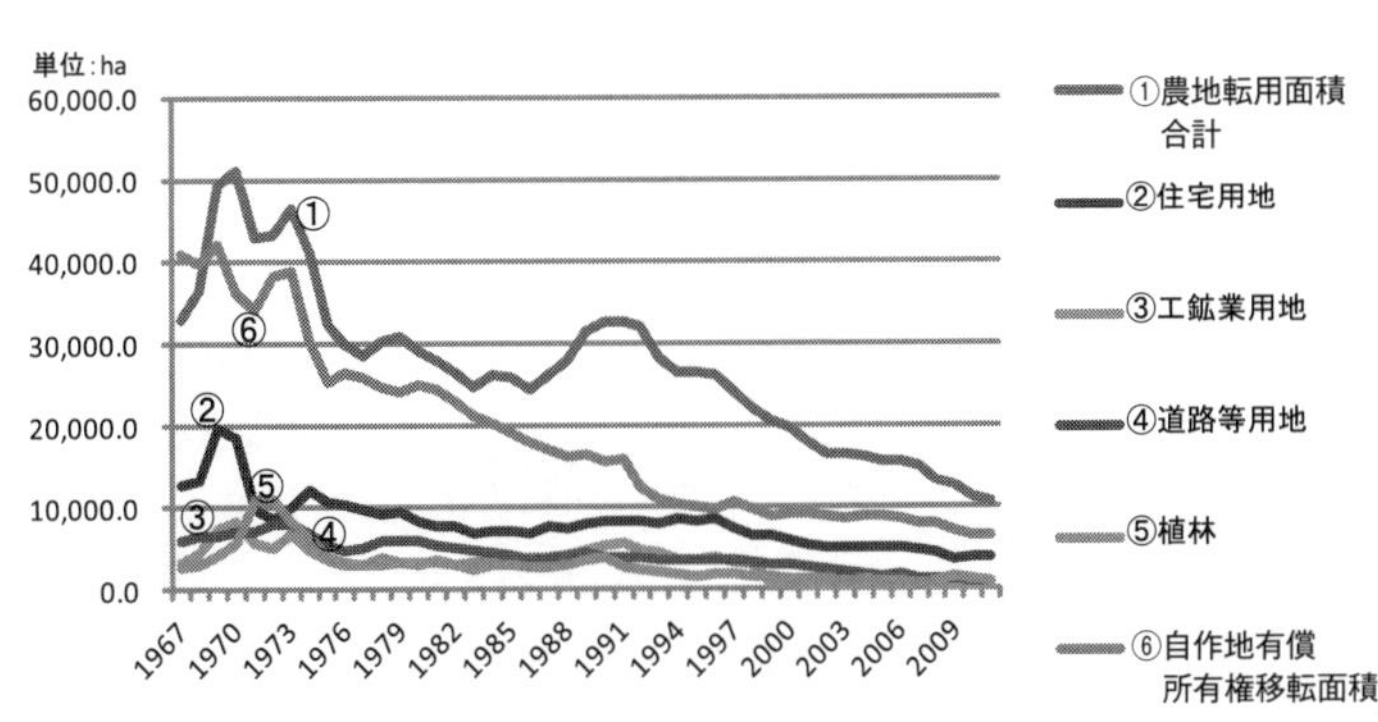

図6　農地転用と自作地売買面積の推移（都府県）

出典：農林水産省「農地の移動と転用」各年

性格である。ただし、低成長期には道路等用地への転用（④）が一定の面積を占めており、公共事業が農地転用を下支えした時期もあった。鉱工業用地への転用（③）は高度経済成長期がピークだが、一九九〇年代に東北への工場進出によって再び増勢傾向となるが、その後はほとんどなくなってしまう。

これに対する東北の推移を示した図7をみると、自作地売買面積（⑥）が転用面積（①）を上回る時期が長く続いている点が特徴的である。ただし、一九八三年から自作地売買面積は急速に減少し、一九八七年には転用面積を下回る。二〇〇〇年以降、再び両者の関係は逆転するが[18]、あとつぎ不在と地価下落局面での農地売買であり、農業サイドからの一定程度の反発を示すものではあるが、量的に拡大する傾向はみられない。農地を積極的に購入して規模拡大を図っていこうとする動きは弱い。

転用の内容だが、単年度の転用面積では一九七一年のなかで減反による植林転用（⑤）が最も多い点は、主要農業地帯としての東北の性格を示すものとして注目さ

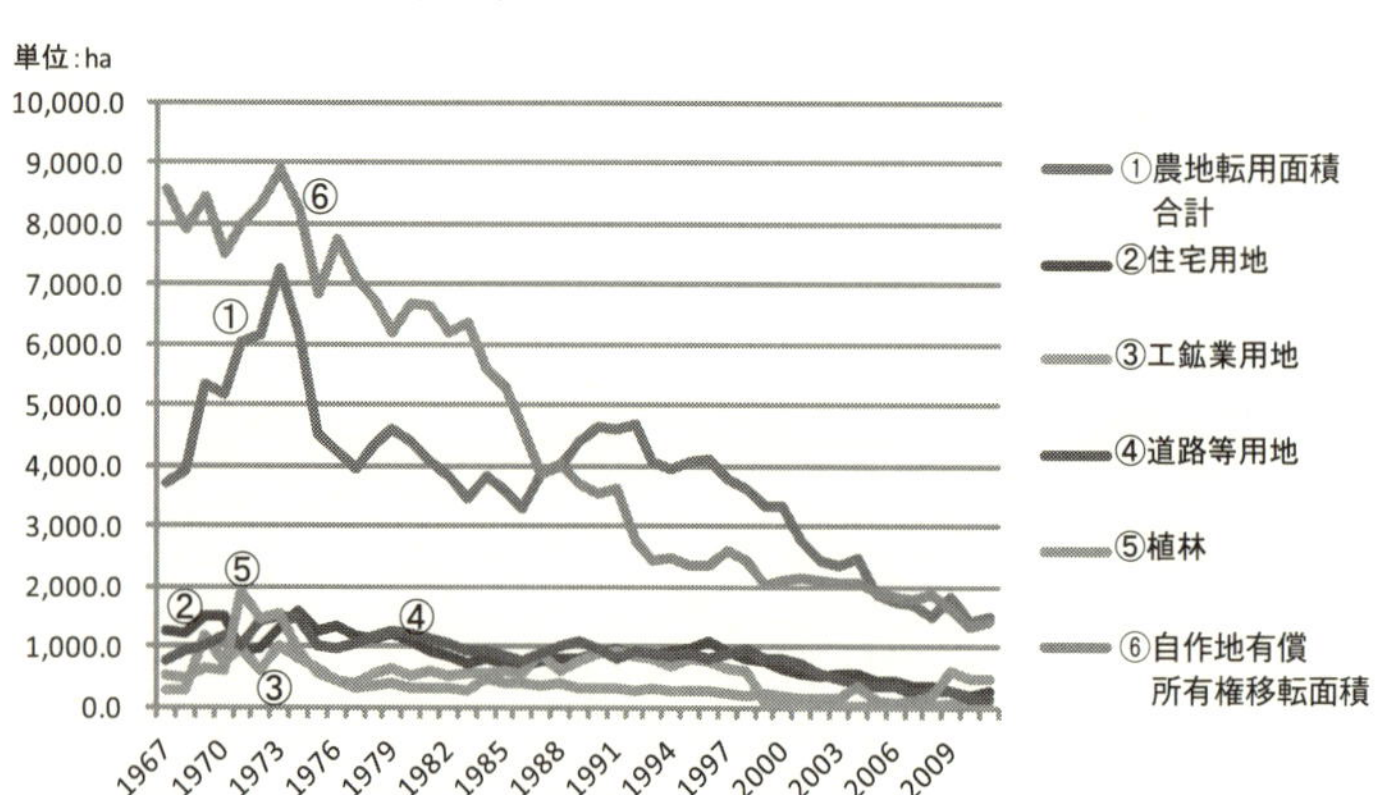

図7　農地転用と自作地売買面積の推移（東北）
出典：農林水産省「農地の移動と転用」各年

れる。この植林転用は二〇〇九年以降、再びトップとなり、農業解体・耕境後退が進んでいることを示している。東北の農地転用は都府県と異なり、住宅用地転用（②）を道路等用地転用（④）が上回る状態が長く続いてきた点に特徴がある。これは東北新幹線、東北自動車道に代表される公共事業による転用である。東北は公共転用主導で農地転用が進んできたのである。鉱工業用地転用（③）は高度経済成長期以上に一九八〇年代半ば以降のバブル経済期に盛り上がっている点がポイントである。プラザ合意による円高は製造業の海外移転を促進したが、一九九〇年代まではまだ国内展開で対応しようとする動きがあり[19]、それがこうした農地転用となってあらわれている。輸出主導型日本資本主義が落日寸前の段階で最後の拠り所を東北に求めてきたが、想定を超える円高と労働力の枯渇[20]のため、それも長くは続かなかったのである。

(2) 北東北と南東北の差

以上は東北全体の状況だが、さらに北東北と南東北とでは大きな差が存在していた。北東北の代表として青森、南東北

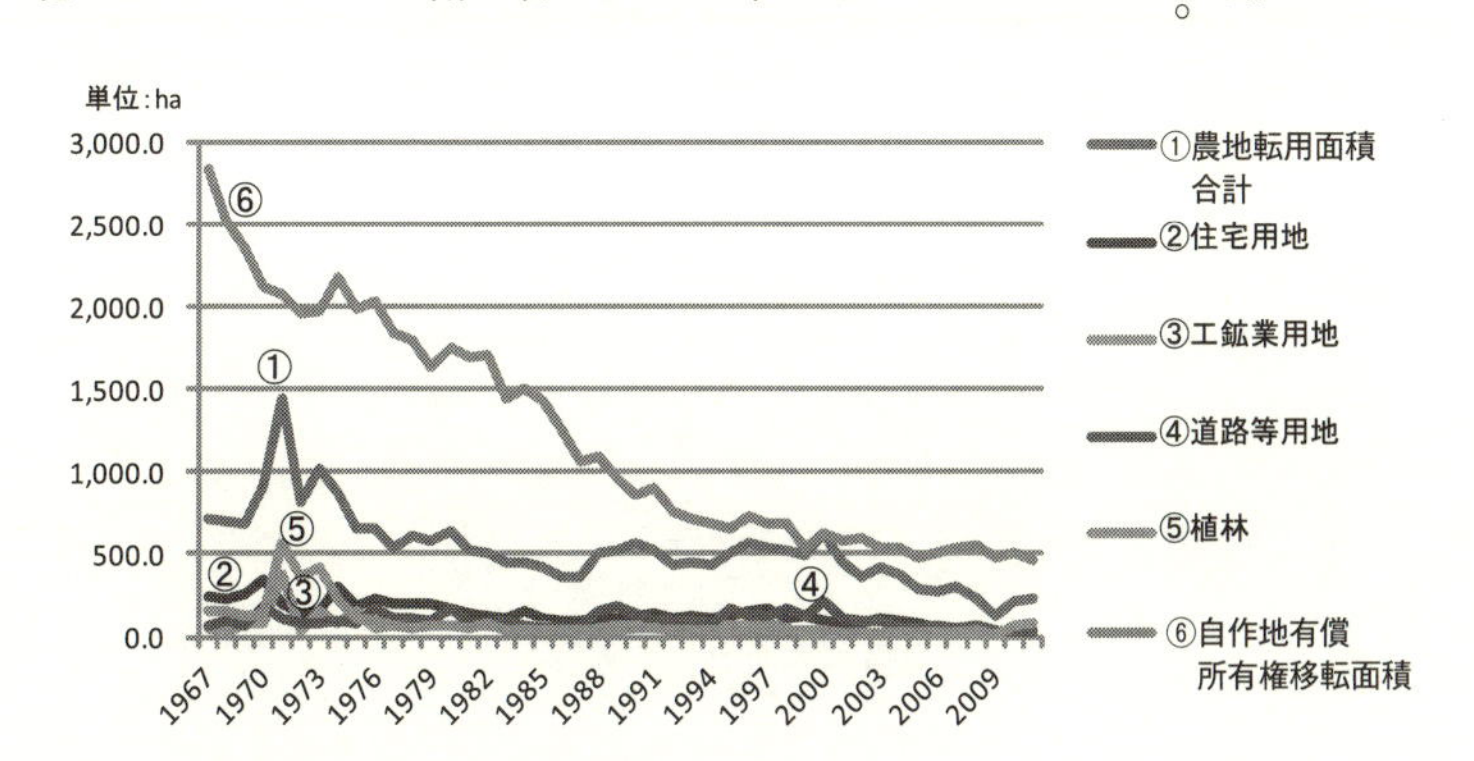

図８　農地転用と自作地売買面積の推移（青森）

出典：農林水産省「農地の移動と転用」各年

の代表として山形の農地転用の推移を示した図をみていただきたい。

一目瞭然なので、細かな解説は省くが、前頁の青森（図8）は開発の蚊帳の外に置かれている状況が長く続いており、企業進出は少なく、住宅転用、公共転用とも低位で推移している。自作地売買面積も一九九〇年代にかけて減少の一途を辿っており、開発圧力もない代わりに農業内部から反発する力も落ちてしまっている。これに対して山形（図9）は、高度経済成長期とバブル経済期の二回にわたって農地転用面積が大きく増加している。後者は東北の特徴であり、それが山形に端的にあらわれている。また、転用増加は道路等用地と鉱工業用地の両者の増加によって演出されている。住宅転用を公共転用が一貫して上回っている点も山形の特徴である。自作地売買面積は減少を続けており、一九八〇年代後半に農地転用面積を下回り、平成の米不作後に一時的に回復するものの、その後は緩やかな減少が続いている。農家の農地購入意欲は衰えたままである。

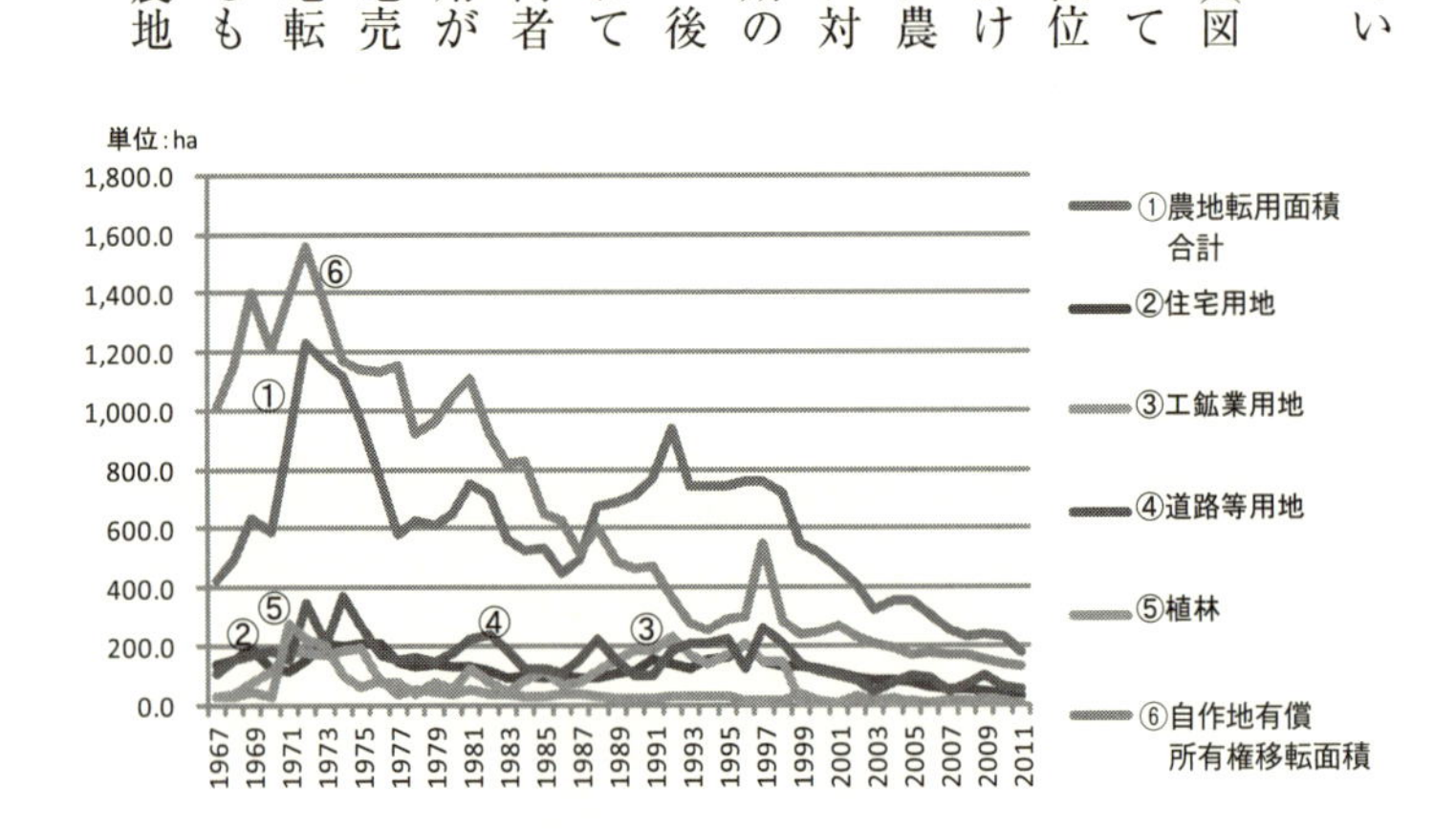

図9　農地転用と自作地売買面積の推移（山形）
出典：農林水産省「農地の移動と転用」各年

同じ東北でも開発の進展度とそれを反映する農地転用については地域差が大きく、それは先にみた農家の人口異動の違いとなって反映している。図10は東北六県の、主として家事・育児・通学で無業であった者の就職転出者数を在宅就職者数で除した値の推移を示したものである。他出就職が在宅就職にどこまで置き換わっているかを示す指標である。この値が1を切る時期は宮城が最も早く、次が山形で、一九七〇年代半ば過ぎに秋田、福島、岩手が続き、最も遅いのが青森という差が存在している。ただし、いずれの県も時代とともにその値は低下する傾向にあり、地域差を残しながらも、企業進出を受けて在宅就職へのシフトが進んでいる点は共通している。

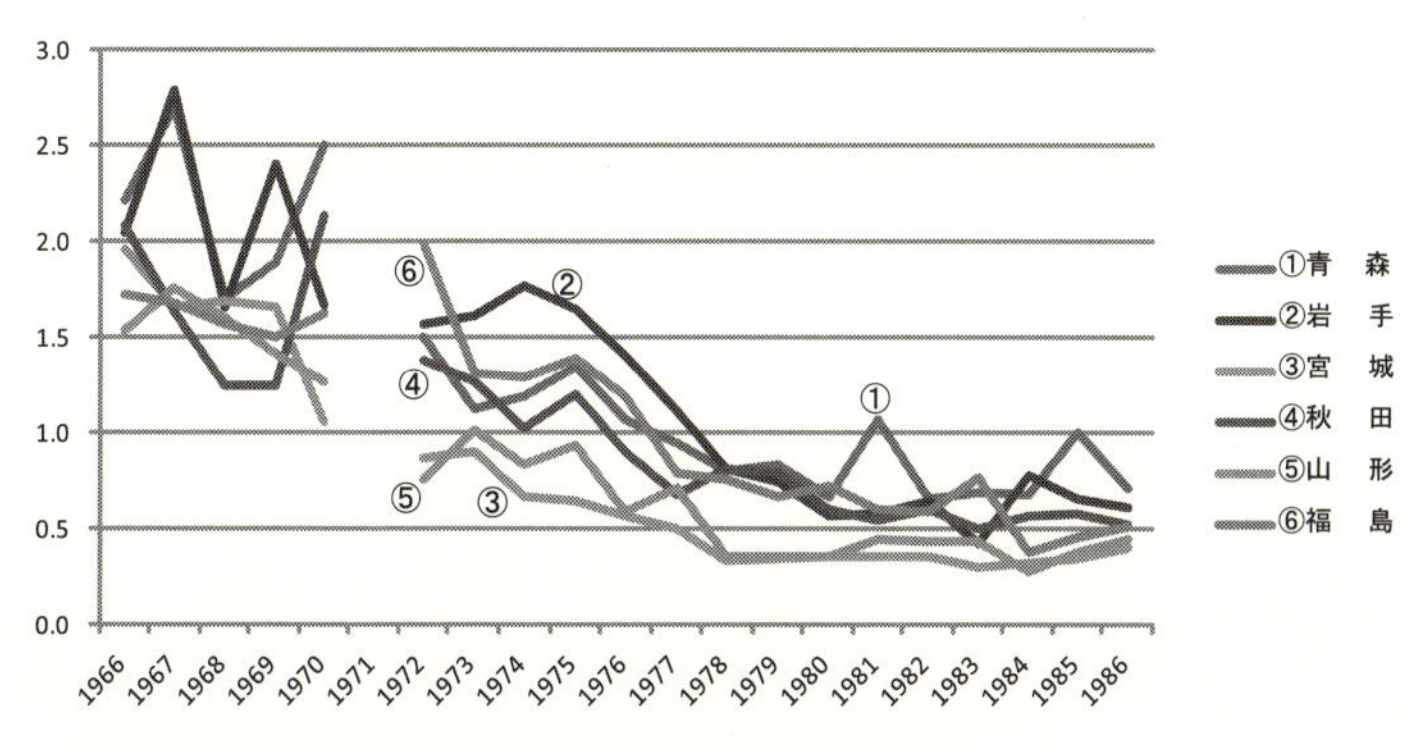

図10　無業者の就職転出・在宅就職比率（東北）

出典：農林水産省「農家就業動向調査報告書」各年

注1：1971年のデータは欠落している。

2：縦軸の値は「主として家事・育児・通学などで無業であった者」の「就職転出者数／在宅就職者数」

三．農家調査結果にみる労働市場の展開の進展

最後にこれまで統計でみてきたような状況が具体的にどのようであったかを、農家調査結果にもとづいて確認する。現在は廃止されているが、各農政局は毎年（途中から隔年）、集落悉皆調査ないしはそれに近い農家調査を行い、その結果を報告書にまとめてきた。この調査は「構造改善基礎調査」と呼ばれるが、現在からすると当時の状況を伝える貴重な史料となっている。ここでは筆者が入手することのできた報告書を用いて地域労働市場の展開状況を振り返ってみることにしたい。昭和四〇年代後半は北東北と南東北で大きな差があった——北東北は出稼ぎがまだ大半を占めていた——のが、工場進出によって不安定ながらも通勤兼業が昭和五〇年代に広がり、平成に入ると北東北でもあとつぎ世代は通勤兼業へのシフトが進んでいることが確認できる。

(1)昭和四〇年代後半の状況——北東北：出稼ぎ、南東北：恒常的勤務

①岩手県二戸市川代集落——出稼ぎ・あとつぎ他出地帯

川代集落は青森県境の山村で、集落の入り口から中心部まで一〇kmの距離がある。公共交通のバスはこの集落の入り口までしか来ず、しかも一日二往復である。集落内に農家は散在している。明治末から大正初期にかけての入植地であり、国有林の払い下げを受けたり、山林地主から土地を借り入れたりして農地を確保してきた。稗、豆、蕎麦、粟などの自給的な雑穀生産・馬産・製炭で生計を維持

してきたが、一九六〇年（昭和三五年）からタバコと乳牛の導入が始まり、酪農が発展してきた。これにともない、草地面積が急増している。川代集落と近隣の足沢集落で農業構造改善事業が行われ、三四六ヘクタールの草地が造成されている。調査当時（一九七三年）の飼養頭数規模は平均五―六頭だが、飼養頭数一〇頭以上の経営も増加している。上層農家は三―四人の農業従事者を抱えており、出稼ぎはいたとしても短期である。これに対し下層農家の出稼ぎは長期間に及び、後継者層は他出してしまっているケースが多い。東北は農家の婦女子の賃労働への従事の多さが特徴的だが、[21] 川代集落周辺では労働市場が未展開であり、二―三ヶ月間の缶詰工場への勤めに出る者が若干いる程度で非常に少ない。

川代集落の調査農家三四戸の農外就業状況を階層別に整理すると次のようになる。

経営面積四ヘクタール以上の六戸のなかで出稼ぎに出ている男性が四人（一ヶ月以内一人、四―六ヶ月一人、七―一〇ヶ月二人）、女性は一人だけが先に述べた缶詰工場に働きに出ているだけという状況である。三―四ヘクタール規模の八戸のなかで出稼ぎに出ている男性は一〇人（一ヶ月以内五人、四―六ヶ月三人、七―一〇ヶ月二人）、女性が一人（一ヶ月以内）となっている。二―三ヘクタール規模の六戸では、出稼ぎに出ているのは男性三人（一ヶ月以内一人、四―六ヶ月二人、七―一〇ヶ月一人）、女性一人（一ヶ月以内）となっている。ここまでは出稼ぎに出ていたとしても比較的短期の者が多いが、二ヘクタール未満規模になると半年を超える長期の者が増えてくる。一四戸のうち、出稼ぎに出ている男性は一一人（一ヶ月以内一人、四―六ヶ月二人、七―一〇ヶ月三人、通年四人）、女性は一人（通年）となっており、この階層になると通年出稼ぎが出てくるようになる。このほか勤めに出ている男性が一人、缶詰工場への短期の勤めに出ている女性が二人となっている。川代集落の兼業は基本的に出稼ぎであり、経営規模が小さくなるほど長期になり、出稼ぎに支えられた生計となっている。自家農業の基盤の弱さが農外への労働力供給となってあらわれているといえるだろう。

この自家農業の基盤は後継者の行動にも影響を与えている。三ヘクタル以上の農家の後継者は一人も他出していないのに対し、二―三ヘクタル規模の農家では二人が他出、二ヘクタル未満の農家となると四人が他出しており、後継者が不在の世帯も一戸ある。

以上のような開拓地・畑作地帯は出稼ぎによって生計が支えられており、経営基盤の弱い農家の労働力から資本への包摂が進んでいる。裏を返せば、このように農業基盤が劣弱で労働市場の展開が微弱な地域から出稼ぎ労働力をはじめとする低賃金労働力が都市部へ供給されていたのである[22]。

②青森県五所川原市原子集落――りんご＋出稼ぎ地帯

五所川原市原子集落は農家数九九戸を数える大きな集落である。一戸あたり平均水田八三アール、りんご園六七アールの計一五〇アールの経営耕地面積を有する。「兼業機会は地元では少ないために出稼ぎが多いが、最近では地元での就業も増えてきている[23]」という状況にある。

一部の農家の間では協業経営を目指す動きが生まれている。一九七二年一一月に五戸の農家が農事組合法人を設立し、りんご園は個別経営のままだが、稲作の全面共同経営に取り組み始めた。この協業経営の設立には前段がある。一〇戸の農家が参加して共同田植を行う生産組織が存在しており、それが発展解消を遂げた結果であった。農地の貸し手は不足しており、役場・農協・教員などの安定的な勤務先をもつ兼業農家か、長期出稼ぎで基幹労働力の欠けた農家からでないと農地は出てこない。この出稼ぎ農家は水田を貸し付け、りんご園を残った高齢者や女性が栽培するという分担関係になっている。

原子集落の九九戸の農家のうち無作為に選ばれた三三戸が調査対象となった。この三三戸の家族構成員の就業状況を一覧したのが表1である。ここからわかるように、世帯主とその妻が農業に主として従事している。これはりんごがあることが大きい。その一方、後継者は不安定な就業先ではあるが在宅のまま勤めに出るか、出稼ぎに出る者が圧倒的に多くなっている。また、市外に他出したままとなっている者が九人と多い点も特徴的である。あとつぎ世代は地域から流出しつつ、地元に残った者は何らかの賃労働に従事するようになっているのである。数が少ないので判断が難しいが、嫁世代は農業従事が多く、恒常的勤務、日雇・パートは皆無であり、農家女性をターゲットとした工場進出はまだ進んでいない状況にあった。

表1　調査農家世帯員の就業状況
（青森県五所川原市原子集落）

	農業主	恒常的勤務	日雇・パート	自営	出稼ぎ	他出	計
世帯主	20	3	0	1	5	1	30
妻	26	0	3	1	1	0	31
後継者	2	3	2	2	5	9	23
嫁	4	0	0	1	1	2	8

出典：東北農政局「昭和49年度構造改善基礎調査報告書」

③秋田県横手市塚堀集落——出稼ぎから通勤兼業へ

横手市塚堀集落は豪雪地帯に位置する。当時、秋田県は集落農場制を推進しており、塚堀集落でも同様の取り組みが行われていた。水稲については機械の共同利用・共同作業が、複合部門として導入されたいちごについては女性の共同作業が実施されていた。横手市は冬期出稼ぎが多く（一九七〇年センサスでは兼業農家の三割は出稼ぎとなっていた）、一九七一年（昭和四六年）当時、男性一、五五〇人、女性五一人が出稼ぎに出ていた。

塚堀集落は三〇戸の農家から構成される。「機械体系を個人で整備して

表２　調査農家の男性の農外就業状況
（秋田県横手市堀塚集落）

	恒常的勤務		日雇	自営	出稼ぎ	計
	役場・農協	その他				
29歳以下	2	6	1	0	1	10
30～39歳	2	1	1	0	0	4
40～49歳	0	1	3	1	4	9
50歳以上	1	0	3	0	2	6
計	5	8	8	1	7	29

出典：農林水産省構造改善局「昭和49年度構造改善基礎調査報告書」

いるのは三ヘクタール以上の二戸であり、三ヘクタール以下一・五ヘクタールくらいまでが共同所有・共同利用(24)」という状況であった。

調査農家三〇戸の男性の農外就業状況を一覧したのが表２である。三〇戸中、兼業農家が二八戸を占めている。これをみるとわかるように四〇歳以上は役場や農協などの安定的な恒常的勤務者は一人しかおらず、それ以外の恒常的勤務者も一人で、日雇いに出るか（六人）出稼ぎに行くか（六人）しかなく、兼業条件は恵まれていない。これが三九歳以下になると、安定的な恒常的勤務者は四人、それ以外の恒常的勤務者は七人となり、出稼ぎは一人だけで、通勤兼業がそれなりに広がり始めていたことがわかる。ただし、賃金水準は低く、土地持ち勤労者と呼べるような存在ではない。なお、この時点ではまだ農家女性を包摂するような工場進出はみられず、調査農家三〇戸のうち女性の農外就業は、会社勤めが四人、日雇が二人、自営が一人、出稼ぎが一人という状況であり、非常に少ない。

四〇代以上は出稼ぎ、二〇―三〇代は地元での勤めという構造に少しずつシフトしようとしていたのが当時の塚堀集落の状態であった。ただし、それは安定兼業とは程遠く、また、女性が働きに出られるような地域労働市場の展開はみられず、彼女たちは自家農業ないしは集落農場制のいちご部門に従事しており、資本による包摂はほとんど進んでいない段階であった。

④福島県河沼郡河東村島地区——兼業稲作の進行

河東村は会津盆地の中心、会津若松市の東に位置する。「昭和四五年以降の兼業化が激しく進んだ」村であり、村内の「四六企業中、昭和四〇年以降設立のものが三一企業」という状況にある。また、「隣接する（車で約一五分）会津若松市が主要な通勤労働市場圏となって」いる。[25]この会津若松市については「伝統的な漆器産業や酒造業等の他、最近は特に内陸工業としての精密機械工業等の進出が目覚ましく、婦人労働市場の拡大も顕著である」と報告書に記されている。このように農家の女性の労働市場が高度経済成長期の段階から展開していた。そのため「出稼ぎもほとんどみられず、統計上はゼロ」となっている。

ここでは兼業化による農業労働力の脆弱化が問題とされていた。「労働市場の拡大は人口の村外流出を阻止したにもかかわらず、農村労働力の農外流出を一層促進する作用を果たし、農業労働力の老婦化を進行させる結果となった」というのが報告書の認識である。実際、調査農家三三戸のうち「三三戸中、男子の農業専従者がいるのは一四戸だけであり、うち五〇歳未満の男子がいるのは九戸とさらに少なくなる。経営規模別にみると、二・五ヘクタール以上では全戸（四戸中四戸）にいるが、二―二・五ヘクタール層になると九戸中五戸だけ」（四八頁）、「二ヘクタール以下層では自営業を除いてほとんど例外なく各戸から世帯主または長男を中心に一―二人の常勤者を排出して」おり、これを支えたのが「一・五ヘクタール以上層ではほぼ主要な機械装備を行っている」という機械化であった。「現地農民が言うように『一日弁当を持って働きに行けば四、〇〇〇円にはなるし、朝夕の農作業で二・五ヘクタールはやっていける』現実があり、そのために機械装備が不可欠なのである」（五〇頁）という論理のもとで兼業稲作が進んだのである。

島地区の農家九〇戸中三三戸の農外就業状況をまとめたのが表3と表4である。表3を見るとわかるように、中高年層は臨時雇が多くなっているのに対し、若年層では通年兼業の占める割合が高く、かつ、二〇代で役場や郵便局など安定兼業に従事している者の割合が高いという世代間の差を確認することができる。世代交代が進むに従い、土地持ち勤労者への移行が予想される状況にあった。女性についても同様の世代間の差が存在している。世帯主の妻は臨時雇が九人中五人なのに対し、長男の妻になると臨時雇はいなくなり、全員が通年兼業となっている。ただし、農外就業している女性は三三戸中九人にすぎず、農家女性の労働市場の本格的な展開がこれからという状況であった。

表3　調査農家の男性の農外就業状況
（福島県河沼郡河東村島地区）

	通年兼業		臨時雇	計
	役場・郵便局	その他		
29歳以下	3	4	1	8
30～39歳	1	4	2	7
40～49歳	1	1	1	3
50～59歳	1	2	4	7
60歳以上	1	1	0	2
計	7	12	8	27

出典：東北農政局「昭和48年度構造改善基礎調査報告書」

表4　調査農家の女性の農外就業状況
（福島県河沼郡河東村島地区）

	通年兼業		臨時雇	計
	役場・郵便局	その他		
世帯主の妻	1	3(2)	5	9
長男の妻	1	8(3)	0	9

出典：東北農政局「昭和48年度構造改善基礎調査報告書」
注：（　）内は電子工場への勤務で内数。

⑤宮城県遠田郡小牛田町原集落――恒常的賃労働の増加

小牛田町は「大崎耕土のほぼ中心に位置する典型的な米作地帯」であり、「宮城県の最も平均的な農村」[26]である。当時、町内には四二の企業があったが、主なものは食品製造業一八、電気製品五などだが、従業員数は前者が二二九人、後者は一三二人といずれも規模は零細であった。比較的大きな企業は、一九六四年（昭和三九年）に設立されたゴム製品製造の東北井上ゴム（従業員三五二人）と一九六九年（昭和四四年）に設立された繊維製品製造の高畠縫製（従業員一八四人）であり、ともに女子型企業である。この二社で製造業従業員一、二〇九人の四五％を占めている。こうした企業の展開によって資本による農家女性の包摂が進行していた。また、仙台市への通勤圏にあるため、全体として人夫・日雇での兼業は減少し、恒常的賃労働が増大する傾向にあった。

原集落の三五戸の農家のうち三四戸が調査対象となった。専業農家は二戸だけで、「兼業農家中世帯主または長男（妻を含む）が農外兼業に従事しているのは二五戸、四三名」である。このうち「町内が二二名と過半に達し、内一二名が部落内に立地する企業に就業しており、ほとんどが婦人である」（三六頁）。これを一覧したのが表５である。出稼ぎは世帯主の地位にある者の一人だけで、福島県河東村と同じく全面的に通勤兼業に移行している。また、世帯主は臨時雇や恒常的日雇が一九人中一〇人なのに対し、長男は一一人中一〇人が恒常的賃労働となっており、世代間の差が大きい。女性の兼業従事者も恒常的賃労働が多いが、三三戸中の一三人であり、この段階では資本による農家女性労働力の全面的な包摂というところまでは至っていなかった。

兼業化には経営面積規模による違いがあることが指摘されており、注目される。「常勤者二七名の出身階層が、二町五反を境にして、それ以下層に集中」しており、「特に一町以下層では、一〇名の兼

表５　調査農家の世帯員の農外就業状況
（宮城県遠田郡小牛田町原集落）

	通勤兼業		臨時的日雇	出稼ぎ	計
	恒常的賃労働	恒常的日雇			
世帯主	8	5	5	1	19
長男	10	0	1	0	11
妻・嫁	9	3	1	0	13
計	27	8	7	1	43

出典：東北農政局「昭和 48 年度構造改善基礎調査」

業者中九名が常勤者」となっている。これに対して「二町五反以上層の兼業化についてみると、三町以上層でも常勤者が二名みられるが、兼業従事者は一〇戸中八名と、他階層に比してかなり少なく、また、多くは恒常的ないしは臨時的人夫・日雇形態の兼業」（四〇頁）であった。自家農業経営が資本による農家労働力の包摂に対する抵抗力として一定程度機能していたということだが、そうした兼業農家の存在が「日雇い的・切り売り的労働市場[27]」を成立させることにもなったのである。

(2)昭和五〇年代後半の状況

昭和五〇年代後半については福島県南会津郡田島町の状況を紹介する[28]。

田島町は地域労働市場が展開しており、一九八〇年（昭和五五年）の就業人口八、二〇二人のうち町内就業者が七、六八九人と九割以上を占めている。ただし、男性は建設業が最大の就業部門で就業者四、六四一人中一、〇一〇人であった。表示は省略したが、三五―四九歳の中年労働力については製造業への就業者が多い。しかしながら、その多くは低賃金の在来工業部門での就業であり、製造業従事者七九七人のうち進出企業への従事者は二一一人に過ぎない。

話が前後するが、田島町では一九七三年（昭和四八年）に農村地域工業等導入促進事業が実施されている。一九六七年（昭和四二年）以降、二七社が町内で操業を開始しているが、第一次石油危機前が二〇社、以降が七社となっている。この七社のうち五社が衣服製造業である。また、二七社中一一社は東京を本社とする分工場であり、主な出荷先は東京である。この進出企業に勤務する者は八八五人だが、男性は二七一人に留まり、女性が六一四人と大半を占める。女子型企業の進出が進んでいるのである。さらに九社は一二八の下請事業所を有しており、そこが二八九九人の従業員を抱えている。

農家調査は集落悉皆ではなく、農地を借り入れている農家と貸し付けている農家の抽出調査である。ここでは労働市場の展開の影響を強く受けた後者[29]の就業状況をみることにしたい。表6がそれである。農地貸付農家の状況なので、当然かもしれないが男女とも農業を主とする者は高齢者ばかりで、若年層は皆無である。しかし、若年層ほど通年安定兼業が多いかというと、男性の三〇代には当てはまるが、二〇代は必ずしもそうはなっていない。むしろ、この調査では自営業の多さが注目される。具体的には配管業、運輸業、木工所、酒造会社、工務店、板金業など雑多な自営業であり、図1の「サービス産業等の市場拡大」を背景としたものとみることができる。サンプル数が少ないので断言することはできないが、農地貸付農家の兼業条件をみる限り、土地持ち非農家層を大量に形成する状況には至

表6　農地貸付農家の世帯員の就業状況
（福島県南会津郡田島町）

男性	農主	通年兼業		臨時・日雇	自営	無就業	計
		安定	不安定				
29歳以下	0	0	2	0	2	0	4
30～39	0	4	1	0	2	0	7
40～49	1	1	0	0	2	0	4
50～59	0	2	3	0	4	1	10
60歳以上	5	0	1	1	2	2	11
計	6	7	7	1	12	3	36
女性	農主	通年兼業		臨時・日雇	自営	無就業	計
		安定	不安定				
29歳以下	0	1	1	1	0	0	3
30～39	0	0	2	0	3	2	7
40～49	0	0	0	1	0	0	1
50～59	8	2	0	1	2	0	13
60歳以上	6	0	0	0	2	3	11
計	14	3	3	3	7	5	35

出典：農林水産省構造改善局「昭和59年度利用権設定等実態把握調査報告書」

っていなかったと考えられる。

(3)平成初めの状況

①秋田県仙北郡六郷町野中集落——通勤兼業の拡大

昭和四〇年代後半は出稼ぎ兼業地帯であった秋田県も平成に入ると通勤兼業が一般化してくる。六郷町野中集落は大曲市・横手市の通勤圏に位置する。一九六〇年(昭和三五年)当時の農家戸数は三五戸で、一九九〇年(平成二年)もセンサス上は三三戸が農家としてカウントされている。このうち実質的な農家は三〇戸であり、そのなかの二九戸を対象に行われた調査結果にもとづき[30]、農家世帯員の就業状況をみることにしたい。

調査農家二九戸は四ヘクタール以上が五戸、二—四ヘクタールが八戸、一—二ヘクタールが九戸、一ヘクタール未満が

表7　調査農家の世帯員の就業状況
(秋田県仙北郡六郷町野中集落)

男性	農業が主	公務員	会社員	日雇	自営	出稼ぎ	無就業	計
29歳以下	1	0	5	1	0	0	9	16
30～39	0	0	5	3	0	0	0	8
40～49	0	2	4	2	2	2	0	12
50～59	5	1	1	0	0	0	0	7
60歳以上	8	0	0	0	1	2	3	14
計	14	3	15	6	3	4	12	57
女性	農業が主	公務員	会社員	日雇	自営	出稼ぎ	無就業	計
29歳以下	0	0	3	0	0	0	6	9
30～39	3	0	4	1	0	0	2	10
40～49	4	2	3	1	0	0	0	10
50～59	7	0	0	2	0	0	0	9
60歳以上	3	0	1	0	1	0	12	17
計	17	2	11	4	1	0	20	55

出典：東北農政局「平成４年度構造改善基礎調査報告書」

七戸という構成である。その就業状況を男女別に一覧にしたのが表7である。男性については四〇―四九歳層と六〇歳以上層でそれぞれ出稼ぎが二人いるが、次第にマイナーな存在になりつつある。代わって増えているのが会社員であり、男性については若い世代ほど通勤兼業が一般化しているとみてよい。農業を担うのは五〇歳あるいは六〇歳以上層という世代間の差をみることができる。この男性の離農を女性が補っており、女性については比較的若い年齢層でも農業を主とする者が少なくない。ただし、やはり若い世代ではそれ以上に通勤兼業が増加しており、日雇や自営もいるが、会社員や公務員が多くなっている。しかし、通勤兼業とはいえ、その賃金水準は十分なものではなく、農業所得と農家世帯員全員の農外兼業所得の両者によって生計は支えられているというのが実情である[31]。

②青森県津軽郡尾上町――あとつぎ世代の通勤兼業化

青森県津軽郡尾上町はりんごを主力とする農業地帯である。昭和四〇年代後半は冬期出稼ぎ地帯であったが、平成に入って状況は大きく変化してきている。農業専業的な農家であってもあとつぎ世代は恒常的勤務が増加している。

尾上町内の農地の受け手農家二〇戸の調査結果[32]によって以上の点を確認しておこう。二〇戸の農家世帯員の就業状況を一覧にしたのが表8である。調査対象が農地の受け手農家であるため世帯主については農業を主とする者が圧倒的に多いが（二〇人中一三人）、この世帯主のなかでも

表８　調査農家の世帯員の就業状況
（青森県南津軽郡尾上町）

	農業が主	恒常的勤務	日雇	自営	無就業	計
世帯主	13	4	0	2	1	20
妻	13	2	3	2	0	20
長男	1	7	2	0	0	10
嫁	2	0	0	0	2	4

出典：東北農政局「平成５年度構造改善基礎調査報告書」

恒常的勤務で兼業に出る者があらわれている。また、あとつぎ世代にあたる長男は一〇人中七人までが恒常的勤務となっている。ただし、労働市場の未展開地域であるため農家子弟の流出は著しく、同居あとつぎを確保しているのは二〇戸のうち半数に過ぎないという点にこそ着目すべきかもしれない。世帯主の妻は農業を主とする者が圧倒的に多く、恒常的勤務は二人に留まっている。りんご経営の抵抗力の強さと、北東北のなかでも青森への企業進出は遅かったことの両者が交差した結果であろう。

おわりに

以上、高度経済成長期から平成の初めにかけて、低賃金労働力の供給基盤として東北の農業・農村が果たしてきた状況を統計と実態調査結果にもとづいて描いてきた。その低廉かつ勤勉な労働力を武器に、公共事業に先導された企業進出を積極的に受け入れることで東北は日本資本主義の蓄積構造のなかに一定の地位を築いてきたといえる。それによって農家は出稼ぎから在宅のまま通勤兼業という「安定」を実現し、一家総働きながら都市と同水準の耐久消費財、複数の自動車を備えた「豊かな暮らし」を達成することができた。これは農家の側の合理的な行動の結果でもあった。ただし、そこで生成していた事態は「発展なき成長」であった。そして、一九九〇年代半ば以降に進んだ円高と企業の海外展開、さらに二〇〇〇年以降の公共事業の縮小によってその足元の基盤は掘り崩されてしまい、厳しい状況に立ち至っているのが現状である。[33] 資本に対する安価な労働力と土地という生産要素の単なる提供を超えた優位性をどのようにして打ち立てることができるかどうかが東北のこれまでの歩みと蓄積に問われているということなのである。

【注】

(1) バブル経済期にまでに形成された構造をＭＥ産業の展開という点から示せば「本社・研究所―東京周辺、最終製品組立工場―北関東＝東山（福島を含む―引用者）、電子部品・半導体―東北、九州、アジアという生産体制の編成」となる（寺本千名夫「九〇年代における日本資本主義際生産構造分析序説」保志恂・堀口健治・應和邦昭・黒瀧秀久編著『現代資本主義と農業再編の課題』御茶の水書房　一九九九年、四一頁）。

(2) 低賃金労働力の供給源として東北の農家が果たした役割については、友田滋夫「『製造業への低賃金労働力供給源としての農家』の機能収縮と農村」『歴史と経済』第二一九号（二〇一三）が詳しい。友田が論じているように、東北の農家の兼業化は昭和五〇年代の低成長期に本格化し、「集中豪雨的輸出」を支える低賃金労働力となった。

(3) 農家の出稼ぎと日本資本主義の総体的な構造については、大川健嗣『出稼ぎの経済学』紀伊國屋書店（一九七四）を参照されたい。

(4) 公共投資と民間投資の割合をみると、全国平均では後者が前者を上回っているのに対し、東北は前者が後者を上回っており、民間投資資本優位の構造は一九八三年になっても形成されていないことが指摘されている（河相一成「『みちのく』農業の可能性」河相一成・宇佐美繁『みちのくからの農業再構成』日本経済評論社　一九八五年、一〇―一二頁）。

(5) 河相一成「地域開発政策の展開と東北の位置」河相一成・宇佐美繁『みちのくからの農業再構成』日本経済評論社　一九八五年、三七頁

(6) 青木紀「東北における労働市場の展開」河相一成・宇佐美繁『みちのくからの農業再構成』日本経済評論社 一九八五年、八七頁

(7)「今日の農家において零細低所得積み上げの構造は同時に農家に押し寄せる変動を緩衝する装置の形成をともなっているのである。この点に今日の「低」賃金と兼業農家を中心とする農家の生活構造の秘密を解く鍵があると考えられる」(大須眞治「「地域労働市場」の現時点と農村・農家の諸問題」『農業問題研究』第二八・二九合併号 一九八八年、六五頁)。

(8) 安東誠一『地方の経済学――「発展なき成長」を超えて』日本経済新聞社 一九八六年、七九頁

(9) 前掲安東 一九八六年、七八頁

(10) 前掲安東 一九八六年、七九頁

(11) 統計上の「出稼ぎ」とは「一か月以上一二か月未満の予定で居住地を離れて他に雇われて就労し、その就労期間経過後は居住地に帰る者」を示す。

(12) 出稼ぎ労働者の減少と老齢化は、しかしながら、問題が解決した結果では決してなかったのである。この点を、外国人労働者の増加を視野に入れながら報告したものとして小林忠太郎・大山賢一編『出稼ぎ最前線』オリジン出版センター(一九九一)がある。

(13) 労働力供給基盤としての東北農業の役割が失われたのは一九九〇年代後半になってからのことであり(前掲友田 二〇一三年、一五頁)、一九八〇年代半ばの段階ではまだ潜在的過剰人口のプールとしての役割を果たしており、中高年層の失業問題が深刻なものとして認識されていた。全国的な状況については、小田切徳美「農家労働力の就業構造」『農業問題研究』第二八・二九合併号 一九八八年、九州の状況については、戸島信一「構造不況下における農家の就業動向と過剰人口問題」『農業問題研究』第二八・二九合併号 一九八八年を参照

されたい。

(14) 中高年の農業還流については、小田切徳美『日本農業の中山間地帯問題』農林統計協会 一九九四年、二一四—二一六頁を参照。

(15) 代替地取得の実際については、東北の事例ではないが、今井健「代替地提供地区だった村で——新潟市大江地区」、吉田俊幸「代替地取得の対象となった地域の農地移動——新潟県横越村」、いずれも阪本楠彦編著『土地価格の総合的研究』農林統計協会（一九八四）に収録されているので参照されたい。

(16) 「農地価格の土地価格化」については梶井功『土地政策と農業』家の光協会（一九七九）の第二章を参照。

(17) 農地転用と自作地売買との関係については、「転用の増加とその広域化→農地価格の騰貴→農家の資産的保有志向の強化→自作地売買の減少」というのが一般的通説だが、実際は「転用の増加と広域化がうみだした農地価格の転用含み的な騰貴は農地の売却供給をふやしてきた」のであり、「この転用需要に対して農地を売却してきた農家は、まさに農家なるがゆえに代替農地の取得を希望し、税制その他がこれを支援したことなどもかかわって、これらが同じ論理で耕作目的での農地売買価格よりも高い価格での代替地供給を掘りおこしてきたのである」と石井啓雄氏はみる。石井啓雄・河相一成『国土利用と農地問題』農山漁村文化協会 一九九一年、九三—九六頁を参照されたい。

(18) 北東北の農地価格の低下と自作地売買での規模拡大の動きについては、田代洋一「青森県五所川原市のおける農地購入経営の動向」『土地と農業』（全国農地保有合理化協会、第四一号 二〇一一年）を参照のこと。かつては一〇aあたり二〇〇万円程度であった農地価格が二〇〇〇年代半ば以降、二〇—五〇万円程度にまで下がっているなかで都府県でも自作地購入による規模拡大が進み始めている状況は注目される。

(19) 東北と同じく九州でも、一九八〇年代後半以降に自動車関係を含む企業進出が急増し、第三次産業の展開によって地域労働市場が拡大し、兼業農家の恒常的勤務者が増加していたことが報告されている。戸島信一「九州における企業進出と農業労働力問題」『農業問題研究』第三九号（一九九四）を参照されたい。

(20)「農村地域の労働力の豊富性が掘り崩され」た現状については、前掲友田（二〇一三）が描く秋田県横手市の姿を参照のこと。

(21)吉田義明『日本型低賃金の基礎構造』日本経済評論社　一九九五年。同書では山形・庄内の事例を基に、直系家族制を前提とした姑と嫁の家事と仕事の分担関係が明らかにされている。

(22)本項の内容は、東北農政局「昭和四八年度農業構造改善基礎調査報告書（執筆者：酒井惇一）」（一九七四）による。

(23)東北農政局「昭和四九年度農業構造改善基礎調査報告書（執筆者：酒井惇一）」一九七五年、一頁

(24)農林省構造改善局農政部農政課「昭和四九年度農業構造改善基礎調査報告書（執筆者：梶井功・淵野雄二郎）」一九七五年、一六頁

(25)東北農政局「昭和四九年度農業構造改善基礎調査報告書（執筆者：大木れい子）」一九七五年、二五―二六頁文中の「　」の部分は報告書からの引用である。

(26)東北農政局「昭和四八年度農業構造改善基礎調査報告書（執筆者：河相一成）」一九七四年、二八頁。文中の「　」の部分は報告書からの引用である。

(27)田代洋一「日本の兼業農家問題」松浦利明・是永東彦編著『先進国の兼業問題』富民協会一九八四年

(28)本項の内容は、農林省構造改善局農政部農政課地域農業対策室「昭和五九年度利用権設定等実態把握調査報告書（執筆者：谷口信和）」（一九八五）による。

(29)報告書では「縮小型」（一三戸）、「飯米型」（四戸）、「離農型」（一一戸）の三つに分類されているが、ここで

は農地貸付農家として一括した。

(30) 本項の内容は、東北農政局「平成四年度農業構造改善基礎調査報告書（執筆者：大高全洋）」（一九九三）による。

(31) 調査対象地は異なるが、秋田、青森の実態調査結果から野中は「常勤賃金の過半を占める低水準の男子常勤賃金は成人一人あたり家計費に相当する水準であり、成人家族全員で家計費を「ワリカン」にするという農家的家族規範と結びついて成立している」ことを明らかにしている。野中章久「東北地域における低水準の男子常勤賃金の成立条件」『農業経済研究』第八一巻第一号（二〇〇九）を参照されたい。

(32) 本項の内容は、東北農政局「平成五年度農業構造改善基礎調査報告書（執筆者：渋谷長生）」（一九九四）による。

(33) 例えば二〇〇〇年代に入ってからの地域労働市場の縮小とそれにともなうりんご農家の動向を分析したものとして、長谷川啓哉「平成不況下における低賃金地帯の地域労働市場とリンゴ農家の特質」『農業問題研究』第六〇号（二〇〇七）がある。

謝辞：統計資料の整理は東京大学・農政学研究室秘書の木村由利子氏にお願いした。また、一般に入手が難しい構造改善基礎調査報告書については全国農地保有合理化協会の深谷成夫氏から便宜を図っていただいた。ここに記して感謝の意をあらわしたい。なお、本章の作成に際しては科学研究費（課題番号一三〇五七三六〇）の助成を受けている。

第九章　東北開発と原発事故をめぐって

岩本由輝

一．exploitation型開発としての東北開発の極致

私には『東北開発一二〇年』（刀水書房、初版一九九四年四月、増補版二〇〇九年三月）という著書があり、それには〝120 Years' Development Of Tohoku Region〟という英文タイトルを付している。その「（増補版）あとがき」において、一九九四年一一月に新しい理念にもとづき、いわば第五次全国総合開発計画（五全総）の策定にとりかかっていた国土審議会の答申を承け、一九九八年三月に「二一世紀の国土グランドデザイン、地域の自立の促進と美しい国土の創造」という形で表題が閣議決定されたことを知ったとき、それまでの、いわゆる全総路線の終焉を告げるものとして、

近年は「開発」という言葉が官庁用語としてあまり表立って使われず、グランドデザインなどという表現になっているが、開発には英語でいうと、developmentとexploitationの二つがある。

developmentは発達・発展のプラスのイメージを有するが、収奪・搾取の語義のあるexploitationはマイナスの語感がある。鉱山のように鉱石を掘りつくして廃山となるような開発もexploitationということになるが、資源収奪型の植民地開発などはまさにそれにあたろう。近代日本の東北開発は、食糧・労働力・鉱産物、さらには電力などのエネルギーが中央によって収奪されたことをみれば、exploitation型であったことを否定することはできない。東北地方の後進性がいわれるとき、開発の遅れに由来するとする見方があるが、東北地方に投下された開発のための投資をみれば、それはあたらない。むしろ、その開発がどのような形で行なわれたかをいま改めて考えてみる必要がある（岩本前掲書・増補版、二一二—二一三頁）。

と書いておいた。

それは私が戦後東北における巨大プロジェクトであるむつ製鉄株式会社、八郎潟干拓、青函トンネル建設、仙台新港と酒田北港の開設などの帰趨をみて考えさせられたことであるが、一九六三年に鳴り物入りで設立されたにもかかわらず、三菱資本がすでに不要になった砂鉄鉱山の売り逃げをして下北半島から一九六五年に操業にいたらぬまま撤退した東北開発株式会社傘下のむつ製鉄㈱の顛末について、その終始にかかわった当時のむつ市助役であった下川速水から一九九〇年に聴き取りをやったときの印象が今も生々しく私の脳裏にあるからである。むつ製鉄㈱の顛末は、前掲書一六五—一七七頁にみるとおりであるが、そこに記した話をひとしきり終えたあと、下川は「明治以降の下北半島など、いつも中央のゴミ棄て場よ」とつぶやいた。最初は戊辰戦争の敗者である会津藩が現むつ市と下北郡東通村の境あたりの不毛の地に斗南藩として移封されたことであるといい、移封といえば聞こえはいいが、実質島流しであったことはよく知られているとおりであると、また、むつ製鉄㈱が姿を消した前後から上北郡六ヶ所村に核燃料再処理施設の誘致が取り沙汰されていること、さらに私が下川と面談したとき、一九七四年九月一日に放射線漏れ事故を起こして行き場を失った原子力船むつが下北郡大間町沖合に浮遊状態で繋留されていることを生々しい記憶として並べ立てた。下川は噛んで吐き棄てるように、「みんなゴミ棄て場よ」と改めていった。そうした話をしてくれた下川の書斎の机の写真立てに向坂逸郎の写真が飾られていたのが不思議で、書斎に招じ入れられたときから気になっていた。それで辞する前に、「この写真、向坂さんですよね」といったら、下川はやっと気が付いたかというような顔をして、「いとこです」といった。そして、「逸郎さんの弟の向坂正男にはむつ製鉄の陳情のときなんか、いろいろ面倒をみて貰ったが、逸郎さんはもちろんそんな面倒はみてくれなかった。それでも私は逸郎さんの生き方は尊敬しており、ここに写真を置いていつも対面しているんです」と話してくれた。

ところで、二〇一一年三月一一日午後二時四六分に発生した東日本大震災において制御不能に陥った福島県双葉郡大熊町所在の東京電力株式会社福島第一原子力発電所の一号機建屋で三月一二日午後三時三六分に、ついで三号機建屋で三月一四日午前一一時〇一分に、さらに四号機建屋で三月一五日午前六時一二分に水素爆発が起き、大量の放射性物質を広範な地域に飛散させた。これまでの震災ではみられなかった深刻な事故である。東北開発の多くの帰結がexploitation型となることの極致がここにあらわれたといえよう。私は三月一一日、仙台で震度六強の地震に遭遇し、太平洋岸が大津波の襲来を受けていることを知りながら、三月一四日の午前中にようやく福島県相馬市大坪の自宅に帰着したが、福島第一原発の北方四八㎞地点のわが家の周辺では一号機建屋の爆発事故からどうして自主避難をするか否かで話はもちきりであった。私の家は震度六弱の揺れで屋根瓦がほとんど落ち、壁が剥落し、壁紙が細かに破れ、目もあてられない有様であったが、津波の先端は自宅のある標高三〇ｍほどの丘の手前五〇〇ｍまでで止まってくれたので、海岸集落のように流出するということはなかった。そうしたことを確認した頃に相馬市の広報車が今度は三号機建屋が爆発したから、できるだけ屋外に出ないようにといってまわって来た。広報車を運転しているのが顔見知りであったから聞いてみたら、相馬市には避難指示も避難勧告も出ていないとのこと、屋内待避も二〇㎞圏までだから実はここは入っていないけれども、できるだけ屋外に出ないようにといって巡回しているのだということであった。しかし、二回目の水素爆発と聞いてみな浮き足立ってしまい、ガソリンが手に入ったら、とにかく西の方、阿武隈山中に向けて逃げようと口々にいい出した。あとになって、その方向こそが放射性物質の飛散量が多く、放射線値の高いところであることがわかるが、多くの人が西に向かい、私の隣組でも二〇軒のうち、私の家を含めた二軒を除いて四号機の水素爆発を知らせる広報車がまわった三月一五日迄には留守になってしまった。しかし、四―五日したら、こちらの方が阿武隈山中より放射線値が低いといって三々五々帰って来たので、一〇日目には留守にしている者はいなくなった。私の家のあたりの放射線値は低く、いまだ非除染状態に置かれているが、私にしても確信があって避難しなかったわけではない。ただ、テレビのCS2 354チャンネルのＣＮＮニュースの報ずる画面の地図の「入るな、出ろ」という指示のある地域にわが家のあたりは入っていないのをみて、それにかけることにしただけのことである。帰って来た人たちに避難しなかったことを讃められたが、「何、びっくらこいて腰を抜かして動けなかっただけよ」といっておくことにした。みなが自主避難といって浮き足立っているところにCNNニュースの話をしてもかえって事態を混乱させるだけと考えたから黙っていただけのことである。それにつけても日本の報道など、避難に関しては何の役にも立たなかったことだけは紛れもない事実である。

さきに原発事故がexploitation型開発の極致としてあらわれたといったが、しかもその先にさらに永久化されることがないという保証のない原発事故関連廃棄物の中間貯蔵施設や確たる技術的裏付けのない最終処分場といったゴミ捨て場が、多くこの東北地方に新たなexploitation型開発としてもち込まれようとしているのを見逃す訳にはいかない。しかももち込む側には何と表現しようとも東北地方にそうしたどこにももって行きようもないものをもち込むのは当然という厚顔ぶりがうかがえ腹立たしい限りである。

二．原発開設以前の福島県双葉地方

福島県の太平洋岸、天気予報でいう浜通りは南からいわき地方、中央部が双葉地方、北が相馬地方に区分される。いわき地方は一八九六年四月一日にそれまでの菊多郡と磐前郡と磐城郡に楢葉郡川前村が合併して成立した石城郡（現いわき市）、双葉地方は川前村を除く楢葉郡と標葉郡が合併して成立した双葉郡（現川内村・広野町・楢葉町・富岡町・大熊町・双葉町・浪江町・葛尾村）、相馬地方は行方郡と宇多郡が合併して成立した相馬郡（現相馬市・南相馬市・飯舘村・新地町）である。ただし、現いわき市には旧双葉郡久之浜町と大久村が含まれている。また、一九五〇年六月一日に双葉郡上岡村が町制を施行したとき改称して双葉町となるが、これは現双葉町とは異なる区域で、この双葉町は一九五五年三月三一日に富岡町と合併し、現富岡町となっている。現双葉町は一九五一年四月一日に新山町と長塚村が合併したとき成立した楢葉町が一九五六年四月一日に改称したものであり、また現双葉町は一九五八年四月一日に浪江町大字中野と大字中浜の一部と大字両竹の一部を編入している。このように双葉郡内に二つの双葉町が時期を違えて別の区域として存在していることは、統計の市町村別数字を過去にさかのぼって用いるときには注意しないと混乱を起こすことになるので、細かいことではあるが、明記しておいた。別の地区とはいってもいずれも今回の原発事故で避難を余儀なくされている地域であるが、こうした町名の変遷もやがて忘れられてしまうかもしれないからである。

ところで福島県浜通りでもいわき地方は常磐炭田が存在することで、渋沢栄一をバックにした浅野総一郎が一八八三年に磐城炭礦社を設立し、一八九三年には銀行川崎（いわゆる造船川崎とは別）の祖川崎八右衛門が松方正義の勧めで設立し、白井遠平が社長を務めた入山採炭株式会社と鉱区が近接していることもあって激しく競い合いながら折からの産業革命期に京浜に石炭を供給して注目を集めたが、双葉地方はdevelopment型であれ、exploitation型であれ、ほとんど開発の脚光を浴びることはなかった。その北の相馬地方もその点はほとんど同様であった。ちなみに現いわき市に併合されている旧楢葉郡川前村、双葉郡久之浜町と大久村が早く石城郡に組みこまれたのは地下に石炭の鉱脈があったからともいわれている。その意味でいわき地方は石炭というエネルギー源の産出地ゆえ、その炭質は必ずしも優良とはいえなかったが、京浜に近いことから北海道や北九州の産炭地帯とともに注目を浴び、開発されたのである。

それでも双葉地方への鉄道の開通は、全国的な鉄道網の普及からみると決して遅れてはいなかった。日本鉄道株式会社が一八九四年七月にその海岸線建設の免許を受け、一八九七年二月二五日に上野・水戸間を、一八九八年八月二三日に上野・岩沼間を開通させているわけであるから、この時点で双葉地方は鉄道が通るようになる。ただ、この時期、海岸線は田端・岩沼間であったが、のち日暮里・岩沼間に変更される。一九〇六年三月三一日、鉄道国有法が施行されたのにともない、一一月一日、日本鉄道㈱は国有化されたが、一九〇八年一二月五日、鉄道院（のち鉄道省）が設置されてのち、一九〇九年一〇月一二日に海岸線は常磐線と名称変更されている。しかし、この常磐線によって双葉地方や相馬地方の、いわゆる開発は進まなかった。その意味では、海岸線→常磐線はもっぱら常磐炭田の開発に主要な役割を果たしていたのであり、あとは東北本線の輸送力を補完する役割をになわされたわけである。

次に双葉地方の電気事業についてみると、東京電力福島第一原子力発電所のある現双葉郡大熊町に属する大野村と熊町村や現双葉町に属する新山町と長塚村に電気が引かれたのは、一九一六年一一月に相馬郡小高町（現南相馬市小高区）、双葉郡浪江町ほか一町五か村を供給区域とする磐城水電株式会社が営業を始めてからである。当時の磐城水電㈱は、資本金二〇万円（払込一二万五〇〇〇円）、三〇〇kwの昼曽根発電所を擁し、六二三戸と一九八一灯の電灯契約、一九戸と六九馬力の電力契約を結んでいた。料金は電燈一〇燭光で五五銭、電力一馬力（昼間）五円五〇銭であった。この会社は開業後、区域内の需要開拓と供給区域の拡張に努め、一九一九年七月には相馬郡原町（現南相馬市）ほか一町二か村を供給区域とする相馬電気株式会社および相馬郡中村町（現相馬市）ほか一〇か村を供給区域とする中村電気株式会社を合併し、福島県浜通り北部一帯に事業を拡大している。そして、一九二〇年一二月にはかねてから電力融通の関係を有していた福島電灯株式会社に合併する。その後、福島電灯㈱は、一九四二年四月の第一次配電統合により新設の東北配電株式会社に合併されて解消するが、東北配電㈱は一九五一年六月、電気事業再編成にもとづき東北電力株式会社となっている（白い国の詩編『東北の電気物語』東北電力株式会社、一九八八年七月、四五〇頁）。

なお、磐城水電㈱、福島電灯㈱以外に、双葉郡下に電力を供給していた会社には、一九一三年一〇月創業の四倉電気株式会社（供給区域、石城郡四倉町〈現いわき市〉ほか三か村・双葉郡久之浜町〈現いわき市〉ほか四か村）、一九一九年八月創業の双葉電力株式会社（供給区域、双葉郡川内村）、一九二〇年七月創業の請戸川水電株式会社（供給区域、相馬郡金房村〈現南相馬市小高区〉ほか五か村）、一九二七年九月に久原鉱業株式会社の電気事業部門が分離独立した日立電力株式会社（福島県内の供給区域、石城郡平町〈現いわき市〉ほか二町一〇か村、双葉郡久之浜町ほか四か村における一五〇kw以上の電力需要家を対象）、一九三八年六月創業の葛尾津島村営電気組合（供給区域、双葉郡葛尾村・双葉郡津島村〈現浪江町〉）があった（同上、四五二―四五七頁、四六〇頁）。

このうち、四倉電気㈱は一九二九年一二月、一八九七年二月に福島電灯㈱につぐ電力会社として成立した郡山絹糸紡績株式会社→郡山電気株式会社の後身である東部電力株式会社に合併、さらに東部電力㈱は、一九三六年六月、姉妹会社の大日本電力株式会社と合併している。この大日本電力㈱は、もともと富士製紙株式会社の電気部であったが、分離独立して北海道電灯株式会社となり、一九二〇年代中頃に東北地方に進出、一九三四年に改称したものであるが、一九四二年四月、第一次配電統合で東北配電㈱に合併されている。次に双葉電力㈱は郡山電気㈱の関係者によって発起されたが、発電所建設中の一九二一年五月、郡山電気㈱と合併し、開業前に会社としては消滅した。また、請戸川水電㈱は、一九三三年一月からは福島電灯㈱に委託して経営されていたが、一九三六年五月、同社に合併している。さらに、日立電力㈱は一九四二年四月に第一次配電統合で関東配電株式会社に合併されるが、その福島県内設備は、一九四二年一一月に東北配電㈱に譲渡されている。ほかに、葛尾津島村営電気組合は、開業後四か月目の一九三九年三月に大日本電力㈱に事業を譲渡している（同上、四四六—四四七頁、四五一—四五二頁、四五六—四五七頁、四六〇頁）。

開発についてみれば、このような状況に置かれてきた双葉地方であったが、それと同様な状況にあった相馬地方の相馬郡駒ヶ嶺村（現新地町）に太平洋戦争の敗色濃厚になってきた一九四四年六月一日に、東北振興のために一九三六年に設立された国策会社である東北興業株式会社の投資会社として相馬塩業株式会社が釘本衛雄を社長に設立されている（福島地方法務局相馬支局会社登記関係資料および東北開発株式会社社史編集委員会編『五十年の歩み』東北開発株式会社、一九九〇年一月、年表五八〇頁）。この会社は太平洋戦争のさなか食塩不足が深刻となり、政府は一九四二年一月から塩の配給制度を実施したが、それでも問題が解消されなかったため、同年七月に出された製塩禁止区域撤廃という塩専売法の臨時特例にもとづいて同年一一月に自家用食塩製造の許可が出され、一九四四年五月にはさらに食料塩および工業用塩の特別増産に関する閣議決定がなされたことに対応したもので、旧中村藩と旧仙台藩が競合して開発した塩田地で、一九〇九年に塩田としては廃止され、一九四〇年までに干拓工事が竣工していた旧新沼浦を、砂層貫流式塩田として再興しようとして専売局下松製塩工場と専売局防府再製工場から施設の一部を移し、政府から三重効用真空装置を支給されている（『日本塩業史』日本専売公社、一九五八年三月、七四一―七四二頁）。実は一九四四年三月にこの工事現場から西に二㎞ばかり離れた相馬郡大野村塚部（現相馬市）の祖父の生家に縁故疎開していた国民学校一年生の私はその工事をみている。しかし、戦時中にはついに工事は完成されず、ときに米軍機による空爆の対象とされ、機銃掃射などが行われたが、飛行場と間違えられて爆撃されたのであろうと噂されていた。なお、社長の釘本は一九四五年三月に福島市長に就任したため、当面、社長は空席となっていたが、そこに敗戦後間もない一九四五年一二月に国土計画興業株式会社（のち、国土計画株式会社、さらに株式会社コクド、二〇〇六年二月にグループ再編によって解散）社長堤康次郎が代表取締役として専務鍋島久喜、工場長北岡正二を連れて乗りこんでくる。当時、堤は、西武農業鉄道株式会社（現西武鉄道株式会社）と武蔵野食糧株式会社（現株式会社西武百貨店）の社主であったが、堤はあのとき相馬に行ったのは、戦争末期に知り合った旧中村藩主相馬氏との縁で、東北地方産の魚介類の取り扱いのため相馬水産株式会社を創設していたからであるといっている（由井常彦編『堀康次郎』リブロポート、一九九六年四月、三二二頁）。しかし、堤は一九四八年には相馬塩業㈱に見切りをつけ、見切りをつけられた相馬塩業㈱は休眠会社となる（前掲・福島地方法務局相馬支局会社登記関係資料）。

敗戦直後の一九四五年中、双葉郡熊町村（現大熊町）の長者原（夫沢）にあった陸軍航空隊磐城分隊飛行場跡地を入手した仁田為治が砂層貫流式塩田三〇数町歩を擁する磐城塩田興業株式会社を設立し、塩田で作った鹹水を四㎞北の双葉郡長塚村（のち標葉町、現双葉町）の常磐線長塚駅（現JR常磐線双葉駅）前の製塩場までパイプで輸送して蒸気利用式製塩装置をもって操業を開始している。同社は本社を長塚駅前の製塩場に置いている。そして、一九四八年になると、磐城塩田興業㈱は国土計画興業㈱磐城塩業所と改称され（『双葉町史』第四巻〈近代・現代資料〉福島県双葉郡双葉町、一九八〇年三月、九六〇頁）、堤の傘下に入ったことが明らかになるが、磐城塩田興業㈱という名称自体、同社が国土計画興業㈱のダミーであったことを示しているのではなかろうか。このあたりの会社登記関係資料は福島地方法務局富岡支局に存在するはずであるが、このたびの原発事故のため富岡町に立ち入ることができず、同支局は閉鎖されているので確認することはできなかった。なお、仁田の経営していた段階の磐城塩田興業㈱の飛行場跡地の塩田を視察した仙台専売局職員千葉広平は、「標高三十米の地盤で、「平地では無風状態であっても此處ばかりはいつも風が出ており、や、もすると砂塵がうづまき、沙霧が上空を覆ふので労務者も容易なことではなかつたことでせう」（『東北塩業新聞』第一二号、東北塩業新聞社、一九四七年一一月一五日号、第三面）と述べており、住宅地はおろか、農業などを行うことも覚束ない土地であったことが明らかであるが、国土計画興業㈱は磐城塩田興業㈱を買収後も例の飛行場跡地の買収を続け、買収面積は三〇万坪に達しており、一九四九年六月、日本専売公社が発足し、塩専売法臨時特例が廃止されてのちも生産した塩を日本専売公社との契約によって公社に売っていた。しかし、採算がとれないままに一九五四年に製塩をやめ、三〇万坪は遊休地と化していたが、正式に廃止の手続きが採られたのは一九五九年一〇月一日である（『双葉町史年表』双葉町、一九九七年三月、三二一頁）。その遊休地を東京電力株式会社は福島原子力発電所（現福島第一原子力発電所）を建設するにあたって最初に直接買収したのであり、日本の原子力発電所の歴史を考える場合、重要な意味を持ってくるのである。なお、東京電力㈱に売却した時点での国土計画興業㈱社長は堤義明であった。ちなみに、この飛行場跡地については、福島県が作成した「元軍用地計画表」では、双葉郡熊町村（現大熊町）所在の「元磐城陸軍飛行場」として三〇〇町の面積があるとされ、「開墾可能地」五〇町歩、「既開墾地」三町歩、「開墾不可能地」二四七町歩と内訳されており、開墾主体は「地元農業会」となっているが、「備考」には、「一　地方財務局ニ於テ希望ノ塩田地へ開墾不可能地内ニ含ムコト。二　略農適地ハ開墾不可能地内ニ含ムコト」と記入されており、結局、開墾不可能地として塩田に使用されるしかなかったことが窺える（福島県農地開拓課編『福島県戦後開拓史』福島県、一九七三年三月、三〇頁の表）。[八]

三　東北開発の新段階と東京電力株式会社福島原子力発電所の双葉地方進出

一九五五年一月二二日、第二一回国会冒頭の施政方針演説において内閣総理大臣鳩山一郎が東北開発の推進を約束したことで東北開発は新しい局面を迎えることで新たな段階に入ったが、その結果、一九五七年になると、四月二六日成立の「北海道東北開発公庫法」、五月一六日成立の「東北開発促進法」、五月一八日成立の「東北開発株式会社法」の順で東北開発三法が登場する。しかし、福島県、そのなかでもとりわけ、これまでみてきたように開発ということに縁の薄かった双葉地方にいわば時代の先端を行く原子力発電所の設置がもち込まれることになるが、これはもはや東北開発といったレベルに留まらない今後の国のエネルギー政策の根幹にかかわるものであった。

日本の原子力開発は一九五四年三月に原子力関係予算が計上されたことで始まり、一九五五年にアメリカ合衆国と原子力研究協定が結ばれ、原子力基本法・原子力委員会設置法などが成立したが、その時点で東京電力株式会社は福島県内での原子力発電計画を企図した。一九五六年には日本原子力産業会議が結成されたが、福島県は一九六〇年にこれに加盟し、原子力発電所立地調査にもとづき、双葉郡大熊町と双葉町にまたがって原子力発電所の適地が存在することを確認し、原子力発電所誘致計画を発表するとともに、福島県土地開発公社に東京電力㈱の原子力発電所用地買収にあたっての対応をさせている。また、長いこと企業誘致の成果が上がらないことに悩んできた大熊町・双葉町のそれぞれの町議会も一九六一年には原子力発電所誘致を決議している。こうして東京電力㈱福島原子力発電所建設が地元の熱心な誘致によってなされたものという演出がなされたのである。いまになって確認しても、この頃には少なくとも組織的な反対運動はみられなかったという証言をのちに原発反対運動をやった何人かの当事者からえている。そして、一九六六年七月に提出された福島原子力発電所一号機の許可申請は同年一二月に許可され、一九六八年五月、原子炉圧力容器の据え付けを完了し、一九六八年一一月から試運転を重ね、一九七一年三月に営業運転を開始している。

ところで、この東京電力㈱福島原子力発電所一号機の営業運転を前に、一九七〇年八月に日本原子力産業会議は「原子力発電所と地域社会—地域調査専門委員会報告書（各論）—」（以下「報告書」と略記、原文横書）なるものを発表しているが、それは、

第二部　関西電力美浜原子力発電所周辺地区に関する調査報告

補　論

からなっている。

そこで地域調査専門委員会なるもののメンバーをみると、

主査　松井　達夫　早稲田大学理工学部土木学科教授
委員　森　　有義　農政評論家
　　　平沢　　豊　東京水産大学教授
　　　笹生　　仁　日本大学教授
　　　鎌田　啓一　福島県企画開発部開発課長
　　　綿引　義孝　茨城県原子力課長
　　　岩木　正男　福井県開発課長
　　　小林健三郎　東京電力㈱取締役
　　　浜口　俊一　関西電力㈱原子力部長
　　　三宅　　申　電気事業連合会原子力部長
　　　宮下特五郎　明治大学教授
　　　和田　八束　立教大学（ママ）教授
　　　池上　重稔　科学技術庁資源調査所調査官
　　　大津昭一郎　高崎市立経済大学助教授

のとおりであり、「報告書」の調査・執筆には、地域調査専門委員会ワーキング・グループの、

主査　笹生　仁　日本大学教授

委員　宮下特五郎　明治大学教授

和田　八束　立教大学助教授（ママ）

大津昭一郎　高崎市立経済大学助教授

池上　重稔　科学技術庁資源調査所調査官

成田　義男　福島県企画開発部開発課主任主査

小笠原陽一　福井県企画部開発課主事

岡村　義郎　東京電力㈱原子力開発研究所主査

佐藤　高也　関西電力㈱原子力部原子力計画課副長

酒井　俊二　気象庁予報部主任

原田　正祀　日本大学生産工学部笹生研究室

事務局川上　幸一　日本原子力産業会議調査役

石松誠之助　日本原子力産業会議動力開発課

苫米地　穣　日本原子力産業会議動力開発課

片山　興造　日本原子力産業会議動力開発課

の面々がかかわっている。

ここで第一部の総論ともいうべき、大津昭一郎執筆の「第一章　福島発電所設置の経緯」には、

Ⅰ　敷地選定の経緯

東京電力が社内に原子力開発に関する組織を設けたのは昭和三〇(一九五五)年、本格的な調査研究を開始するとともに、国内および海外の原子力諸機関に技術要員を派遣し、原子力技術の習得に努めていた。その間海外における原子力開発には著しい進展がみられ、安全性、信頼性の確保とともに経済性についても十分火力発電と比肩しうる見通しが立てられるようになり、また昭和三五(一九六〇)年七月には通産省産業合理化審議会原子力部会の答申、原子力長期計画の発表等が、相次ぎ、民間開発の気運(ママ)が醸成されてきた。

これらの背景のもとに、福島県側にも原子力誘致等による産業開発に力をそそぐ動きが起り、原子力発電所用地の選定について立地条件の調査を行つた結果、県内でも開発の遅れた双葉郡内に数カ所の適地が選定された。なかでも戦時中陸軍の航空基地があり戦後は一時製塩が行われていた大熊地区の約六〇万坪の土地は、太平洋に面した海岸段丘の上にある平坦地で、殆どが山林と原野であつて、原子力発電所用地としては最適であると確認された。

一方、地元大熊町および双葉町も地域開発の契機になるものとし、三六年九月、原子力発電の受け入れ体制(ママ)の確立を期し、その誘致と事業促進について全面的な協力をする旨の陳情書が両町長から福島県および東京電力に提出された。

これに対して、東京電力は三七年以降に用地内の水質調査および気象・地質・海況・交通・人口分布等の調査を行なうこととして、福島県に本格的調査を依頼し、県は三六年に発足した県開発公社にその調査を行なわせ、同公社は地下水、地形図作成、地質等の調査を行ない東京電力に報告した。

この結果、発電所建設に必要な用地として、所要総面積九六万坪のうち国土計画興業株式会社所有地（旧陸軍航空基地跡）の約三〇万坪については東京電力が直接手配を行ない、一般民有地約六六万坪分（第一期分三〇万坪、第二期分三六万坪）の取得については、三八年一〇月東京電力から福島県に対し斡旋方が依頼され、業務は福島県開発公社が実施することとなつた。昭和三九年（一九六四）七月には公社が町長立会いのもとで地権者全員（二九〇名）の承諾書をとりつけ、またその後、四〇年には東電側から上記地点北側の用地拡大希望があつたが、地元双葉町もこれを望み、約三〇万坪が買収されて、昭和四二年（一九六七）八月定礎に至つている。

Ⅱ　立地条件

一．敷地の概況

福島原子力発電所の立地点は、東京の北方約二二〇km、福島県太平洋岸のほぼ中央に位置し、敷地総面積は約三、二〇〇、〇〇〇㎡である。原子炉の設置地点から最寄りの人家までの距離は約一kmで、周辺の人口分布も稀薄であり、近接した市街地としては約八・五kmに浪江町（昭和四〇年（一九六五）一〇月現在人口約二三、〇〇〇人）がある。

二．地形

当敷地は、なだらかな相双丘陵地帯（標高一〇〇m～二〇〇m）南部の海岸段丘地帯にあつて、標高約五〇m以下の極めて平たんな地形を呈した山林、原野であり、東部海岸線はすべて急しゅんな断崖となつている。なお、当敷地の西方約七kmの丘陵地帯西縁部には、北一〇度西方向に双葉断層帯が縦断しており、この断層帯の西側地域一帯は阿武隈山脈の東縁部にあたり、平均標高五〇〇～七〇〇mのおだやかな山容をもつ山岳地帯を形成している。

一方、海岸線はほぼ南北に走り、満潮時には海面は崖尻まで達するが、干潮時には狭い砂浜があらわれる。敷地前面の海底形状は、汀線に平行(ママ)して高低差二～三mの不規則な起伏が存在するが、海底勾配は全体として沖合四五〇m付近までは約一／六〇の勾配で、それより沖合は約一／一三〇の勾配となつている。

三．地質

当敷地の地質は、新第三紀鮮新世の相馬層群の上層である富岡層とこれを被覆する洪積世の海岸段丘堆積物から構成されている。

富岡層の層厚は二〇〇～四〇〇mであり、その地質構成は下部で砂岩、泥岩の互層、上部ではレンズ状の砂層をはさむ凝灰質微粒砂岩および泥岩よりなつている。富岡層を被覆して分布している海岸段丘堆積物は、厚さがほぼ五～一〇mであり、これを構成している物質は、円礫、砂、シルトおよび粘土である。弾性波探査によると、縦波の伝播速度は地表層で〇・五～〇・七㎞／s、泥岩層で一・七㎞／s程度である。なお、原子炉構造物を置く岩盤の極限支持力は七〇〇～一、〇〇〇t／㎡程度である。

四．気象

発電所敷地の地上八mの風向分布は、年間を通じて西、西北西、北北西が卓越し、その出現頻度はそれぞれ一二％弱であり、いずれも敷地から海へ向う風である。年間の平均風速は約二・五

m／sで、最多風速は二m／sである。また「静穏」状態の年間出現頻度は四・五％程度である。
敷地の大気安定度について、英国気象局方式分類によれば、年間の最多安定度はD型(ママ)でその出現頻度は約四〇％弱である。B形(ママ)、C形(ママ)およびF形(ママ)の出現頻度はいずれも年間一八％弱であり、E形(ママ)の出現頻度は五％弱であり、A型は極めて少なく〇・二％しか発生しない。
八〇m以上に逆転層があり、八〇m以下が逓減である拡散上悪い気象状態の年間出現頻度は一％程度である。

五．海象

海水温度は、表面水温の夏期最高は約二五℃、冬期最低は約六℃である。水温分布は、五～六月において上下の成層をなすが、九～四月にかけては、上層、下層の水温はほぼ一致している。
潮位は、朔望平均満潮位（H.W.L）O.P.+一、四一〇m、平均潮位（M.W.L）O.P.+〇・八二四m、朔望平均干潮位（L.W.L）O.P.+〇・〇七五mであり、潮差は比較的小さい。

六．地震

福島県周辺においては、強震以上の地震は約一五〇年に一度、烈震以上のものは約四〇〇年に一度位の割合でしか起つておらず、福島県周辺は地震活動性の低い地域であると言える。従つて福島県周辺で過去に震害を受けた経験も少なく、とりわけ当敷地付近においては特に顕著な被害をうけたという記録は見当らない。

七．水理

淡水源としては、第三紀層内の深層、地下水および当敷地より約一一㎞離れた熊川水系大河原川に築造される坂下ダム（農業用水と共同）より引水を予定している。

Ⅲ　用地の買収および補償

一．用地買収

用地の買収に当つた県開発公社では、昭和三九年（一九六四）五月、まず大熊町、双葉町の議員により構成された両町合同の開発特別委員会に、用地買収についての基本方針を説明し、その協力を求めた。この公社、町、委員会の三者協議では地権者に対する交渉方法として、

①　町長を表面に立て地権者と折衝させる。

②　公社が表に立つて町（委員会も含む）がバックアップする。

③　公社と町が共同体制で交渉にあたる。

の三つの案がでたが、協議の結果第三案で行なうことになつた。

公社は直ちに事業の説明をした方が今後の交渉が円滑に取り運ばれるものと判断し、当日、部落公民館に地権者全員の参加を求め（全員参加）、東京電力の発電所建設計画と、県の誘致経過について説明し、その協力を求めた。このとき地権者より出された質問事項とこれに対する回答要旨は大要次のとおりである。

①　放射能の安全性についての懸念…

…世界各地の原子力による平和利用状況を説明。

②　薪炭採草地の喪失…

…町長の責任において国有林の払下げを強力に進める。

③　開拓農家の営農経営……土地代金以外の補償金をもつて救済する。

④　買収土地価格の格差……原則として土地価格の格差はつけない。

⑤　税関係……特定公共事業の認定を受けるよう努力する。

⑥　会社が直接買収する国土計画興業株式会社所有地の買収価格……民地と同一価格で買収するよう会社に確約させる。

実際の交渉では公社は、開発特別委員、地権者代表および町長との三者を相手として、話し合いを進めることとなつたが、公社は、長びけば問題が続出するとの判断から、昭和三九年（一九六四）七月には、部落公民館に大熊町地権者の参集を求め、町長立ち合いのもとに個々に折衝した結果、全員の承諾書をとりつけ、また双葉町の場合は、大熊町が承諾すれば協力することになつていたので問題なく承諾書を取りつけるという経過を経ている。

その後、東電は、一次買収地点の北側に約三〇万坪の用地拡大を求めたが、地元双葉町との経過に問題はなく、スムースに買収が行われた。

用地買収費は、発電所用地（約三二〇万m²）約五億円、社宅その他（八万m²）二、四八〇万円であり、用地の内訳は田一一〇反、畑三二四反、山林原野二、六八八反、その他一八反であつた。その他移転家屋一一戸には、総額約一、五〇〇万円（宅地こみ）の移転補償金が支払われている。

表（1-1）　漁業補償対象組合

被補償組合	所在地	組合員数
久之浜漁業協同組合	いわき市久之浜町久之浜	268名
富熊漁業協同組合	双葉郡大熊町大字小良浜	41名
請戸漁業協同組合	双葉郡浪江町大字請戸	203名
四倉漁業協同組合	いわき市四倉町字六丁目	148名
小高漁業協同組合	相馬郡小高町浦尻	66名
鹿島漁業協同組合	相馬郡鹿島町烏崎	147名
磯部漁業協同組合	相馬市磯部	156名
相馬原釜漁業協同組合	相馬市尾浜	673名
新地漁業協同組合	相馬郡新地村谷地小屋	101名

二．漁業補償

地先海面は沿岸漁業地区としては過疎地帯であるが、資源的にはみるべきものがあり、地区外（相馬地区、いわき地区）からの入会漁船（一本釣、延縄、刺網等）が多かつたため、漁業権の買上げ交渉はかなり複雑な経過をたどつている。

漁業補償は、原子力発電所の海面沖出一、五〇〇m、横幅三、五〇〇m、面積五・四万㎡の漁場における共同漁業権の消滅を対象とし、消滅補償・入漁補償合わせて約一億円の補償金が支払われた。補償金は、この漁場を利用している直接三組合（請戸漁協、富熊漁協、久之浜漁協）と入会の五組合、隣接の一組合、計九組合がその対象となった。

漁業権の補償金は、漁協のファウンド、漁港の改修費に使用した地区もあるが、請戸漁協では組合員に分配したため、この配分をめぐつて不満がみられたときいている。

なお補償に先立つて当初漁民の一部には、累積される放射能による海水汚染が絶無とは考えられないとして、その建設に反対があり、また消滅漁場は当該海域ではすぐれた漁場であるので、生産活動が不能になるとの声があつたが、放射能による危険は無いこと、冷却水の温度差による大きな被害も考えられないこと、ただ大量の冷却水による自然海流の変化が考えられ、これ等を考慮し漁業権の消滅をするものである旨の東京電力及び開発公社によるPRによつて解消した。

Ⅳ　安全管理

昭和四四年（一九六九）四月福島県と東京電力との間で「原子力発電所の安全確保に関する協定書」が取り交わされており、放射能の測定、放射能測定基本計画、測定結果の提出、公表、放射能測定の立会い、および施設の状況確認等を行うものの選任等が取決められた。

モニタリング計画案によると、モニタリング・ポストを発電所構内に六ケ所、モニタリング・ステーションを発電所敷地周辺の人口稠密地に三ケ所設置して自動測定を行う。県と東電の間で技術連絡会議を行い、協定書の内容事項を実施する。大気の測定、海水、農産物、牛乳、海産物、その他等の放射能を測定する等である。なお魚類については、移動性の魚類はその対象とせず、利用度の高い定着性の魚（カニ、カレイ、クロガラ、その他）を測定対象としている。

Ⅴ　設置が比較的円滑に行なわれた理由

① 福島県は産業の振興策等で県全体がかなり急速に発展途上にあるが、そのなかで立地点周辺は、最も後進的でかつ開発の決め手のない地域であつたため、地域開発の契機になるという期待が大であつた。とくに県、町の当事者等の希望が大きかつた。

② 昭和三二年（一九五七）前後に、大熊町ではすでに早稲田大（脱）、東京農大に依頼して地域開発を目標とする総合的調査が行なわれており、行政的段階での地域開発の歩みがみられている。また部落組織

も、第二次大戦以前に旧来のものを細分化して、行政町の下部機構として改組している。この地区への原子力発電所誘致が比較的抵抗が少なかつたのは、これらの社会的背景にもよつているると思われる。

③　隣接地区などでは、精農家が多く、生産意欲が大きいための反対気運(ママ)があるのとは対照に、特に当該地区は開拓農家が主体で、生産力、定着力ともに低いという事情にあつた。

④　一次買収地区の主体が、一会社の遊休地であつたことも挙げられる。

（前掲「報告書」一一一〜一一五頁）

ということがいささか誇らしげに述べられている。しかし、そこには東日本大震災で露呈されることになるさまざまの問題につながる要因が含まれている。ちなみに、前掲「報告書」のこの項の執筆者である高崎市立経済大学助教授大津昭一郎はこのあと東洋大学文学部教授を務めた農村社会研究者であるが、イスラエルの農業共同体またはその管理する集団農場の一形態であるキブツの研究者として知られている。キブツとはヘブライ語のグループを意味するkibbutzのことであるが、そこでは農場の管理および経営が行われるとともに、農場における育児・教育・厚生などの共同管理がなされており、肉親が育児にかかわらない集団のあり方として注目されたこともある。しかし、それは大津の執筆した項目とかかわることではないが、農村社会研究者である大津が、当該地域の地質・気象・地震・水理などおよそ専門家として十分な識見があるとは思われない事項を執筆しているのはいささか面妖である。おそらく地域調査専門委員会ワーキング・グループの一人である気象庁予報部主任酒井俊二が文責者としてではなしにかかわっているのであろうが、あとでみるように内容としてお粗末きわまるものである。特に、原発設置の可否の決定において重要な意味を有する地震の項目などをみれば、歴然たるものがある。

四．東電福島第一原発事故後に改めて「地域調査専門委員会報告書（各論）」を読む

私は福島県双葉郡大熊町の町史編纂委員会からの依頼で、『大熊町史』第一巻・通史（大熊町、一九八五年三月）の「第四章　電力」（同上、八三一―八四五頁）の執筆に参加したとき、「地域調査専門委員会報告書」を資料として用いている。そのさい、同「報告書」の総論ともいうべき、大津執筆の第一章の「Ⅱ　立地条件」の「一．敷地の概説」の冒頭で、大津が「福島原子力発電所の立地点は、東京の北方約二二〇㎞」のところにあるとしたうえで、「原子炉の設置地点から最寄りの人家までの距離は約一㎞で、周辺の人口分布も希薄であり、近接した市街地として約八・五㎞に浪江町（昭和四〇年一〇月現在人口約二三、〇〇〇人）がある」と述べているところに強い違和感を感じ、結局のところ「東京から遠いこと、人口稠密の地域から離れていることが立地条件として考慮されていることからすれば、いかに技術的に安全性が強調されようとも原子力発電所の性格なるものが如実に示されているといわざるをえないであろう」との指摘を行い、続けて「しかも、浪江町よりも近いところに当時人口七、六二九人の地元の大熊町、隣接の人口七、一一七人の双葉町、人口一一、九四八人の富岡町のあることは、この説明からはすっぽりと脱落している事実に気づかなければならない」ことを強調し、

問題は「二万人以上の町なら市街地として扱うが、一万人前後の町は配慮の対象にならないという論法が、要するに原子力発電所の立地が東京からの距離の遠さを力説する形で適地の判断がなされることにつながっているのである」（前掲『大熊町史』八三七―八三八頁）という批判をしておいた。

私はこのような観点から「電力」の章の記述を進め、その最後に「原発の事故」と題して、

原子力発電所は巨大なエネルギーを生み出す。しかし、原子力の制御は難しい。放射能など、現在の最高の科学技術をもってしても、人間はそれを完全に自分のものにすることができないでいるのである。もしできていると思い、原発は絶対安全と考えているとしたら、それはその人間のおごりにすぎない。いつ人間の手綱を離れて飛び出すか予測がつかない状態にあるわけであるから、ちょっとした気のゆるみがたちまち取り返しのつかない事故につながるのであるから恐ろしい。そうしたことを最も端的に示したのが、昭和五四年（一九七九）三月二十八日、アメリカペンシルベニア州のスリーマイル島で起きた加圧水型原子炉に生じた事故である。

この事故の報が入ると、大熊町の人々は大変な不安におそわれた。また、福島県も浜通りに原発銀座をもつだけに県原子力対策室を中心に強い緊迫感に見舞われることになる。そして、大熊町にある東京電力福島第一原子力発電所は、スリーマイル島で事故を起こした加圧水型ではなく沸騰水型原子炉によるものではあるが、四月二十三日、仙台通産局の検査官による国の特別保安監査が行われ、また、県と大熊町・双葉町による立ち入り調査が四月二十七、八日の両日にわたって行われている。

しかし、東電福島第一原発が特別保安監査を受けたのは、このスリーマイル島の事故のときが最初ではない。昭和四十八年（一九七三）年六月二十五日午後四時三二分に、この発電所自体が作業員のミスで放射性廃液貯蔵庫から中レベルの放射性廃液が建物外に流出するという日本の原子力発電始まって以来の事故を起こしたときにすでに受けていたのである。ただ、このときの東電のとった態度は地元をないがしろにし、場合によってその信用を失ってもやむをえないものであった。東電では、事故発見とともに、放射能で汚染した土を除去し、また建物内にたまっていた廃液を含んだ水を処理し、これら作業に従事した作業員の被曝線量も安全基準を超えるものではなかったといわれている。

問題はこの間、事故について大熊町に何の連絡もなかったことである。当時、大熊町では町長の志賀直正が病気で入院中であり、助役の遠藤正が事実上職務を代行していたが、その遠藤は東電から何の連絡も受けておらず、六月二十六日午後四時、共同通信福島支局の記者から事故についてのコメントを求められ、初めて事実を知ったのである。寝耳に水の遠藤は、早速、第一原発に電話を入れ、詰問した。第一原発では大熊町に六月二十六日午後二時一〇分に報告したと答えたが、その報告はまだ遠藤のところに届いていなかったのである。

問題はそこにあるのではない。第一原発が大熊町に事故を報告したのが、廃液漏れの発見から二二時間もたってからという地元に対するいい加減さが問題なのである。もしかすると、県・町・東電との間に結ばれている安全協定を無視して内部でこっそり処理しようと図ったのが、遅延の原因であると疑えば疑えないこともないのである。そのさい、報告を受けた六月一日に開設されたばかりの経済企画庁の福島原子力連絡調整官事務所の担当者の不慣れからくる不手際もあったといわれている。

とにかく第一原発を詰問して事故を聞き出した遠藤は、午後四時四〇分、入院中の志賀を訪ね、「怒りましょう」といったことは、いろいろなニュアンスにとられているが、東電を信用していた町当局の東電から裏切られたという気持ちがきわめて率直に現れているといえよう。「信用」、それだけが原発のある町の当局だけではなく、住民たちの唯一の頼みなのである。東京電力のような大きな会社が町や住民のためにならないことはしないはずという「信用」のみが、みずから何の技術的な手立ても持たない住民たちを「安心」させていたのである。その「信用」だけは裏切らないでほしいものである。

ただ、このように、東電を「信用」している住民たちも、原発がやがて耐用年数がきたとき、そこはまったく使用不可能な廃墟となるのではなかろうかということに「不安」を持っている。それこそ本当の意味でのポスト原発である。そうなったとき、現在の町の財政の歳入面の圧倒的部分をなしている原発からの固定資産税収入などもなくなるのである。大熊町の住民たちは、現在、すでに東京電力が隣接の双葉郡広野町に広野火力発電所を建設し、また、東北電力が原町市・相馬郡鹿島町や相馬市・相馬郡新地町に火発を造ろうとする計画を持っていることをみて、原発はすでに時代遅れになっており、これからは火発の時代が来るのではないかとささやき始めているのである。

なお、福島第一原発の沸騰水型原子炉を造ったアメリカのゼネラル・エレクトリック（G・E）発電コストが最も安いといわれた原発も、そのような神話はすでに崩壊しているのである。

社はすでに原子力部門から撤退方針を打ち出しているということも、何か原発の将来を物語っているように思えてならない（同上、八四三〜八四五頁）。

と書いて「電力」の章を擱筆している。

私がこのような記述を行った『大熊町史』の「電力」の章については上梓後、別に讃められもしなかったが、少なくとも直接に批判されることもなかった。いってみればまったく注目されることなどなかったのである。しかるに、東京電力福島第一原発事故後、これを読まれた何人かの方から、〝原発との共存共栄〟がいわれているなかで、上述のような文章をよく書くことができたな、という問い合わせの電話を受けることになった。しかし、この文章は、すでに大熊町助役から町長になり、大熊町史編纂委員長を務めていた遠藤正がメモにもとづき話してくれたことを私がまとめたものであり、遠藤には〝原発との共存共栄〟という雰囲気はまったくなかったのである。遠藤が私の聞き取りに応じてくれたのは、一九七九年三月のスリーマイル島の原発事故からそれほど時間が経っていない頃であったが、遠藤がしきりに気にしていたのは、やがて福島第一原発の耐用年数がきた後をどうするかという心配であったのである。遠藤としては、原発のある町の町長として、極めて率直にその悩みを明かしてくれたのであり、私はそれを承けて「それこそ本当の意味でのポスト原発である」と書いたわけである。なお、私が町史編纂で大熊町に行った頃、遠藤は〝留守番町長〟と呼ばれていた。志賀直正が病気で町長を退任したあと、東京電力㈱社員である志賀の息子の志賀秀朗がやがて帰ってきて町長になるまでのつなぎという意味である。遠藤はみずからそういわれていることを自認していた。志賀まだ助役時代に東電から事故の連絡が遅れたとき、入院中の町長に「怒りましょう」といったことについて、私が「いろいろなニュアンスにとられているが」と書いたのは、そのことを私に話してくれた遠藤の誠実な人柄をおもんぱかって、私がそのように表現したのである。私が『大熊町史』第一巻の「電力」の章に〝原発との共存共栄〟などと書かずに済んだのは、もっぱら淡々と事実経過を中心に話してくれた遠藤のお蔭によるものと銘記しておきたい。

ところで、私は『大熊町史』第一巻の「電力」の章を執筆中に前掲「報告書」の大津執筆の概説のなかで、大津が大熊町への原子力発電所の「設置が比較的円滑に行われた理由」として、大熊町の集落の構造に関して「部落組織も第二次世界大戦以前に旧来のものを細分化して、行政町の下部機構として改組」されたものであるという認識に立っていることを知ったとき、近代社会には労働組織（あるいは生産組織）を基盤とする共同体はすでに存在しないとする私の認識に共通するものがあることに複雑な思いにとらわれた。村落研究者のなかには、近代になっても日本の農村・山村・漁村には伝統的なつながりがみられることを強調する者が多く、一九六〇年代ぐらいまではそれがむしろ近代化を妨げるものとして否定さるべきものとして扱われ、高度経済成長の挫折以降になると、むしろそれを肯定的にとらえ、美化しようとさえする風潮が強まっていたが、近世農村の崩壊過程において集落そのものがゲゼルシャフト化し、それを糊塗するためにゲマインシャフトリッヒな装いを取るようになり、それが近代にもち込まれたと考えている私には「部落組織も第二次世界大戦以前に旧来のものを細分化し、行政町の下部機構として改組」されたものとする大津の認識には共感を覚えるものがあった。さすがにキブツの研究者であると思ったりもした。大津がみているのは皇国農村体制下におけるそれを指しているのであろうが、それを肯定的に〝自治村落〟ととらえても要するに同じことであり、伝統的な集落組織とは似て非なるものである。そして、近世段階の集落組織においても、その集落内に住む「衆」のうちに、そこで享受さるべき権利から排除される「個」が存在し、一揆などで「悪党」と他称されるものはそうした〝外され者〟であったことを知っておく必要があろう。いつの時代の地域社会にも、そこに住む人々のすべてに無差別平等に与えられる権利などは存在しないのであり、排除は自治的に行われるのである。集落内に住む「衆」のなかに存在する「個」のうち、集落にとって好ましくないとみなした者を孤立化させることに自治は有効に働かされるのである。いわば近代になって生じた〝村八分〟なるものはこうした形で行われたのである。いわゆる「自治村落」の自治なども、しょせんはその程度のものであり、皇国農村体制下での集落の区長が、戦死者の出た浄土真宗信徒の家に神棚がないのをみて、親鸞以来の神祇不拝を旨とする信仰を無視して、「英霊の家に神棚がないのはおかしい」と神棚設置を村の駐在巡査とともに強要したのと選ぶところがない。皇国農村と呼ぼうが、「自治村落」と名づけようが、同時代においては同時代的に機能するものであるといっておこう。そのことは、一九四五年三月、国民学校に入学するため、相馬地方の祖父の生家に縁故疎開させられた私が身をもって体験させられたものであり、わが家はいまもって集落の農業用溜池の水利権や組山の利用権から排除されているのである。集落の総会において議題が順を追って溜池や組山の件に入ると、疎開の方はといって退席を求められることになったことを経験させられている。最近では、さすがに疎開とはいわれないが、一般、すなわち非農家の方という扱いをされていることに変わりはないのである。したがってそうした総会での決定には従う義務はないと割り切れば集落に居を構えるのも気楽なものである。地域消防団に入る義務も生じないのである。

　しかし、大津の集落のとらえ方に共感は持ったとしても、問題はその先である。大津はそのような集落のあり方を集落の弱点としてとらえ、原発設置の用地買収にあたって、「長引けば問題が続出するとの判断から昭和三九年（一九六四）七月に、部落公民館に大熊町地権者の参集を求め、町長立ち合いのもとに個々に折衝した結果、全員の承諾書をとりつけ、また双葉町の場合は、大熊町が承諾すれば協力するということになつていたので問題なく承諾書をとりつけ」たということを得々と述べ立てているところを読んで私の大津に対する共感などはすっとんでしまい、背筋に冷たいものを感じたのである。御用学者としてそこまでやるかということであるが、大津ははじめに承諾書を取りつけた地区の「隣接地区などでは、精農家が多く、生産意欲が大きいための反対気（ママ）運があるのとは対照に、特に当該地区は開拓農家が主体で、生産力、定着力ともに低いという事情にあつた」と述べ、さしあたって精農家との買収交渉はあとにまわし、さすがに堕農といってはいないが、「生産力、定着力ともに低い」開拓農家との交渉を先にしたという戦術を取ったことを明らかにしている。そのさい具体的には、旧陸軍航空隊飛行場跡地に開かれた農業的には不毛の地に等しい塩田用地を遊休地として所有する国土開発興業株式会社から東京電力株式会社が当時としては相当な地価で購入し、それをえさにして福島県土地公社が東京電力株式会社のために取得する土地を開拓農家から買収したわけである。そこには敗戦後、引揚者などを入植させた開拓地がいかに劣悪な場所であったかを示すものではあるが、福島原発の敷地はそのような手段を用いて円滑に集められたということを知っておくことは原発事故が発生した現在において、そこに私と共通する近代農村への認識を抱いていた大津という農村社会研究者が日本原子力産業会議地域調査専門委員会のメンバーとしてかかわっていたという消すことのできない事実であるからである。大津と私との違いは近代農村のもつ弱みを利用して御用学者となるか、ならないかということの一線にあったのである。私の背筋を走った冷たさは大津がその一線を越えていることを知ったことにあるといえよう。

東日本大震災で東電福島第一原発における三回の水素爆発を知ったとき、私は例の「報告書」を改めて読み、大津が概説の気象の項で、「発電所敷地の地上八mの風向分布は、年間を通じて西、西北西、北北西が卓越し、その出現頻度はそれぞれ一二%弱であり、いずれも敷地から海へ向かう風である」と述べていることが目についた。確かに、福島県の浜通り地方は、特に冬季は西風や北風が多いことは私もそこに住んでいるから知っている。しかるに、三回の水素爆発のあったときの風向はいずれもその逆で、敷地から山へ向かって吹いたのである。つまり、逆風であったのである。しかし、地域住民たちは本能的に西、すなわち阿武隈山中に向かって逃げたのである。本来、風上の村になるはずのところが風下の村になっていたのである。また、政府や福島県も原発周辺一〇㎞以内の住民をとりあえず避難させたのも福島県相馬郡飯館村など、阿武隈山中の当時、風下になっていた村なのである。

さらに、大津が地震の項において、「福島県周辺においては、強震以上の地震は約一五〇年に一波、烈震以上のものは約四〇〇年に一度位の割合でしか起つておらず、福島県周辺は地震活動性の低い地域であると言える」とし、「従つて福島県周辺で過去に震害を受けた経験も少なく、とりわけ当敷地付近においては特に顕著な被害をうけたという記録は見当らない」と述べているところが目に飛びこんできた。この文章自体は、原発立地に差し支えないとするために書かれていたものであるが、東日本大震災直後、一〇〇〇年に一回の大地震・大津波ということで、一一四二年前の八六九（貞観一一）

年陰暦五月二六日発生の〝貞観津波〟がしばしば引き合いに出されていたので、大津が、津波には言及していないが、「烈震以上のものは約四〇〇年に一度位の割合でしか起つておらず」と述べていることが気になった。烈震というのは今の表示でいえば震度六ということになるが、東日本大震災の二〇一一年三月一一日からみて四〇〇年前ということになると、一六一一年ということになる。そこで手元にある日本史年表の類を片端から開いても一六一一年の前後には地震や津波の記録はない。あるのは八六九年の貞観津波・地震だけである。

そこでやはり手元にあった『理科年表』をみたら、なんと一六一一（慶長一六）年陰暦一〇月二八日に、「三陸地方で強震、震害軽く、津波の被害大。伊達領内で死一七八三人、南部、津軽で人馬死三〇〇〇余、三陸地方で家屋流出多く、溺死者一〇〇〇をこえた。岩沼付近でも家屋皆流出。北海道東部でも溺死者多かった」（東京天文台編『理科年表』四四、丸善、一九七〇年一二月、地一五〇頁）という記述がみられたのである。そこで現双葉郡大熊町あたりに関する記録はないかと、当時、現南相馬市小高区にあった小高城を居城としていた相馬氏関係の史料を検索したら、まず、「小高山古記録」（相馬市歴史資料収蔵館所蔵　旧海東家文書）の慶長年間の記録のなかに、

同（慶長）十六年辛亥十月廿八日生波（ツナミ）上ル　相馬内七百人死、伊達ニテ二千八百人死、家道具流

とあるのを発見した。小高山は相馬氏の菩提寺同慶寺の山号である。次に中村藩初代藩主相馬利胤（一五八一―一六二五）の死後に編纂された稿本「利胤公御年譜」（相馬市歴史資料収蔵館所蔵、旧海東家文書）

の一六一一（慶長一六）年の条に、

一・同年十月廿八日　海邊生波ニテ相馬領ノ者七百人流死　奥筋猶多シ

とあるのを見出した。実は相馬氏は一六一一年（慶長一六）年陰暦一二月二日に中世以来の小高城から中村城に居城を移したのであるが、この移城を進める過程で震災に見舞われたのである。なお、この「利胤公御年譜」の成稿のこの部分は、「利胤朝臣年譜」という項の当日条、

一　十月廿八日、海辺生波ニ而相馬領ノ者七百人溺死（『相馬藩世紀』第一、続群書類従完成会、一九九九年六月、一四頁）。

という形で活字化されている。さらに、後年の「小高山同慶寺記録」（相馬市立歴史資料収蔵館所蔵・旧海東家文書）のなかにも、

一　同年十月廿八日　奥州筋生波上（ツナミ）　相馬領海辺ノ者七百人　仙台領二千八百人溺死

ということが記載されている。

大津が「約四〇〇年に一度位の割合でしか起つておらず」とした「烈震以上のもの」が一六一一（慶長一六）年からちょうど四百年後にとてつもない大津波をともなって襲ってきたのは皮肉としかいいようがない。大津がこのように書いたのは、一九七〇年八月に印刷に付されたものにおいてであるが、一六一一（慶長一六）年の地震津波を知っていたら、地震の項目をあのような能天気な調子で書くことができたであろうか。とにかく例の「報告書」が世に出てから四一年目に東日本大震災は発生したのである。

しかし、大津の地震に対する能天気ぶりは例の「報告書」の第二部「関西電力美浜原子力発電所周

辺地区に関する調査報告」の総論ともいうべき第一章「美浜発電所設置の経緯」のⅡ「立地条件」の五「地震」においても、

福井県近辺では、強震以上の地震は約八〇年に一度、烈震以上のものでは約一七〇年に一度くらいの割合で起つており、福井県近辺で過去に震害を受けた経験は必らずしも少くないが、敦賀附近は福井県近辺の中では例外で、かつて震害らしいものは経験したことがないようである。これは地盤条件の差によるものと思われる（前掲「報告書」一一－一二頁）。

とあるようにいかんなく発揮されているのである。すでに述べたように大津は農村社会研究者であり、地震・津波の専門家ではないわけで、そのような者に地震の項目の執筆をさせた日本原子力産業会議の責任は厳しく問われる必要があろう。

五．結びにかえて

最後に、こじつけのように聞こえるかもしれないが、ここでみた四〇〇年前の一六一一年の慶長津波は極めて国際的な意味を持っていることを示しておこう。それは一六一一年にヌエバ・エスパーニャ（現メキシコ）の副王ルイス・デ・ベラスコの大使として日本に派遣された探検航海家セバスチャン・ビスカイノが幕府の許可のもと仙台藩伊達氏の所領沿岸で測量図の作成中、一六一一年一二月二日（慶長一六年一〇月二八日）に陸奥気仙郡越喜来（Oquinay）村（現岩手県大船渡市三陸町）の沖合で慶長津波に遭遇し、越喜来村の村民が〝津波てんでんこ〟とばかり山に逃げ行くのをみ、また、みずからの乗船も接岸中に衝撃を感じ、仙台藩がつけてくれた僚舟二艘を沈没させるという恐ろしい体験をしているのである（異国叢書『ドン・ロドリゴ日本見聞録、附ビスカイノ金銀島探検報告書』村上直次郎訳註、駿南社、一九二九年四月、一一〇―一一一頁）。また、ビスカイノは陸路で仙台から江戸に向かう途次、一六一一年一二月一八日（慶長一六年一一月一五日）に、居城を小高から中村（現相馬市）に移すために中村城で工事の陣頭指揮をしていた相馬利胤（Daygendono）に会うが、利胤は「城門」まで出て、快くビスカイノを迎え、「城は（地震で）破損し再築中なるを以て城内に迎へざるを謝し、同市も海水の漲溢に依り海岸の村落に及ぼしたる被害の影響を受けたり」（同上、一一九頁）と述べたことが記されている。そして、ビスカイノは、一六一一年一二月二二日（慶長一六年一一月一九日）、「フマンガワFumangava」、すなわち標葉郡熊川村（現双葉郡大熊町）から陸奥平藩領鳥居氏（Torizaquidono）の所領に入っている（同上、一二〇頁）。ちなみに熊川村は東京電力福島第一原発の敷地のやや南に位置する。

なお、ビスカイノは一六一三（慶長一八）年に仙台藩主伊達政宗が送った支倉常長ら慶長遣欧使節を乗せたサンファンバウチスタ号に便乗してヌエバ・エスパーニャ（現メキシコ）に帰っているが、一六一五年にアカプルコで亡くなっている。しかし、ビスカイノ一行の書いた、『金銀島探検報告書』なるものの手稿原本〝EN EL NOMBRE DE Dios y de Su bendita Mardre la Virgen maria y de Los Gloriosos S. Pedro S. Pablo y Santiago Amen〟は現在Biblioteca Nacional de Espana（スペイン国立文書館）に所蔵されており、その活字化されたものが一八六七年にスペインのマドリッドで刊行された“Colección De Documentos Inéditos, Relativos Al Descubrimiento, Conquista Y Organización De Las Antiguas Posesiones Españolas De América Y Oceanía, Volume 8.”の一〇一―一九〇頁にわたって掲載されている。この部分を一九二九年に村上直次郎が『ビスカイノ金銀島探検報告書』と題して翻訳し、註を付して、異国叢書『ドン・ロドリゴ日本見聞録』に附として載せたもののうち、一六一一（慶長一六）年の津波に関する部分が史料として用いられてきたのである。

のちにビスカイノの慶長津波に関する『金銀島探検報告書』を史料として用いることに激しいネガティブ・キャンペーンを展開する渡部偉夫もみずからの著である『日本被害津波総覧』（東京大学出版会、一九八五年一一月、七七―七九頁）においては、『金銀島探検報告書』を肯定的に扱っていたが、『日本被害津波総覧』〔第二版〕（東京大学出版会、一九九八年二月）ではかつて依存していた『金銀島探検報告書』を史料としては弊履のごとく捨て去っている。特に福島県浜通り地方を襲った慶長津波に関する言及は完全に消えてしまっている。その当否は東電福島第一原発が激しい地震と津波に襲われ、三回にわたる水素爆発で尨大な放射性物質を飛散させたことをみれば、改めていうまでもないところである。そこには『理科年表』の編纂が一九八八年版までの東京天文台から国立天文台に移ってからの、津波についての「口碑伝承」をおろそかにする科学偏重の弊をみることができるのであるが、その点については、岩本由輝編『歴史としての東日本大震災――口碑伝承をおろそかにするなかれ』（刀水書房、二〇一三年月）の一〇―三〇頁、四一―五六頁、一九一―二〇三頁、および岩本『「慶長津波」の矮小化がもたらしたもの』（宮城歴史科学研究会、二〇一三年九月、一八―四四頁）を参照して頂きたい。

補章　政治経済学・経済史学会二〇一三年度春季総合研究会報告

「東北地方『開発』の系譜――国際的契機に着目して」コメントおよび討論の要旨

記録：植田展大・棚井　仁

日　時：二〇一三年六月二九日（土）一三：〇〇～一七：〇〇
場　所：東京大学経済学研究科棟　地下第一教室
問題提起：松本武祝（東京大学）
報　告：
1. 軍馬資源政策と東北馬産――国家資本依存型産業構造の形成　大瀧真俊（京都大学研修員）
2. 人口問題と東北――戦時期から戦後における東北「開発」との関連で　川内淳史（歴史資料ネットワーク）
3. 高度成長期における東北地方の電源・製造業立地政策　山川充夫（帝京大学）
4. ネットワークの視点でみる東北地域の産業構造の発展　坂田一郎（東京大学）

コメンテータ：中村尚史（東京大学）、白木沢旭児（北海道大学）
司会：小島彰（福島大学）、安藤光義（東京大学）

一．問題提起、報告、コメント

問題提起および四本の個別報告の後、二つのコメントがなされた。

中村尚史氏は、東北地方の「開発」の系譜を考えるにあたっては一九世紀末から高度成長期までの国民国家による政策としての東北「開発」と、一九八〇年代以降の多国籍製造業企業の立地との関係を考える必要があると指摘した。そのうえで両者を架橋するために、以下の四つの論点を提示した。第一に、高度経済成長期までの国家による東北「開発」は、どのような点で一九八〇年代以降に多国籍製造業企業が当該地域で展開する内的条件となったのか。第二に、戦前戦時期の人口問題は両者をつなぐ媒介環になりうるのか。第三に、一九八〇年代以降の製造業企業の立地に至る過程で政府と民間との関係がどのように変化したのか。第四に、一九八〇年代以降に進展した事態について、その歴史的性格をどうとらえるのか。さらに、中村氏は、以下の論点を付け加えた。労働力市場創出を目指した高度成長期の「開発」政策とその「失敗」が、集団就職と出稼ぎによる社会移動の増加とその後の人口減少および高齢化をもたらしたとし、その労働力の供給源を問うた。そして、兼業農家や地域の女性労働力の存在が重要であると述べた。また、企業の東北進出の理由が安価な土地と労働力のみにあるとすれば、海外進出の方が合理的である。企業が東北に展開する利点を問うた。加えて、震災からの復興過程において道路などのインフラ整備が進んでいることを指摘し、震災前には分断されていた沿岸部と内陸部の間に新たなネットワークが構築される可能性があることについても言及した。

白木沢旭児氏は、各報告に対し個別の論点を提示するかたちでコメントした。まず、大瀧報告に対して、東北農業においては馬が米作への畜力・厩肥の供給機能を果たし自給的性格が強いとしているが、農家は現金収入をどのように得ていたのかを問うた。川内報告に対しては、戦時期に東北が人的資源の供給源となったという言及に関連して、満洲移民政策が本格的に実施されると、山形県や宮城県は長野県に次ぐ移民送出県となっており、過剰人口の状況は変わっていなかったのではないかと質問した。山川報告に対しては、東北地方で高度成長期に電気機械工業の立地が進んだ要因について質問した。また「南東北」と一括されていることについて、東京からの距離・所要時間など、各地域で条件に差異がある点を指摘した。坂田報告については、山形県の電気機械工業の賃金水準や付加価値生産性の低さは、農村の過剰人口の存在と関係があるのかを問うた。

以上のコメントに対して、各報告者が応答した。大瀧氏は、白木沢氏に対して東北の農家の約半数が馬を飼育し、これらの平均経営規模が一・五ヘクタル程度であるとしたうえで、経営規模一・五ヘクタル以上の農家では畜力・厩肥の利用を主目的として副業的に馬産が行われたとした。また、経営規模一・五ヘクタル以下では養蚕が現金収入源となっていたと答えた。大瀧氏に対してはフロアからも個別に質問が寄せられた。永瀬順弘氏（元桜美林大学）からは一九三〇年代の満洲二〇〇万頭調達計画について質問があり、大瀧氏は、計画はほとんど実現しなかったと回答した。また、石井寛治氏（東京大学名誉教授）より耕作用馬軍用徴発の農業生産への影響について質問があった。大瀧氏は、一九三六―三九年に耕作用馬は三六万頭から三一万頭へと減少し、既存の馬の酷使や牛への役畜転換、賃貸借・共同利用の進展がみられたと述べた。

川内氏は、中村氏の労働力の供給源に関する質問に対し、一九七〇年代以降に青森を除く東北地方では出稼ぎ者数が減少していることを根拠に、地域内に留まった労働力が供給源となった可能性を指摘した。次に、白木沢氏の質問については、満洲移民などによってある程度人口圧力が緩和されたが、過剰人口は一九三〇年代を通して解消されていなかったと答えた。また、戦時期には人口の増加が政策上重要視されるようになったと回答した。さらに、出稼ぎ先については、一九三〇年代には北洋漁業が大半を占める一方で東京への出稼ぎは少数に留まっており、戦後の状況とは大きく異なることを指摘した。

山川氏は、誘致企業の労働力の供給源に関する中村氏のコメントに対し次のように答えた。高度成長期の喜多方では、機械工業が勃興し男性労働力が必要とされたのに対し、女性労働力は電気機械工業の組み立て作業で部分的に活用されるに留まった。しかし、一九八〇年代になると電子部品関係の工場で女性労働力に対する需要が高まり、そこで多く吸収された。また、白木沢氏のコメントについては、浜松や豊田では織物工業からその生産手段である織物関連の機械工業の展開がみられたのに対し、東北の川俣や米沢ではそれが失敗していると指摘し、その意味を検討する必要があると回答した。また、戦後の喜多方における機械工業の起源が戦時工場疎開にあるとして、内発的に発展してきたものではないと指摘した。また、それらの工場は高度な技術をもっておらず、分工場としての役割が大きかったとした。加えて、新幹線や高速道路が南から北へ整備されたことを挙げ、その時間差が地域間の格差と関連していると言及した。

最後に坂田氏が回答した。まず、地域の経済的自立性を高める際に重要な役割を果たすコネクターとなる企業について、その要素および共通点を問う中村氏のコメントに対し、自立性を高めるためにはハブとコネクターを作ることが重要であり、経営者が事業内容や技術領域の異なる企業とつながろうとするかどうかがポイントとなる。そうした企業を地域内で育成することが求められると述べた。また、震災以降、既存の取引関係が壊されてしまった状況を契機として、これまで取引関係のなかった他分野とつながろうとする動きがあると指摘した。白木沢氏の過剰人口と工場立地の関係性を問うコメントに対しては、質の高い労働力をいかに確保するかということは震災後も重要な問題となっており、企業にとっては震災以前に働いていた人たちをつなぎ止められるかという点と、若者にとって魅力のある仕事があるかどうかが重要な点であると回答した。

二．討論

討論の部では多岐にわたる質問や意見が提示された。まず、「開発」における地方の主体性に関して石井寛治氏が論点を提示した。報告では東北「開発」を主として中央の政策過程から分析しているとしたうえで、地域内部ではどのように「開発」をとらえていたのかを問うた。また、東北では主に中央主体の「開発」が実施されてきたとすれば、内発的な計画が機能しなかった要因はどこにあるのかについても質問した。石井氏の質問に対し川内氏は、戦時期に青森県知事によって「開発」による格差是正を主張する動きがみられたが、中央の政策に引っ張られた「開発」が継続したと述べた。さらに戦後も東北の後進性を強調して「開発」を誘致する動きはみられたが、戦前戦後を通じて内部からの「開発」の動きは弱いとまとめた。続いて山川氏は、一九六〇年代半ばに資源開発型から企業誘致型へと中央の政策が転換する中で、地域内から「開発」の動きが出はじめると論じた。それ以前にも、中央の政策として一九五〇年の国土総合開発法による特定地域総合開発を受けて県庁が地域「開発」への関与を強め、一九六二年の新産業都市建設促進法にもとづく計画でも地域の主体性が強化されたが、内発的な「開発」の動きは進まなかった。一九五〇―六〇年代に中央の法制度が整い、高度成長期の誘致合戦の中で地方は内発的発展について考えはじめるとした。コメンテータである中村氏は石井氏の質問を考える際には、高度成長期前後でのパラダイム転換が重要であると言及したうえで、坂田氏にもコメントを求めた。坂田氏は、次のように答えた。新産業都市建設促進法以降には地域の提案が政策に反映されることで内発的な発展へと転換する。法体系上は一九九〇年代半ば以降に地域内部からの「開発」を促進する動きがみられ、二〇〇一年からの東北産業クラスター計画もこの流れの中に位置づけられる。しかし、他方で資金面では依然として中央の資金に依存している。また、電子機械・自動車工業は東京に本社がある大企業であり、市場も国外にあるため地域が自立的に主導権をもって「開発」案を提示していくことが困難である。東北は東京の強い影響力下にあり、東北の自治体間でつながりをもって行動する意識が希薄であると論じた。

柳沢遊氏（慶應義塾大学）は山川報告、坂田報告に関連して工場立地の面から論点を述べた。高度成長期に東京都内に拠点を有した繊維・雑貨工業、一部の機械工業の工場が北関東、南東北に移転する。高度成長期における格差形成を山川報告では強調しているが、東京にあった多くの工場が移転する過程では格差の拡大だけではなく、東北と東京との社会的分業関係が急速に強まる面があると論じた。さらに、それがプラザ合意以降のグローバル化の中で、再度変化するのではないかと述べた。柳沢氏に対し山川氏は、高度成長期までは東京を中心に関東地方から段階的に工業地帯が拡大するが、石油危機によって工場が海外に移転し、東北では「産業空洞化」が生じたと答えた。他方で南相馬の事例を挙げ、二〇〇〇年代に戦時期の企業疎開の際に根付いた企業のスピンアウトによって産業集積が進み、地域内部からの産業発展の動きもみられるとした。また、地域活性化の担い手として、地域内の工業高校・高専の卒業生が重要な存在となっていると述べた。次に坂田氏はプラザ合意以後の工場立地の動向を説明した。東北では海外への工場移転が容易な電子機械工業の立地が多いため、プラザ合意の影響が強く出た。他方で、競合先が少なく長期勤続可能な良質な低賃金労働力が確保できる東北は、自動車工場立地の場合には魅力的な地域になりうると述べた。

永瀬順弘氏は、高度成長期に工場が東北に移転する中で、都市との格差が拡大するという山川氏の主張に理解を示したうえで、工業化の進展が農業に与えた影響について質問をした。山川氏は安東誠一の「発展なき成長」論を事例に、農業出荷額が少なくても、自給部分や農外所得（兼業所得）を合わせると所得は必ずしも低いわけではないと述べた。

沼尻晃伸氏（立教大学）は、大瀧報告、川内報告では国家的政策の枠組みが強いが、山川報告、坂田報告ではその枠組みが希薄であると整理した。さらに、戦前の東北「開発」を国土計画の全容を明らかにせずに議論することに疑問を呈した。また、「開発」計画が国の直轄事業ではなく、県に委任されていることから、東北「開発」では県の役割が重要なのではないかと指摘した。そのうえで、大瀧報告、川内報告における「開発」では国の統制が弱く県の役割が強いとして、この枠組みを適用すれば山川報告、坂田報告を連続して論じることもできるのではないかと述べた。

伊藤正直氏（大妻女子大学）は全体のテーマが東北地方固有の問題を扱う「東北論」であるのか、「開発」に重点をおいた「開発論」であるのかを質問したうえで、「開発論」の立場から「開発」概念に関して問題提起を行った。従属理論での「低開発の開発」状態にあるとすれば周辺である東北の「開発」は歪むが、一方で新古典派ベースの開発経済学で把握すれば東北「開発」は成長につながるとした。そのうえで伊藤氏は「開発論」の立場から分析を行うのであれば、東北「開発」の具体的な中身と「開発」概念とを付き合わせて考える必要があることを強調した。さらに山川、坂田報告の産業連関分析、ネットワーク分析を用いた考察では「開発」の視点が希薄化するため、「開発」概念を組み合わせて論じることで新たな論点が生まれるのではないかと提案した。

権上康男氏（元横浜国立大学）は、ＯＥＣＤが近年地域内でのつながりを重視するようになった理由を問うた。坂田氏は、ＯＥＣＤを構成する欧州諸国では従来の地域「開発」の見直しが進んでおり、後進地域の底上げ策として注目されていると回答した。

以上でフロアからの発言は終了し、諸氏の発言に各報告者が総論として答えた。

大瀧氏は石井氏、沼尻氏に答え、軍馬政策の場合には地方の自立性が弱く国の直轄事業としての性格がとりわけ強いことを強調した。また、伊藤氏の質問に対しては「東北論」として分析を行ったと述べた。最後に、戦後も従属的な位置にあり続けた東北を理解するためには、国内最大の食料供給地として発展した北海道との比較検討も必要であるとして課題を挙げた。

川内氏は、伊藤氏への返答としては「東北論」として議論を進めてきたため、「開発論」を掘り下げてはいないとした。また、沼尻氏の質問とも関連づけて戦前の人口問題は農村問題であり、戦前の「開発」政策の中心であったインフラ整備とは有機的に関連づけられてはいなかった、戦前・戦時の東北振興事業は農村問題と近代工業化の二つの問題の解決を目的とした「開発」事業であったと述べた。戦後における東北内の労働力移動の変化から、日本全体の「開発」の中で東北「開発」をとらえることを課題としたとまとめた。

山川氏は伊藤氏の問題提起に対し、高度成長期には国土総合開発法にもとづき格差是正を目的とした「開発」的な対応がみられたが、これは工場移転にみられる中央からの機能分散という形をとったと述べた。また、工場移転は賃金格差の拡大をともなったが、低賃金ではあるが農家は兼業機会を得た面もあったことを強調した。

坂田氏は東北「開発」をとらえる場合には、東北内の動向だけではなく、高度成長、プラザ合意、東アジアの工業化などの外部の動向を考慮したうえで議論する必要があると述べた。そのうえで東北地方内部の動向だけで系譜をつなげることは不可能であり、外部の動向をふまえた議論を展開するべきであるとした。

最後に松本武祝研究委員長は、東北「開発」は国民国家の枠組みだけではなく、帝国という枠組みのなかでも把握する必要があったと、この研究会での課題をあらためて指摘した。そのうえで戦後日本帝国は再編されるが、この過程における東北の役割の変化に関する議論は不十分であったとした。

さらに高度成長期やプラザ合意後の日本帝国主義の構造の変化の中で多国籍製造業の立地をどのようにとらえるのかという課題が残されているとして発言を終えた。

あとがき

本書は、二〇一三年の政治経済学・経済史学会の春季総合研究会「東北地方『開発』の系譜――国際的契機に着目して」をもとにした共同作業の成果である。この研究会の概略については、本書はしがき（松本武祝）と討論記録（植田展大・棚井仁、また学会誌『歴史と経済』第二二一号（第五六巻一号、二〇一三年一〇月）所収の記録）に記されているとおりだが、本書が成立する過程では、構成、内容ともに修正・追加が施されている。

政治経済学・経済史学会では、二〇〇六年から、春季総合研究会の成果を書籍として公刊し、広く世に問うことを積極的に奨励してきた。研究会の企画者・組織者が編者として、報告者やコメンテータが執筆者として、成果刊行に積極的に取り組んできた結果、これまでに以下の七冊がすでに公刊されており、本書が八冊目となる。

二〇〇六年春季総合研究会：小野塚知二・沼尻晃伸編著『大塚久雄『共同体の基礎理論』を読み直す』（日本経済評論社、二〇〇七年）。

二〇〇八年春季総合研究会：小野塚知二編著『自由と公共性――介入的自由主義とその思想的起点』（日本経済評論社、二〇〇九年）。

二〇〇九年春季総合研究会：斎藤叫編著『世界金融危機の歴史的位相』（日本経済評論社、二〇一〇年）。

二〇一〇年春季総合研究会：井上貴子編著『森林破壊の歴史』（明石書店、二〇一一年）。

二〇一一年春季総合研究会：高嶋修一・名武なつ紀編著『都市の公共と非公共――二〇世紀の日本と東アジア』（日本経済評論社、二〇一三年）。
二〇一二年春季総合研究会：矢後和彦編著『システム危機の歴史的位相――ユーロとドルの危機が問いかけるもの』（蒼天社出版、二〇一三年）。
二〇一四年春季総合研究会：小野塚知二編『第一次世界大戦開戦原因の再検討――国際分業と民衆心理』（岩波書店、二〇一四年）

春季総合研究会は、多くの場合、現在進行形の経済・社会・農業問題、隣接諸科学との接点、古典の読み直し、そして新しい概念や方法の検討など、たぶんに試論的なテーマにも対応しながら、柔軟かつ身軽に企画を組むことで、多くの方々の議論と関心を喚起してきた。今回の企画は、二〇一一年の震災・原発事故を通じてあらわれた東北地方の経済・社会の特質に着目しながら、東北「開発」の近現代史を見直そうという試論ということができよう。

東北地方の開発は、前近代からの馬匹供給、釜石での製鉄事業や猪苗代を始めとした発電・送電事業の歴史など、中央と結び付いた「周辺的な開発」という側面が注目され、国策という動因が強調されてきた。本書の各章でもそうした点は改めて確認できるのだが、二〇一三年の春季総合研究会が、また、本書が試みたのは、そうした東北地方開発をさらに国際的な枠組みの中に位置づけてみることであった。

国際的な契機の重要性は、八甲田山での雪中行軍遭難（一九〇二年）が帝国主義戦争の予行演習の中で発生した事件であることに端的に表現されているだけでなく、軍用馬匹や毛皮、兵士・労働力の供給などを主眼とした同時期からの東北農業振興政策が軍事・植民地支配と切り離せないところにあらわれていたし、近年では多国籍資本による開発の中で、世界的なサプライチェーンに東北が組み込まれた点にもあらわれている。春季総合研究会当日の討論では、このように「中央」・「国策」・「国際的契機」で特徴づけられる東北開発において、東北の主体性はいかに発現したのかといった点が一つの論点となったのだが、世界的なサプライチェーンの一環にまで拡大された東北開発の実態には、大震災・原発事故以降、東北の主体性をいかに活かしうるか、また現に活かしえているのかという問いが否応なく突き付けられているということができよう。

二〇一三年の春季総合研究会の企画の元は編者松本武祝氏の着想に始まるが、それに適切な助言を下さった学会研究委員会の諸氏と当日の報告者・コメンテータの諸氏、および今回の書物に執筆して下さった諸氏に感謝したい。特に、山川充夫さん、坂田一郎さん、そして岩本由輝さんは、政治経済学・経済史学会の会員でないにもかかわらず、研究会の開催と本書の完成のために大きな力添えを頂戴した。記して謝意を表するとともに、今後も本学会の議論におつきあい下さるようお願いしたい。そして最後に、出版事情のますます厳しいなか、本書の出版をあえて引き受けてくださった明石書店の神野斉編集長、および編集の労を取ってくださった清水聰氏に心よりお礼を申し述べたい。

二〇一四年一二月

小野塚知二

岩本由輝（いわもと　よしてる）【第９章】
1967年東北大学大学院経済学研究科博士課程修了・経済学博士（東北大学）、1967年山形大学文理学部講師・人文学部助教授・教授を経て、1988年東北学院大学経済学部教授、2011年東北学院大学名誉教授となる。
専門は、日本経済史・地域経済史・東北経済論・東北地域論。
[主な著書]『近世漁村共同体の変遷過程――商品経済の進展と村落共同体』（塙書房、1970年）、『柳田國男の共同体論――共同体論をめぐる思想的状況』（御茶の水書房、1978年）、『東北開発人物史―― 15人の先覚者たち』（刀水書房、1998年）など。

植田展大（うえだ　のぶひろ）【補　章】
東京大学大学院経済学研究科経済史専攻博士課程在籍。専門は日本経済史。
[主な論文]「地方有力紙の経営展開――『北海タイムス』を事例に」加瀬和俊編『戦間期日本の新聞産業――経営事情と社論を中心に』（東京大学社会科学研究所研究シリーズ ISS Research Series No.48、2011年）、「都市における家計行動と水産物消費――東京市を中心に」加瀬和俊編『戦間期日本の家計消費――世帯の対応と限界』（東京大学社会科学研究所研究シリーズ ISS Research Series No.57、2015年）など。

棚井　仁（たない　ひとし）【補　章】
東京大学大学院経済学研究科博士課程在籍。専門は日本経済史
[主な論文]「衣類消費と裁縫――『縫う』という行為に着目して」加瀬和俊編『戦間期日本の家計消費――世帯の対応とその限界』（東京大学社会科学研究所研究シリーズ ISS Research Series No.57、2015年）など。

小野塚知二（おのづか・ともじ）【あとがき】

東京大学大学院経済学研究科第２種博士課程単位取得退学。博士（経済学）。

横浜市立大学商学部助教授、東京大学経済学研究科助教授を経て、現在同大学教授。

専門は西洋社会経済史。

[主な著書]『クラフト的規制の起源――一九世紀イギリス機械産業』（有斐閣、2001年）、『労務管理の生成と終焉』（榎一江と共編著、日本経済評論社、2014年）、『第一次世界大戦開戦原因の再検討――国際分業と民衆心理』（編著、岩波書店、2014年）など。

中村尚史（なかむら　なおふみ）【第５章】
九州大学大学院文学研究科史学専攻博士課程修了。博士（文学）。埼玉大学経済学部助教授、東京大学社会科学研究所助教授・准教授を経て、現在、東京大学社会科学研究所教授。専門は日本経済史・経営史。
［主な著書］『日本鉄道業の形成』（単著、日本経済評論社、1998年）、『地方からの産業革命』（単著、名古屋大学出版会、2010年）、『持ち場の希望学――釜石と震災、もう一つの記憶』（共編著、東京大学出版会、2014年）など。

白木沢旭児（しらきざわ　あさひこ）【第６章】
京都大学大学院農学研究科博士課程退学。佐賀大学経済学部講師・助教授を経て現在、北海道大学大学院文学研究科教授。専門は、日本近現代史、日本経済史。
［主な著書］『大恐慌期日本の通商問題』（単著、御茶の水書房、1999年）、『日中両国から見た「満州開拓」――体験・記憶・証言』（共編著、御茶の水書房、2014年）など。

小島　彰（こじま　あきら）【第７章】
一橋大学大学院経済学研究科博士後期課程単位取得退学。一橋大学経済学部助手を経て、現在福島大学人間発達文化学類教授。専門は経済理論、日本経済論、地域経済論。
［主な著書］「ケネー経済表とマルクス」『資本論の研究』（種瀬茂編、青木書店）、「〈経済教育〉と資本主義」『中等社会科教育法』（臼井嘉一編、学文社）。「ホッキ貝漁業にみる水産資源管理」『福島大学地域創造 18 － 1』（東田啓作・阿部高樹・井上健の共著、福島大学地域創造支援センター、2006年）、「Fukushima shock といちいの決断」『福島大学地域創造 24 － 2』（伊藤大地と共著、福島大学地域創造支援センター、2013年）など。

安藤光義（あんどう　みつよし）【第８章】
東京大学大学院農学系研究科博士課程修了。博士（農学）。茨城大学農学部助教授を経て現在、東京大学大学院農学生命科学研究科准教授。専門は、農政学、農地制度論。
［主な著書］『日本農業の構造変動』（編著、農林統計協会、2013年）、『農業構造変動の地域分析』（編著、農文協、2012年）、『北関東農業の構造』（単著、筑波書房、2005年）など。

【執筆者略歴】（掲載順）

松本武祝（まつもと　たけのり）【はしがき・序章】「編著者紹介」参照

大瀧真俊（おおたき　まさとし）【第１章】
京都大学大学院農学研究科修士課程修了、同研修員を経て現在、日本学術振興会特別研究員 PD。京都大学博士（農学）。専門は日本農業史・畜産史。
[主な著書]『軍馬と農民』京都大学学術出版会、2013 年、「日満間における馬資源移動——満洲移植馬事業 1939-44 年」(野田公夫編『日本帝国圏の農林資源開発——「資源化」と総力戦体制の東アジア』農林資源開発史論Ⅱ、京都大学学術出版会、2013 年）など。

川内淳史（かわうち　あつし）【第２章】
関西学院大学大学院文学研究科博士課程後期課程修了、博士（歴史学）。現在、歴史資料ネットワーク事務局長、大阪市史料調査会調査員。専門は日本近現代史、資料保全論。
[主な著書]『「生存」の東北史——歴史から問う 3.11』（共編、大月書店、2013 年)、『阪神・淡路大震災像の形成と受容——震災資料の可能性』（共編、岩田書院、2011 年)、「被災史料を“みんな”で守るために——被災史料保全活動における後方支援の現状と課題」(共著、奥村弘編『歴史文化を災害から守る——地域歴史資料学の構築』東京大学出版会、2014 年）など。

山川充夫（やまかわ　みつお）【第３章】
東京大学大学院理学系研究科博士課程中退、博士（学術、東京大学)。福島大学経済経営学類教授、同理事・副学長、同うつくしまふくしま未来支援センター長、帝京大学教授を経て、現在、福島大学名誉教授。専門は経済地理学、地域経済学、災害復興学。
[主な著書]『原災地復興の経済地理学』（単著、桜井書店、2013 年)、*Unravelling the Fukushima Disaster*（共編著、Routledge、2017 年)、*Rebuilding Fukushima*（共編著、Routledge、2017 年)、『福島復興学』（共編著、八朔社、2018 年）など。

坂田一郎（さかた　いちろう）【第４章】
東京大学大学院博士後期課程工学系研究科修了。博士（工学)。経済産業省を経て、現在、東京大学工学系研究科教授、政策ビジョン研究センター長兼務。専門は、イノベーションマネジメント、情報工学を用いた意志決定支援。
[主な著書]『クラスター戦略』(共著、有斐閣選書、2002 年)、『都市経済と産業再生』(共著、岩波講座、2004 年)、『知の構造化の技法と応用』（共著、俯瞰工学研究所、2012 年）など。

【編著者紹介】

松本武祝（まつもと　たけのり）

東京大学大学院農学研究科博士課程修了。農学博士。

神奈川大学経済学部教員、東京大学農学生命科学研究科准教授を経て、現在同大学教授。専門は近代朝鮮経済史。

［主な著書］『植民地権力と朝鮮農民』（社会評論社、1998年）、『朝鮮農民の〈植民地近代〉経験』（社会評論社、2005年）など。

東北地方「開発」の系譜

近代の産業振興政策から東日本大震災まで

2015年3月11日　初版第1刷発行
2020年5月25日　初版第2刷発行

編著者　松　本　武　祝
発行者　大　江　道　雅
発行所　株式会社明石書店

〒101-0021　東京都千代田区外神田6-9-5
電　話　03（5818）1171
FAX　03（5818）1174
振　替　00100-7-24505
http://www.akashi.co.jp

装丁　明石書店デザイン室
印刷／製本　モリモト印刷株式会社

（定価はカバーに表示してあります）　ISBN978-4-7503-4147-7

明石ライブラリー145

森林破壊の歴史

井上貴子 編著

四六判／上製／220頁 ◎2800円

生態系の破壊、砂漠化の進行や地球温暖化問題にも関連の深い、日本と世界の森林破壊に焦点を絞り、歴史的に検証する。政治経済学・経済史学会の総合研究会「森林破壊の歴史——環境問題と循環型社会の可能性」における報告とコメント、討論を基にまとめた。

●内容構成●

まえがき　井上貴子
序　章　森林破壊の歴史を検討する今日的意義　井上貴子
第1章　近代ドイツの森林問題　藤田幸一郎
第2章　近代蚕糸産業に関連した森林資源利用——山梨県内水源林を事例として　泉 桂子
第3章　消えた豹の森——鴨緑江流域森林開発から見た中国東北森林消尽過程　永井リサ
第4章　インドの共同利用地の歴史的変容と森林　柳澤 悠
第5章　森林を守る——開発と環境を両立させる視点から　石見 徹
第6章　熱帯林の現状と保全に向けたとりくみ　増田美砂
終　章　研究会のまとめに代えて——植民地朝鮮の視点から　松本武祝
討論記録
あとがき　伊藤正直

国連大学 包括的「富」報告書　自然資本・人工資本・人的資本の国際比較

国連大学 地球環境変化の人間・社会的側面に関する国際研究計画、国連環境計画編
植田和弘、山口臨太郎訳　武内和彦監修　◎8800円

OECD幸福度白書2　より良い暮らし指標：生活向上と社会進歩の国際比較

OECD編著　西村美由起訳　◎4500円

図表でみる世界の主要統計　経済、環境、社会に関する統計資料

OECDファクトブック（2013年版）
経済協力開発機構（OECD）編著　トリフォリオ訳　◎8200円

図表でみる国民経済計算 2010年版

マクロ経済と社会進歩の国際比較
OECD編著　中村洋一監訳　高橋しのぶ訳　◎2800円

OECD科学技術・産業スコアボード 2011年版

グローバル経済における知識とイノベーションの動向
OECD編著　高橋しのぶ訳　◎7400円

OECD規制影響分析　政策評価のためのツール

経済協力開発機構（OECD）編著　山本哲三訳　◎4600円

OECD国際経済統計ハンドブック　統計・知識・政策

OECD編著　エンリコ・ジョバンニーニ著　高橋しのぶ訳　◎2800円

OECD対日経済審査報告書 2011年版

日本の経済政策に対する評価と勧告　特集：日本の教育改革
OECD編著　大来洋一監訳　吉川淳、古川彰、牛嶋俊一郎、出口恭子訳　◎3800円

〈価格は本体価格です〉